« Carnets de campagne »

# Ceux qui font bouger la France

PHILIPPE BERTRAND

« Carnets de campagne »

# CEUX QUI FONT BOUGER LA FRANCE

HOËBEKE

Cet ouvrage a été réalisé
en partenariat avec Radio France,
à partir des émissions
« Carnets de campagne »
de Philippe Bertrand
diffusées sur France Inter
*www.franceinter.com*


ISBN : 9782-84230-341-9
Dépôt légal : avril 2009
*Imprimé en France*

# Préface

J'ai la campagne qui me démange, sans aucun doute depuis que je n'y suis plus vraiment. J'ai grandi dans une ruralité tempérée, c'est-à-dire sans heurt, presque sans histoire. C'étaient les années 1960, celles d'une agriculture en voie d'expansion. Elle était d'ailleurs la principale source de revenus de mon village. J'ai vu ensuite le remembrement modifier le paysage, mais j'étais trop jeune pour m'en inquiéter. La PAC ne me disait rien et les groupements d'exploitations agricoles témoignaient d'un esprit de famille et de solidarité. Enfant, je me souviens aller chercher le lait à la ferme. Il était tiède, épais et trop odorant à mon goût. La timbale pleine correspondait toutefois à un rituel et en plus, la ferme était tenue par les parents d'un petit copain de l'école communale. Il s'appelait Alain et il rêvait d'être chauffeur routier et surtout pas agriculteur. Déjà. Alain conduit aujourd'hui les autobus de Dijon. Le village s'est petit à petit dégarni d'une part de sa population et d'une majorité de ses commerces et services. Il est toujours aussi beau, parce qu'il reste « mon » village. Un bel endormi qui demande à peine à être réveillé. C'est tentant malgré tout, non par nostalgie, mais par nécessité vitale. C'est une question de survie avant même d'imaginer un développement, terme généralisé à toutes les sphères de la société. Les « Carnets de campagne » de France Inter m'ont renvoyé cette réalité en pleine face. Je me suis alors interrogé sur l'intérêt que je portais affectivement à cette terre rurale. J'ai compris qu'elle tenait en quelque sorte d'un paradis perdu. Quel que soit notre lieu de naissance en France ou hors des frontières, que la ville ait conditionné notre enfance plutôt que la campagne, ou inversement, il n'empêche que nous portons, à mon sens, tous en nous une terre paradigmatique. Une oasis rêvée ou un champ de blé idéalisé. Longtemps le mouvement de retour timide vers la campagne a été perçu comme un retour aux sources. Avec le recul, je penche davantage pour une version psychanalytique plus aiguë : ces lieux sont des terres mères, des matrices de vie, des surfaces de réparation idéalisées de nos cassures. Elles nous accompagnent et parfois nous tentons de les rejoindre. Ma campagne est tout cela à la fois et j'y retourne plus volontiers désormais, parce que je suis convaincu qu'un paysage extérieur contribue à façonner notre paysage intérieur. L'ultime conviction que ces espaces valent le coup d'être aimés provient de près de trois ans de collectage des actions menées par des gens de bien, comme j'ai tendance à les appeler. Elles ou ils sont estimables par les initiatives qu'elles ou ils ont partagées avec leurs contemporains. Comme je le disais, ces campagnes revitalisées n'appartiennent pas aux seules zones rurales proprement dites, elles peuvent apparaître dans un quartier de ville, mais elles se réfèrent toujours à cette terre mère. On dit souvent qu'il faut s'approprier, ou mieux, se réapproprier ces territoires, non pour capitaliser son propre compte, mais pour donner un sens à nos rêves.

# Introduction

Avant d'être le résultat de près de trois ans de rendez-vous quotidiens sur France Inter à 12 h 30, ce livre est d'abord le témoignage d'une version inédite de la France vue des régions, des départements, des pays, des communautés de communes, des localités que l'on imagine perdues au milieu de la carte, ou encore des quartiers de villes qui échappent au regard des médias. La France est le champ d'expériences innombrables lancées par des particuliers, des collectifs, des réseaux et parfois même par des institutions soucieuses d'apporter de nouvelles réponses au développement des territoires. Notre souhait n'est pas d'opposer la province à Paris ou de plaider la cause des régions contre la capitale tentaculaire, mais de donner à réfléchir sur des actions parfois exemplaires menées par les petits acteurs de notre pays. Modestement nous ne faisons que présenter le profil d'une dynamique qui s'opère dans toutes les régions bien avant que nous n'ayons porté un intérêt à celle-ci. Elle existait sans nous et continuera, nous l'espérons, à se propager sans nous.

L'émission radiophonique est née de cette réalité. Nous avons proposé, dès le départ, aux auditeurs des

« Carnets de campagne » de nous parler de leur lieu de vie et des initiatives qui participaient à l'amélioration du quotidien. Nous avons été rapidement débordés par les courriers qui vantaient les mérites de telle association culturelle, de tel réseau d'économie parallèle ou de telle entreprise sociale de solidarité. Loin d'en faire un objet de satisfaction nationale, force était de constater que derrière les attitudes dépressives voulues par les temps actuels, il y avait une belle raison d'espérer. Celle-ci n'a jamais faibli et notre boîte à courriels continue à recevoir son flot d'idées, de créations et d'inventions. Elles ne traduisent pas la réalité, mais uniquement une certaine réalité et un foisonnement d'initiatives qui ne tiendrait dans aucun recensement cohérent si nous avions à le développer dans son intégralité. Pour gagner en clarté, nous avons découpé le territoire en grandes régions, mais il est inutile de tenter de lire des tendances favorables à certaines zones géographiques au nombre des exemples proposés. Si un déséquilibre apparaît d'une région à une autre, il n'est dû qu'à un temps inégal de présence d'un territoire à un autre. Un inventaire rapide des actions laisse voir une priorité donnée au domaine de la culture avant ceux du social, de l'économique et de l'environnement. Nous tenterons de limiter les exemples qui, d'une région à l'autre, semblent s'imiter. Toutefois, ce champ culturel très dense prouve que la culture et, plus généralement, les loisirs ont gagné une place indispensable dans la santé économique des territoires. C'est pourquoi l'efficacité des réseaux culturels semble aller de pair avec un développement économique des régions et le principe fait grandement son chemin malgré les aléas répétitifs des conjonctures financières et sociales. La grande nouveauté de ce siècle relève du développement durable qui occupe de plus en plus les consciences et qui se concrétise par des projets de société et des réalisations aux vertus économiques, elles aussi, indiscutables. Toutefois, cette notion mérite, si vous le permettez, quelques explications.

Née dans les années 1980, elle procède à l'origine d'un constat très simple : les activités humaines ne peuvent pas être guidées par les seules considérations économiques et il est impératif de respecter certaines règles sociales et écologiques. Mais, contrairement à l'idée que l'on s'en fait généralement, l'enjeu n'est pas qu'environnemental, car ce nouveau modèle de développement repose tout d'abord sur la solidarité entre les générations et entre les peuples. C'est ce que stipule le rapport établi par l'ONU en 1987 sous le titre de « Notre avenir à tous » et conforté ensuite par les sommets de Rio en 1992 et de Johannesburg en 2002. Cela signifie que les deux principes fondamentaux sont de préserver les ressources de notre planète à l'égard de notre prochain et de partager les richesses afin de ne pas augmenter les écarts Nord-Sud. Transmettre et partager sur trois dimensions : l'une, économique, en maîtrisant la croissance et la mondialisation. Une autre, sociale, en luttant contre la pauvreté, l'exclusion et les inégalités. Et une dernière, environnementale, en préservant les ressources naturelles et en gérant de façon responsable l'environnement et les territoires. Or le constat mondial est fâcheux, puisque 20 % des hommes consomment plus de 86 % des ressources de notre planète. Pire qu'un fossé, nous sommes face à un abîme. C'est dire si le développement durable prépare une révolution totale de nos comportements. D'une économie plus équilibrée à une société plus équitable, le chemin s'opère logiquement en favorisant l'équité par une économie plus raisonnée. Dans ce sens, le respect des cultures fait partie intégrante de ce processus de développement moderne et adapté à l'ensemble des peuples.

Malheureusement, ce développement a été longtemps étranger à nos habitudes, même si une stratégie nationale a été adoptée en 2003 par le Comité interministériel pour le développement durable. Pourtant nous nous sommes mis au pas de cette révolution en marche en sachant que les enjeux sont doubles, à l'échelle internationale, on l'a dit, en vue d'un rééquilibrage des sociétés des deux hémisphères et également à l'échelle nationale afin de réduire une fracture sociale douloureuse. La prise de conscience récente de ces enjeux a été en grande partie activée par les menaces qui pèsent sur notre planète et donc sur nos systèmes de vie et de consommation. Le réchauffement climatique est le premier coupable de ce réveil. À partir des débats provoqués par cette situation elle-même envenimée par une crise des productions suivie d'une crise financière, le développement durable s'est largement diffusé dans notre vie politique et sociale. Le Grenelle de l'environnement de 2007 n'a jamais été autant médiatisé en regard des précédents rendez-vous. Il fut certainement préparé par le pacte écologique hautement symbolique porté par Nicolas Hulot et mis en pâture aux candidats de l'élection présidentielle. Il fut également soutenu par le Nobel attribué à l'ex-candidat américain pas si malheureux que cela qu'est Al Gore et enfin, ce Grenelle fut assorti d'un « Grand plan national » mis en avant par le président de la République. Ce plan édifié dans un premier temps sur quatre ans avançait plusieurs propositions nouvelles, telle la fiscalité environnementale sur les transports émettant des gaz à effet de serre. C'est le presque déjà vieux principe du pollueur-payeur appliqué cette fois aux transports. Il est d'autant plus légitime que ce secteur représente encore à lui seul le quart des émissions de gaz à effet de serre en France. Les pollutions par les transports sont toujours en augmentation malgré la nette diminution des autres sources d'émission de gaz sur l'ensemble de l'Europe entre 1990 et 2005. Les chiffres rapportés par l'Insee font état d'une baisse totale de 7,9 %. Autre engagement issu du Grenelle de l'environnement : une trame verte nationale est prévue pour assurer la continuité entre les écosystèmes et pour permettre aux espèces de s'adapter aux changements climatiques. C'est encore une augmentation conséquente de la surface dévolue à l'agriculture biologique de 1,8 % à 6 % des surfaces cultivables qui est annoncée. Nous partions, il est vrai, de bien bas. Et c'est enfin la création d'une haute autorité chargée de mesurer l'impact des OGM sur l'environnement et la santé. Il est intéressant, et pas seulement au nom d'une quelconque anecdote, de noter que cette mesure a été suivie d'un débat parlementaire sur la pratique de la culture des OGM. Un débat inutile à partir du moment où une autorité spécifique devait voir le jour pour juger des conséquences des produits transgéniques. Pour en connaître les effets, il faut bien que ces produits soient cultivés. Malheureusement, les objectifs du fameux Grenelle ont été passablement corrigés, principalement l'échéance de leur application repoussée faute de finances suffisantes.

Et si nous positivions ? Je ne vous propose pas une méthode Coué pour que vous vous répétiez faussement que tout va bien dans le meilleur des mondes, mais vous affirme que notre quotidien est peuplé de bonnes nouvelles. Ces annonces ne font certes pas la une des journaux, soit parce qu'elles relèvent d'un microcosme qui échappe à la loupe des analystes, soit parce le macrocosme national ou international prend facilement le pas sur le local. Il n'empêche que les grandes tendances passent entre autres par l'organisation de pôles dits de compétitivité. L'idée est de regrouper des acteurs industriels, scientifiques et de la formation sur un même espace. Les régions ont joué le jeu de ces groupements et ils apparaissent ici et là dans cet ouvrage au détour de comités départementaux ou régionaux d'expansion économique. Ensuite, le nombre de créations d'entreprises est en permanente progression. Études de l'Insee à l'appui, 321 000 créations d'entreprises ont été enregistrées en 2007 contre 216 000 en 2000 avec des nombres de défaillances sensiblement proches entre ces deux dates : 38 000 en 2000 et 43 000 en 2007. La nuance à apporter concerne le nombre de salariés, puisque la majorité des établissements recensés en France n'a engendré aucun emploi supplémentaire sinon celui de leurs fondateurs.

L'autre bonne nouvelle – si on peut l'appeler ainsi et qui exige de reconsidérer les projections phobiques liées à l'immigration – est le nouveau taux de fécondité enregistré en France. Jusqu'à une date récente, notre faible taux de natalité pouvait nous faire craindre un vieillissement accéléré de la population sans que celle-ci ne soit régénérée de l'intérieur par manque de naissances et de l'extérieur par le reflux des populations migrantes. Exceptionnellement, la natalité française a subi un « heureux dynamisme », comme le titrait le journal *Les Échos*. Plus de 830 000 naissances ont été enregistrées en 2006, soit le plus haut niveau depuis 1981. Avec une moyenne de deux enfants par femme, la France se retrouve en tête des pays européens. Deux précisions s'imposent malgré tout. D'abord, le seuil de remplacement des générations est établi à un taux de fécondité de 2,07 enfants alors que la moyenne européenne des Vingt-sept se situait à un 1,52 enfant par femme en 2005. C'est donc principalement l'immigration qui a permis aux populations européennes de ne pas décroître. Ensuite, cette embellie notable des naissances en France n'empêche pas notre pays de vieillir grâce à l'allongement de la durée de vie. Avec une espérance de vie de 84 ans pour les femmes et de 77,1 ans pour les hommes, nous avons gagné en l'espace d'un an trois mois et demi pour les premières et cinq mois pour les seconds.

Enfin, si nous passons d'un échelon national à celui d'un département, d'un pays ou d'une sphère locale, il est une particularité française qui est de posséder un fantastique maillage associatif bien plus efficace qu'on ne l'imagine parfois. Un état des lieux du monde associatif vient d'être dressé par le centre d'économie de la Sorbonne et les résultats de cette enquête sont diablement édifiants. Ainsi, notre pays compte 1,1 million d'associations, soit 15 millions de bénévoles et 1,9 million de salariés. Cette enquête prolonge une première phase d'analyse effectuée en 1999-2000. Or, entre cette date et 2006, le nombre des associations a augmenté de 4 % par an et leur poids économique a continué de croître de façon soutenue. Beaucoup de ces associations fonctionnent avec des budgets dérisoires, puisqu'une sur cinq dispose d'un budget annuel inférieur à 1 000 euros. Seules 5 % des associations, soit 40 000, fonctionnent avec des budgets supérieurs à 150 000 euros par an et c'est parmi elles que nous trouvons le plus grand nombre de salariés. Mais ce qu'il faut retenir est que la multiplication de ces associations est proportionnelle au nombre d'initiatives prises et d'actions menées sur le terrain. C'est ce dernier point qui a joué sur les relations que nous avons établies avec ces réseaux que l'on peut appeler réseaux de proximité, même s'ils ne sont pas les seuls à favoriser une dynamique émanant des régions de France. Le catalogue des actions est infini et les repérages des acteurs, des plus petits aux plus grands, sont quasiment impossibles tant ce petit monde du local, du départemental ou du régional bouge et évolue. Il n'empêche que les quelques exemples consignés ici sont des amorces d'une nouvelle société en cours de création. Même si les réalités sociales, économiques, environnementales et culturelles sont diverses d'une région à l'autre, rares sont les exemples non transposables d'un endroit à un autre. C'est pour cela que chaque politique, dans son sens premier, menée par tel ou tel groupe associatif est exemplaire. Pour plus de clarté, nous avons sélectionné les exemples à partir de trois catégories distinctes malgré les interactions possibles entre elles : Patrimoine et environnement. Culture et loisir. Social et économie. Certains mouvements associatifs ont la vie dure, preuve qu'ils sont viables. D'autres, beaucoup plus récents, sont soumis aux modifications du paysage social. Ils naissent et parfois s'éteignent plus ou moins rapidement. D'autres encore se sont retrouvés dans l'obligation de modifier leurs orientations. Les trois cas de figure apparaissent dans ce livre et, lorsqu'un échec s'est manifesté ultérieurement à la diffusion de l'émission, nous l'avons signalé afin que cette entreprise faussée ou cassée puisse éventuellement trouver un repreneur.

## Patrimoine et environnement

Certaines chastes oreilles peuvent être encore choquées par le marché lucratif que représente désormais l'environnement. L'environnement implique un cadre de vie à améliorer, un bâti à respecter, une nature à préserver et des atteintes à la qualité de vie, de l'air et de l'eau principalement, à limiter. Nos ressources naturelles sont limitées même si le charbon représente encore une réserve estimée à 250 ans de consommation, un charbon qui demeure très polluant. Le dernier baril de pétrole est prévu dans une quarantaine d'années si la consommation reste identique à ce qu'elle est actuellement. À ce prix-là – c'est le cas de le dire tant pour nos portefeuilles que pour notre qualité de vie et notre santé – les options pour des sources de productions alternatives reviennent dans l'actualité avec force. Face aux partisans d'un nucléaire inoxydable, de grandes manœuvres sont lancées en faveur des énergies renouvelables. Renouvelables, car naturellement produites : géothermie, photovoltaïque et éolien. Terre, soleil et vent. L'éolien a les faveurs d'un public de plus en plus important et surtout des représentants des collectivités territoriales. Nous entrons dans l'ère d'une industrie environnementale dont certains voisins européens se réjouissent. L'Allemagne, en premier lieu, emploie 1,5 million de personnes dans ce secteur, dont 235 000 pour les seules énergies renouvelables. Elle exporte 70 % des installations liées à l'énergie éolienne produites en Europe et fournit 75 % des installations photovoltaïques. L'Espagne assure avoir créé 60 000 emplois entre 1997 et 2003 grâce à l'industrie éolienne, et 15 000 emplois pour le Danemark, pays où l'éolien représente le quatrième poste du commerce extérieur. Mais l'industrie environnementale ne se résume pas à ces nouveaux modes de production d'énergie et concerne également deux secteurs importants : les transports et l'habitat, en soulignant que le second consomme plus d'énergie que le premier ! Aussi surprenant que cela puisse paraître, la rénovation thermique des habitations est une nécessité de premier ordre et pourrait générer 100 000 emplois dans les 40 ans à venir. L'agriculture n'est pas en reste, puisqu'elle fournit les produits de consommation et peu à peu les produits de construction d'un éco-habitat qui se réveille. Cette agriculture a participé largement à « l'impasse planétaire », pour reprendre l'expression de Gilles-Laurent Rayssac et Dominique Bourg dans le volume qu'ils ont consacré au développement durable en « Documents Gallimard ». Selon leurs données, « de 1950 à 2000, la consommation d'engrais chimiques est passée de 14 à 160 millions de tonnes par an ; la consommation d'eau a triplé pour des raisons essentiellement agricoles alors que la population humaine a "seulement" doublé ; les surfaces irriguées ont été multipliées par trois et la consommation annuelle de pesticides est devenue vingt-cinq fois plus importante ». La réaction internationale ne doit plus seulement être rapide mais s'organiser dans l'urgence avant qu'un point de non-retour ne soit franchi.

### Culture et loisir

Bien que chahutées, les 35 heures ont modifié nos comportements et notre temps de loisir. Les métiers qui en dépendent ont par là même enregistré une belle inflation. L'augmentation des parcs à thème en est une des illustrations, même si leur implantation remet parfois en cause les normes environnementales ou laisse à désirer quant à leur pertinence et à leur originalité. Le même constat peut s'appliquer à la sphère de la culture, bien que d'une façon plus restreinte. Il faut en prendre pour preuve non seulement les très nombreux réseaux parfois très performants de déploiement des actions culturelles, y compris dans les zones rurales, mais aussi le relatif intérêt des collectivités territoriales pour les initiatives culturelles. À ce sujet s'opère une sorte de décentralisation de la décentralisation, entendez que les grandes préfectures détiennent de moins en moins le monopole des événements et des spectacles. La solidarité des communes de moindre importance et leur maillage en communautés de pays facilitent les projets d'irrigation culturelle dans des zones de faible densité de population. Le principe qui opère à cette échelle est de faire venir le spectacle vivant vers un public éloigné des centres de décision et d'animation régionaux. La culture comme acteur économique semble donc entrer dans les esprits au fur et à mesure. Le tourisme, quant à lui, représente une force économique de premier ordre : touristes français et étrangers ont dépensé plus de 90 milliards d'euros en 2005. « Avec une balance commerciale touristique de l'ordre de 15 milliards d'euros, ce secteur atteint le même ordre de grandeur que la somme des balances commerciales de nos industries automobile et aéronautique » (L. Davezies. *La République et ses territoires*, Seuil, 2008).

### Social et économie

Sans parler de révolution, l'économiste Laurent Davezies reconnaît une totale métamorphose de nos régions, une métamorphose économique et sociale.

Selon ce spécialiste du développement territorial, le traditionnel fossé entre Paris et le désert français est réduit par un nouveau flux de population à destination des régions autres que l'Île-de-France. Même si cette dernière conserve le monopole de la production des richesses, critère à tort exploité par les économistes comme synonyme de revenus plus élevés, les déserts régionaux français s'octroient une autre richesse essentiellement attachée à la consommation. Schématiquement, nous dirions que nous produisons ici et consommons là-bas. D'abord, la mobilité a joué en faveur de ce constat. Le lieu de travail est de plus en plus dissocié du lieu de résidence. Le coût de l'immobilier n'y est pas pour rien, de même que la recherche d'un mieux vivre. D'autre part, un principe de transfert des fonds publics vers les régions joue un rôle déterminant dans le développement de ces espaces. Outre les prestations sociales et les investissements publics, les revenus des retraites sont un moteur non négligeable « et ils constitueront plus encore à l'avenir un facteur majeur de dissociation entre production et revenus des territoires ». Ceux-ci sont présents dans des départements faiblement actifs et peu productifs tels la Creuse, les Pyrénées-Orientales, le Lot, la Nièvre ou encore le Var, pour citer les premiers concernés, et ils viennent fort à propos limiter les écarts entre nos régions.

# *Centre*

# Centre

*Quatrième région de France par sa superficie, le Centre se dessine autour de la Loire, qui le traverse d'est en ouest. Plaines et plateaux bordent de chaque côté le plus long fleuve de notre carte nationale. Le patrimoine paysager et architectural est d'une richesse incontestable : Beauce, Sologne et forêt orléanaise au nord, champagne berrichonne, Brenne et Touraine au sud. Qui dit mieux ? Cela n'empêche pas une érosion démographique inquiétante à l'instar du département du Cher, dont le conseil général a lancé l'opération « Cher, 2015 » qui vise à inverser le mouvement d'exode qui touche une partie de la province française sur une diagonale qui s'étend des Ardennes au Massif central. Ce phénomène, connu sous le nom de diagonale aride, semble toutefois s'infléchir légèrement depuis l'édification de programmes d'accueil dans différents départements, dont ceux de la région Centre.*

### AINEE : LA COUVEUSE D'ENTREPRISES

Ce dispositif associatif d'accompagnement de nouvelles entreprises est implanté à Vernouillet dans l'Eure-et-Loir ainsi qu'à Chartres, puisque l'AINEE dispose de deux bureaux dans le département. Par AINEE, il faut entendre Accompagnement Individuel des Nouveaux Entrepreneurs Émergents. Cette couveuse, dirigée par Anne de Beaupuy, donne l'opportunité aux personnes qui souhaitent créer leur entreprise de tester leur activité en grandeur réelle sur le terrain avant d'obtenir une immatriculation. « Elles utilisent le numéro Siret de notre association afin de mesurer la viabilité de leur projet. Cette phase est d'une durée maximale d'an et demi, au cours de laquelle les projets sont évalués concrètement. Il s'agit d'un tremplin à la création des entreprises, mais nous ne poussons pas systématiquement les candidats vers la création. Il arrive que certaines personnes soient désemparées par la gestion ou que le projet entraîne trop de stress. Nous nous adressons d'abord à des personnes, souvent des demandeurs d'emploi, et fréquemment celles-ci sont éloignées de la culture entrepreneuriale. Notre souci est de savoir si ces personnes sont capables de gérer dans la durée leur entreprise. Les projets sont très variés. Exemple : nous avons eu un candidat de Dreux qui réparait des bâches de camions. C'est un savoir-faire qui n'existait pas sur le marché. Ce monsieur avait identifié les besoins, mais la création d'une entreprise était loin d'être assurée et rien ne garantissait qu'il pourrait dégager un salaire mensuel décent. » Le site de la couveuse affiche 18 entrepreneurs en phase de création, dont un service de gastronomie à domicile, un psychothérapeute ou encore une société d'aide au développement quotidien des associations à travers le montage de dossiers, la recherche de partenaires et la communication. Il existe 43 couveuses réparties sur le territoire national et elles sont rattachées à une union des couveuses d'entreprises. Cela n'empêche pas chacune d'agir indépendamment des autres. La plupart sont de forme associative comme celle d'Eure-et-Loir tandis que quelques autres existent sous forme de coopératives. Elles sont toutes à but non lucratif et ne dégagent aucun bénéfice. En revanche, elles sont fiscalisées puisqu'elles portent toutes les activités au niveau juridique et comptable des entrepreneurs qui sont dans la couveuse.

AINEE Vernouillet, 17 rue François Voltaire,
28500 Vernouillet.
Tél. : 02 37 64 23 41.
AINEE Chartres, 1 rue du Chapeau rouge,
28000 Chartres.
Tél. : 02 37 21 23 66.
*couveuse-ainee@orange.fr*

## SOS AGRICOLE : DES EMPLOIS À POURVOIR

C'est le monde à l'envers et pourtant vous avez bien lu : certains secteurs agricoles manquent cruellement de main-d'œuvre, qualifiée ou non. Le discours en vigueur dans certaines de nos régions est que les saisonniers sont introuvables. Pour répondre à cette contre-vérité, une association de paysans s'est constituée sous le nom de « Sans Pierre », dont la trésorière est Claire Génova, agricultrice depuis 1996 à Mondonville-Saint-Jean dans le département d'Eure-et-Loir. Claire cultive la pomme de terre, qui connaît un renouveau depuis quelques années au point de manquer de bras aux périodes de récolte. Seulement le terme de saisonnier est souvent associé à ceux d'exploitation, de clandestinité et d'illégalité. « Afin d'éviter tous ces écueils, il me semblait évident qu'il n'y avait pas plus simple et plus utile que de recruter la main-d'œuvre saisonnière dans notre département auprès d'une population qui connaît des difficultés, en particulier dans les banlieues des villes. C'était d'autant plus facile à concevoir que nous avons des chantiers regroupés en Eure-et-Loir, ce qui veut dire qu'il était possible de procéder à un regroupement de l'embauche. Pour preuve, nous sommes 190 producteurs au sein de l'association et, en plein arrachage, nous employons 200 personnes par jour. Tous les agriculteurs ne partageaient pas l'orientation sociale de Sans Pierre, mais comme nous résolvons une grave question économique, ils ont adhéré en très grand nombre. Sans Pierre est une structure assez légère qui emploie à l'année une adjointe administrative 20 heures par semaine. De mon côté, je consacre une moyenne de 1700 heures annuelles à l'organisation, épaulée par des jeunes qui participent à la logistique. Nous réduisons le coût de fonctionnement administratif et gérons nous-mêmes les paies et l'ensemble de la comptabilité. Cela nous évite le surcoût d'une agence d'intérim et nous assumons le volet social d'accompagnement de nos employés, ce qui modifie le rapport que les salariés peuvent avoir avec le travail et cela améliore la productivité. L'autre pari de l'association est d'assurer le transport de ces personnes, chose rendue possible par le regroupement de l'embauche. Ainsi, nous louons des minibus, recrutons des chauffeurs et organisons des navettes. » C'était simple, comme le dit Claire, mais il manquait encore un degré à ce montage intéressant. Les salariés ne pouvaient pas être abandonnés à leur statut de saisonnier et l'association a choisi de poursuivre son action sociale en proposant cette main-d'œuvre à d'autres périodes de l'année aux agriculteurs. Pour certains salariés, une formation spécifique a été entreprise afin de les porter vers une qualification professionnelle. Enfin, l'association crée actuellement une entreprise d'insertion de maraîchage biologique pour accompagner d'autres personnes en quête de travail.

Tél. : 02 37 99 51 61.
*genova.claire@orange.fr*

## Jean-Claude, le conteur enchanteur

Comme j'aime à le dire et, ici, à l'écrire, Jean-Claude Botton est encore un gars bien, pour ne pas dire un homme de bien. Né en 1952 dans un café de village de Sologne et donc dans un lieu où les langues se délient à l'unisson, il suit des études d'espagnol qui lui permettront d'enseigner pendant dix ans dans des zones dites sensibles. Il débute dans la pratique du théâtre amateur à partir de 1983 grâce à l'Association de culture populaire de Sologne et découvre le conte quatre ans plus tard. Il passe professionnel en 1998 et vit de son art partout où il peut le porter. Quand je dis partout, cela signifie dans les terres proches du Loir-et-Cher, mais aussi en Afrique, comme dans les hôpitaux ou dans les prisons. « J'ai été formé au théâtre par la culture populaire de Sologne et qui dit culture populaire dit danses traditionnelles, histoires, contes et comptines, et dans cette association, nous avons collecté un bon nombre de paroles et de savoirs. Un jour, sur notre route, nous avons rencontré un petit farfadet qui s'appelle Yannick Jaulin et c'est grâce à lui que j'ai découvert l'étendue, la magie et les possibilités extraordinaires qu'offraient les contes. Ensuite, le chemin que j'ai parcouru était certainement déjà inscrit en moi, car avant d'être enseignant, j'avais travaillé comme éducateur dans un institut médico-pédagogique et mes chemins m'ont toujours emmené par la suite du côté de la marge. Je défends maintenant une parole de conteur, mais aussi une parole d'humanité. C'est probablement dans les prisons que j'ai mes plus belles émotions et mes plus belles larmes. Je pense à ces femmes de la maison d'arrêt de Limoges avec lesquelles les contes ont fabriqué un vrai bonheur relationnel, humain et sensible. Une fois, dans un hôpital de jour, j'ai croisé le visage d'un malade à la carrure impressionnante et au regard maladivement fixe. Rien n'a transparu sur ce visage immuable pendant une heure et demie, hormis ses grands yeux ouverts, et à la fin je suis allé vers lui et il m'a dit : "Vous faites un très, très beau métier." J'avais la chair de poule. » Les plaisirs de Jean-Claude ne s'arrêtent pas là puisqu'il assure des ateliers de parole auprès de femmes étrangères dans le cadre de cours d'alphabétisation. Certains s'étonneront de l'importance de cette population immigrée le long de la Loire, pourtant Blois possède un quartier très multiculturel qui fait un tiers de la ville et c'est par l'intermédiaire d'un festival, « Paroles plurielles », que les premiers ateliers d'alphabétisation eurent lieu. « Notre objectif était de leur raconter des histoires comme d'habitude, mais aussi d'en recueillir et de leur donner la parole. C'est comme cela que nous avons eu un certain nombre de femmes originaires du Maghreb ou d'Afrique noire que nous avons réussi à réunir sur la scène de Blois un dimanche après-midi. Imaginez les enfants dans la salle qui découvrent leurs mamans sur une scène à conter en langue originale ou en français. Ce fut une grande victoire sur l'anonymat et sur l'identité ».

La petite rue des contes, 41250 Mont-près-Chambord.
*http://jeanclaudebotton.monsite.orange.fr*

### Les scènes de la chanson d'Eure-et-Loir

Comme l'union fait la force, des opérateurs culturels ont commencé à se regrouper au début des années 1990 de façon informelle et au gré de manifestations culturelles. Le groupe s'est consolidé en réseau dès lors que des services culturels se développaient au sein des collectivités territoriales. Le réseau a pris le nom de Réseau de développement culturel d'Eure-et-Loir dès ses premières réalisations, comme le festival de « Jazz en mars ». Il s'est ensuite consacré plus durablement aux spectacles jeunes publics et a soutenu les compagnies d'artistes de ce secteur. Enfin, après la rédaction d'un livre blanc de la politique culturelle du département, le même réseau a étendu son engagement en s'unissant à d'autres partenaires. Ainsi est né « Scènes à suivre », soit la réunion de sept salles de spectacle afin de promouvoir la nouvelle chanson française et francophone. En 2008, trente formations ou artistes ont donné trente-quatre concerts. Certains sont euréliens comme Urbain Lambert, d'autres de la région Centre, tels Piero ou Fred, d'autres encore viennent de Belgique ou du Québec, comme Chloé Sainte-Marie. Le terme récurrent dans ce montage d'opérations est la mutualisation des moyens en mettant dans la même corbeille des outils de travail divers et complémentaires. L'illustration en est donnée par la composition du bureau de ce réseau qui réunit des responsables de services culturels municipaux (de Mainvilliers, Nogent-le-Rotrou, Luce ou Dreux) et des directeurs d'espaces culturels (le théâtre de Chartres, l'espace Soutine de Lèves ou l'Atelier à spectacle de Vernouillet). Non négligeable est l'opération « Place aux Mômes » que le réseau a lancée avec des établissements scolaires du département. Le souhait est de familiariser les enfants des écoles primaires avec le monde du spectacle vivant. Des visites de coulisses de théâtre et des rencontres avec des techniciens et des artistes sont organisées après que les enseignants ont été eux-mêmes préparés à cette initiation. Des valises pédagogiques leur sont remises à cet effet. À une époque où l'initiation artistique à l'école est vivement débattue, on ne peut que se féliciter de ce type d'action.

*www.rdcel.fr*

### Drôle de trognes dans le Perche vendômois

La belle forêt de ce pays du Loir-et-Cher a une longue histoire et surtout une tradition respectée et respectable de coupe de trognes. Vous avez dû apercevoir ces trognes le long d'une départementale ou au carrefour de chemins de campagne sous la forme d'arbres amputés de leurs branches à mi-hauteur, sortes d'énormes épouvantails végétaux au tronc épais. Nous rencontrons Dominique Mansion, président et fondateur de la maison botanique de Boursay qui se double d'un Centre européen des trognes. Dominique est un acteur polyvalent, artiste plasticien, illustrateur, chargé de mission au conservatoire des sites du Loir-et-Cher et, par la force des choses, paysagiste : « En effet, je le suis aussi en plusieurs circonstances et ma plus belle occasion a été de réaliser un jardin des trognes au Festival international des jardins de Chaumont-sur-Loire, qui a été une grande aventure et qui se poursuit aujourd'hui avec la maison botanique, le chemin des trognes et le centre européen. Les trognes sont une invention géniale des paysans qui débute au Moyen Âge lorsqu'une vague de défrichage est lancée afin d'étendre les cultures et les superficies destinées à l'élevage. Or le bois étant la seule énergie disponible à cette époque, on a inventé une forêt aérienne, d'où les trognes. Par forêt aérienne, il faut entendre ces bois qui repoussent suite à une première coupe sur l'arbre. Ces branches sont hors de portée des animaux qui broutent sur la parcelle attenante. Jadis ces branches, ou trognes, faisaient un fagot qui était en quelque sorte le carburant de l'époque, puisqu'on en taillait des dizaines de millions. Ils alimentaient ensuite tous les fours et ils représentaient une source d'énergie colossale. Quelques agriculteurs taillent encore leurs trognes aujourd'hui, mais ils demeurent bien rares. L'autre invention paysanne est ce que l'on appelle le plessage, qui consiste à faire des clôtures vivantes avec les végétaux qui poussent dans la haie champêtre. Vous pliez, en les entaillant à leur base, les brins de charme, de chêne, de noisetier ou de cornouiller et vous obtenez une clôture que vous pouvez maintenir en haie basse ou que vous laissez pousser en hauteur. »

Dominique est un enfant du pays né à dix kilomètres du Centre européen des trognes, ce qui en fait un témoin privilégié de l'évolution des paysages ruraux et agricoles. « Le changement a été radical. Il y a eu d'abord les premiers arasements individuels avant les remembrements, et cela était nécessaire car les parcelles de culture étaient vraiment très réduites. Des arbres fruitiers ont été retirés en premier, en particulier les pommiers, qui s'arrachent plus facilement. Ensuite, il y a eu des opérations encouragées par l'État avec les remembrements puis le passage du TGV. Donc, tout a contribué à ce que les agriculteurs retirent les haies avec, à la clé, des primes et une pratique coutumière du drainage de façon à imposer les céréales partout. Maintenant, tout ce qui reste sous la forme de bocage est menacé et l'éradication des arbres et des haies est toujours favorisée actuellement. Une politique en faveur de l'arbre et du remaillage des haies fait cruellement défaut alors que ceux-ci sont tout à fait compatibles avec une agriculture moderne. Il s'agit de respecter les sols et de recomposer un paysage accueillant, sinon personne ne voudra découvrir notre espace de vie. » C'est dans ce contexte que Dominique a décidé de multiplier les événements, sorties découverte, expositions, conférences, stages nature et une fête de la haie, « Faites de la haie », au mois de février, afin que chacun, particulier, paysagiste, employé de commune ou agriculteur, prenne connaissance des techniques de plessage ou de coupe de trognes et les applique ensuite seul à son domaine ou à son jardin.

*www.maisonbotanique.com*

## LE THÉÂTRE MOBILE DE LA COMPAGNIE DU HASARD

Remarquable voire renversant, le travail effectué par la Compagnie du hasard. Cette troupe professionnelle née à Blois en 1977 sous l'impulsion de l'écrivain et metteur en scène Nicolas Peskine, aujourd'hui disparu, a su percer les pays et la région par un théâtre de haute volée en décloisonnant le genre et en présentant les créations sous un nouveau jour. Désormais installée dans une ferme à Feings à 20 kilomètres au sud de Blois après avoir été remerciée par cette ville, la compagnie transforme le bâtiment agricole nouvellement investi en un pôle culturel rural exceptionnel avec une école de théâtre pour enfants, adolescents et adultes. Des ateliers de construction de décors sont prévus sur ce site ainsi que des espaces d'accueil d'artistes et de techniciens du spectacle dans le cadre de résidences de travail. En parallèle, la compagnie possède un magnifique théâtre mobile, unique en son genre, avec un chapiteau en forme de théâtre à l'ancienne, loges et balcons à l'intérieur et fresques dignes d'un opéra romantique à l'extérieur, avec quelques gros semi-remorques pour véhiculer le tout. De 1992 à 1996, le Théâtre mobile a planté son chapiteau dans des villes et villages du Centre et, depuis 1996, il met ce matériel au service d'autres compagnies en région, en France ou en Europe. Un détour par le site de la compagnie s'impose. Il est riche en images et en informations. De plus, il donne à voir les dernières créations, dont l'une fut transportée au Mali en prévision d'autres échanges culturels avec ce pays.

*www.compagnieduhasard.com*

## Vêtifuté ou le vêtement adapté au handicap

Loches, département d'Indre-et-Loire. Nous sommes en 2003 et en présence d'une jeune styliste en panne de travail, Christelle Gouais, et d'un jeune handicapé, Denis Gauthier, employé à l'hôtel du département sur un temps aménagé en raison de sa mobilité très réduite. Denis, c'est monsieur Courage. Il n'a que 19 ans lorsqu'il découvre le projet associatif. Il en deviendra président deux ans plus tard. Le principe est né d'un constat évident : le corps est un obstacle et contraint la personne à des gestes adaptés à son handicap. L'idée de génie est aussi simple, il s'agit de transformer les vêtements classiques en les adaptant au handicap de chacun. Une transformation du quotidien pour tous ceux qui en bénéficient. Des gestes facilités pour les personnels soignants ou les proches de personnes à mobilité réduite. Denis témoigne : « J'ai eu plusieurs interventions chirurgicales avec à la clé des prothèses de genou et des prothèses de hanche qui, au bout d'une rééducation de trois ans, m'ont donné la possibilité de marcher. À l'issue de cette période, j'ai obtenu un poste de comptable au conseil général, à la seule différence que j'étais dépendant pour de simples tâches comme d'utiliser les sanitaires. C'est à ce moment-là que j'ai découvert Vêtifuté, qui a répondu immédiatement à mes besoins. » Les professionnels de la santé ont validé très rapidement le panel de vêtements confectionnés ainsi que les créations qui répondent au cas par cas en fonction des différentes pathologies. Le résultat est là : la dignité des personnes concernées est retrouvée, l'approche des malades s'en trouve aussi modifiée. Le temps et la disponibilité d'écoute en sont améliorés. Denis, investi par son statut de président de l'association, se félicite des développements de Vêtifuté : « Nous travaillons aussi bien avec les maisons de retraite, les centres spécialisés et les centres de rééducation qu'avec des particuliers. Le coût de la prestation demeure assez élevé, c'est pourquoi nous avons négocié des accords avec les organismes sociaux et avec le département afin de limiter les tarifs de ces vêtements adaptés. » Reste à étendre le principe à la région et ensuite à l'échelle nationale. Pour preuve, Vêtifuté, qui demeure une association de loi

1901, a été primée à plusieurs reprises : lauréate du concours Talents, prix régional du concours des Trophées pour l'innovation, prix du Trophée de l'initiative locale, lauréate du concours « S'unir pour agir » de la Fondation de France. Depuis avril 2007, le conseil général et la MDPH37 ont officiellement donné leur accord pour prendre en charge l'adaptation du vêtement au cas par cas.

*www.vetifute.com*

### La caravane parlante, espace d'art auriculaire itinérant

Xavier Bertola est fou, sympathiquement fou, et c'est un inventeur né. Il a créé des ateliers d'art auriculaire itinérants dans le département d'Indre-et-Loire. Pour ce faire, Xavier a transformé une caravane telle celles que l'on voit sur les routes des vacances chaque année, en studio d'enregistrement et de diffusion sonore. Comme beaucoup de termes demeuraient énigmatiques dans cette intention, nous avons interrogé le concerné : « J'ai emprunté cette expression d'art auriculaire à un philosophe que j'apprécie, Michel Onfray, qui déploie ses oreilles avec son auriculaire pour mieux écouter le monde qui l'entoure. Je me qualifie de plasticien humoriste et je suis très intéressé par les voix et je tiens compte de l'avis du public lorsque je présente des expositions. Je voulais aller plus loin avec ce public regardeur et visiteur, c'est-à-dire que je souhaitais qu'il fasse corps avec l'œuvre que je fabriquais. C'est comme cela que j'ai eu l'idée de la caravane parlante. C'est une caravane de tourisme que j'ai transformée en studio d'enregistrement, affublée sur son toit de deux grandes oreilles qui permettent de l'identifier de loin. Nous effectuons – je dis « nous » car nous sommes plusieurs à réaliser ces opérations – des enregistrements sur des thèmes précis en rapport avec l'endroit où nous nous trouvons. Ça peut être une place de marché, une brocante ou un festival. Je me réfère à l'actualité du lieu. Par exemple, à la veille d'élection dans un village, j'ai proposé aux habitants de faire un slogan poético-politique en lien avec le contenu de leurs paniers et leurs opinions. Ensuite, ils entraient dans la caravane pour enregistrer leur message après avoir fait un petit jeu d'écriture à l'extérieur. [“Plus je mange de courgettes, plus je pense à Arlette. Plus je mange de salami, plus je pense à Sarkozy”, “Avec de l'oseille, j'ai osé. Alors osez, osez et votez pour qui vous voulez”, “La politique, en ce moment, c'est grave, mieux vaut manger du céleri-rave”, “Votez utile ou votez futile. Futile serait pour la plus belle, je dirai donc la Ségolène”.] Chacun peut ensuite écouter les enregistrements sur le site de la caravane parlante ou sur une borne interactive qui est déposée dans les mairies des villes et villages dans lesquels nous intervenons. » De toute évidence, avec son invention incongrue, Xavier et son équipe ont fabriqué un nouveau type de lien social qui est une caisse de résonance d'une conscience publique. Le site de la caravane est un feu d'artifice d'inventions et de reportages en situation. L'idée ultime de Xavier serait de gérer cette mémoire en cours de constitution par ce qu'il appelle un flipper sonore, où le joueur entendrait des extraits d'enregistrements à la place des sons électroniques du jeu. En parallèle, Xavier Bertola organise des expositions d'art singulier et d'art contemporain dans son cadre de vie rural.

*www.lacaravaneparlante.com*

## Une femme à la pointe de la lutte contre l'illettrisme

Longtemps institutrice spécialisée, Anne Vinerier crée en 1980 un premier atelier de formation pour adultes en situation d'illettrisme. Elle part d'une évidence : des adultes qui ont été scolarisés une partie de leur enfance ne savent plus ni lire ni écrire, situation qui établit une différence entre l'illettrisme et l'analphabétisme. L'analphabétisme touche en effet une population qui aurait échappé au système scolaire. La nuance est pourtant plus délicate, car cet état de fait laisse à penser que la scolarisation, ou plutôt la non-scolarisation, serait le premier facteur favorisant l'illettrisme, alors que le contexte familial, culturel et social joue un rôle important. Huit ans plus tard, elle va fonder une association de formation de médiateurs et d'enseignants à Tours. Car contrairement à ce que l'on pourrait éventuellement croire, l'illettrisme est endémique avec plus de 3 millions de personnes concernées par le phénomène aujourd'hui. L'illettrisme était totalement ignoré par les pouvoirs publics lorsque cette étonnante femme a fondé l'AFFIC, qu'il faut traduire par une formule redondante mais explicite : Association de Formation de Formateurs Illettrisme et Culture. Son combat fut d'autant plus acharné que les moyens font encore défaut à l'heure actuelle malgré une problématique maintenant reconnue : « Plus nous faisons avancer cette question et plus les apprenants sont nombreux. Reste effectivement à augmenter les moyens. Seulement l'illettrisme ne peut pas se traiter comme un marché, car ce fléau exige pour être combattu des formateurs bénévoles ou salariés. C'est dans cet objectif que l'association a été constituée. J'ai constaté qu'une organisation était nécessaire afin de faire progresser notre travail avec les apprenants, comme nous les appelons. D'où la formation de formateurs et également de médiateurs, c'est-à-dire de personnes relais permettant de répertorier les personnes touchées par l'illettrisme. Cette situation est souvent vécue comme une honte et le passage par une structure d'apprentissage est rendu encore plus difficile de ce fait. Donc il faut des mains tendues pour que l'on ose parler de ses difficultés à lire et écrire alors même qu'on a été scolarisé dès le jeune âge. Cette tâche me fait circuler en France, même si d'autres centres de ressources se chargent de la même formation. Nous sensibilisons aussi les travailleurs sociaux, les professionnels chargés de l'accueil, de l'emploi et de l'accès à l'emploi afin qu'ils prennent l'initiative de la parole pour permettre à la personne de sortir de son enfermement. Et plus nous favoriserons l'intégration des personnes qui ont des difficultés pour lire, écrire et compter, plus nous donnerons à ces personnes envie d'apprendre. »

Anne a rédigé un livre de référence paru aux éditions de l'Harmattan en 1994 : *Combattre l'illettrisme : permis de lire, permis de vivre.* Son association fait partie des nombreux centres de ressources affiliés à l'Agence nationale de lutte contre l'illettrisme et dont le site est à *www.anlci.fr*

AFFIC, 3 place Raspail, 37000 Tours.
Tél. : 02 47 47 12 87.

## Par ici la monnaie : l'orchestre du « Vincent Team »

Vincent Touret est un jeune compositeur, interprète et professeur de musique, comme il en existe beaucoup, à la différence que ce musicien s'est retrouvé pris par ce qui ressemble à un défi artistique en milieu rural. Tout commence par une anecdote à la limite du banal dans un village du Loir-et-Cher, Le Montils à proximité de Candé-sur-Beuvron, soit à une quinzaine de kilomètres de Blois. « C'était en 1999 et je fêtais les dix ans de ma petite sœur avec cinq copains musiciens. Nous avons décidé de composer un morceau clin d'œil pour cet anniversaire. Une occasion s'est présentée de le jouer en public et les réactions très positives nous ont poussés à aller plus loin. D'autres musiciens nous ont rejoints, j'ai composé d'autres morceaux et l'envie de faire des concerts s'est vite fait sentir. Nous avons créé une première association musicale, puis une deuxième dans laquelle j'étais salarié. Ainsi, quelques années plus tard, nous avions un bon répertoire avec un spectacle chorégraphié qui a fait l'objet d'un disque de promotion, et un calendrier de tournées nous a assuré de nombreux concerts sur toute la France. Ce premier orchestre, puisqu'un second est né depuis, était composé d'adolescents âgés de 13 à 19 ans. Ils sont encore quinze à évoluer dans l'ensemble, mais depuis la création ce sont trente-cinq musiciens qui ont participé à l'aventure. Ensuite certains, les plus âgés, ont quitté la formation pour poursuivre leurs études et les nouvelles recrues assurent un équilibre des pupitres. » Le Vincent Team a ainsi donné naissance à l'Orchestre à vingt centimes, dont le bureau administratif est géré par les jeunes musiciens eux-mêmes. L'originalité du projet devenu réalité très sérieuse tient à ses ateliers de musique dirigés par le même Vincent, homme-orchestre à juste titre. Ceux-ci permettent à chaque musicien de se perfectionner dans l'interprétation, l'improvisation et le jeu en grande formation après avoir reçu un enseignement en école de musique. L'école du Vincent Team, baptisé « les 20 centimètres » (c'est de l'humour sur mesure), prolonge les premiers apprentissages en axant le travail sur l'écoute de l'autre, condition indispensable à l'harmonie. Le répertoire lui-même, tant pour les compositions originales que pour les thèmes arrangés, est très proche de celui pratiqué par les orchestres et fanfares modernes d'Europe de l'Est. L'ambiance Kusturica arrive jusqu'aux portes du Loir-et-Cher. Pour ce faire, Vincent Touret a sillonné les routes de la Serbie jusqu'à la Turquie pour s'imprégner de ces univers musicaux et étudier les techniques afférentes. Il en est revenu avec un catalogue de thèmes qu'il a spécialement arrangés pour ses formations puisque, après les 20 centimes, est né l'Orchestre à 21 centimes, composé cette fois d'une petite dizaine de musiciens issus du premier groupe. « En résumé, il y a eu trois associations successives dans cette aventure. Une toute première qui s'appelait "l'Assoc aux sons" qui gérait l'Orchestre à 20 centimes et qui a créé un festival, « le Truc festif », puis l'Association à 20 centimes et maintenant l'Atelier de la casserole, qui couvre aussi une nouvelle fanfare de rue que j'ai créée avec mon frère Baptiste. » Ne cherchez pas à additionner les centimètres et les centimes, vous feriez fausse route, mais de toute évidence, là-bas, au Montils, les jeunes de cette campagne s'entendent à merveille.

4, rue du Fer à cheval, 41120 Les Montils.
*lesvingtcentimes@wanadoo.fr*
*http://cestlajungle-ovc.skyrock.com*

## Un quartier nord ressuscité à Bourges avec El Qantara

1983, la Marche pour l'égalité marque les consciences des banlieues les plus fragiles. Chaque ville possède ses zones d'habitation parfois agitées et souvent en rébellion contre un système de vie trop fermé sur l'extérieur. Bourges a le sien de quartier, au nord comme toujours dans le schéma urbain traditionnel. Yacine Kacine El Hassani connaît la discrimination et beaucoup la musique. Il crée cette même année de 1983 une association culturelle : « Chants et danses du Maghreb ». Rien de tel pour attirer les enfants de l'immigration à une culture sinon à la culture et à les sortir de leur donjon bétonné, sauf que rien n'est plus difficile que d'attirer ce public vers le répertoire exigeant défendu par Yacine, qui va des musiques baroques aux compositions arabo-andalouses. Pourtant les cours de chant et de danse font d'emblée des adeptes : « Quand il y a un projet qui est mûrement réfléchi et qui a pour principes le respect, l'accompagnement et l'inscription dans la durée, on est à l'opposé de toute une mode de zapping. Aujourd'hui, nous avons des enfants qui ont investi une formation musicale et qui ont intégré une institution telle que l'école nationale de musique de Bourges et, du coup, notre association sert de levier de découverte et de formation. » Les activités musicales ne sont pas la seule proposition faite aux jeunes. L'association s'ouvre aussi à l'accompagnement scolaire, puis au cinéma et enfin au multimédia. « Il s'agissait de mettre à la disposition des enfants toute une batterie d'activités culturelles qui ne sont pas d'emblée à leur portée, et de faire en sorte que cette offre devienne un outil de réussite. Le prolongement scolaire était prioritaire dans notre démarche. Par exemple, dès que l'atelier de danse contemporaine a été mis en place, nous avons jugé nécessaire qu'il ait un accompagnement scolaire. Nous travaillons beaucoup avec des enfants dont les familles manquent de ressources et nous sommes convaincus que cette pratique artistique est particulièrement structurante pour ces enfants. » L'essor de l'association et de ses ateliers est tel qu'elle prend le nom de El Qantara, traduisez « la passerelle » afin de signifier sa spécificité et son originalité : « C'est en premier lieu une passerelle intergénérationnelle, puisque nous avons aussi bien un public jeune que des publics adulte et âgé. C'est également une passerelle entre les cultures. Nous travaillons sur des registres de musiques classiques occidentales et de danse contemporaine. Et c'est une passerelle enfin entre les quartiers nord, où est implantée l'association depuis sa création, et les autres quartiers de la ville, voire bien au-delà. » Des rencontres internationales sont organisées en juillet, prolongeant ainsi le travail d'ateliers établis sur l'année. El Qantara va fournir les musiciens d'un ensemble vocal et instrumental de musique arabo-andalouse, Albaycin, fondé en 1990. « Ainsi des enfants formés en atelier, puis inscrits à l'école de musique, vont entrer par la suite dans l'ensemble musical, car il est clair pour nous qu'une activité musicale dans un tissu associatif doit être consolidée par une formation diplômante. La conséquence en a été la création d'une classe absolument inédite en Europe de musique arabo-andalouse à l'école nationale de musique de la ville. » Rien ne nous étonne si d'anciens « petits » de la cité vont, pour certains, faire carrière au sein d'Albaycin en se produisant en concert et dans des tournées internationales. La démarche se poursuit toujours avec une politique d'accès à la culture pour tous grâce à des tarifs que la baisse du pouvoir d'achat ne pourra atteindre, puisque l'adhésion annuelle pour un adolescent revient à... 5 euros.

El Qantara, 29 rue Jean Perrin, 18000 Bourges.
Tél. : 02 48 70 58 06.
*http://elqantara18.free.fr*

# Auvergne

*La région est au cœur du Massif central, avec en son centre la ville de Clermont-Ferrand, qui tente de dépasser sa tradition mono-industrielle. Son rayonnement est toutefois limité par une faible densité de population et la présence éclatée sur l'ensemble du territoire régional de villes de faible ou moyenne importance. Ce territoire de moyenne montagne bénéficie en revanche d'une belle variété de paysages. Puy-de-Dôme au centre, Moulins et l'Allier au nord, Cantal et Haute-Loire au sud.*

## La lutte contre le dépeuplement des zones rurales et la disparition des entreprises

L'exemple du département de l'Allier est très représentatif du phénomène d'érosion de la population dans les zones spécifiquement rurales et de la disparition des entreprises faute de repreneurs. La réponse donnée par le conseil général est tout aussi intéressante. Jean-Louis Étien dirige le service Intercommunalité et la mission Accueil du département. Le point de départ relève d'un constat préoccupant avec une population vieillissante et une démographie sur le déclin qui touche plus particulièrement les actifs et donc les entreprises locales. « À partir de ce constat, nous avons développé une politique d'accueil qui s'appuie sur deux piliers avec, d'une part, une cellule de recherche et d'accompagnement des créateurs et repreneurs d'entreprises qui assurent également la promotion du département. D'autre part, des dispositifs particuliers d'aide sur certaines professions ont été mis en place. »

Les prévisions font état, d'ici 2015, de la disparition d'une entreprise sur cinq dans le département, mais en fonction des différents secteurs d'activité, les chiffres varient. Ainsi, 42 % des artisans ont plus de 50 ans, ce qui fait prévoir de nouveaux retraités et un potentiel important d'entreprises artisanales à reprendre. Or ce département est confronté à la concurrence d'autres départements, qui élaborent eux aussi une stratégie d'accueil des repreneurs. « C'est là qu'intervient la mission Accueil de l'Allier, dont le slogan est "Changez de point de vue, changez de point de vie" avec des manifestations publiques et des plans médias. La mission réalise avec les chambres consulaires un recensement de l'offre d'entreprises à créer et surtout à reprendre sur le territoire afin de les diffuser au niveau national. Ensuite, nous avons des interventions beaucoup plus ciblées, notamment concernant la médecine rurale puisque nous mettons en place des bourses d'études et de projets professionnels depuis juin 2006. » À ce sujet, le département a fait imprimer une affiche originale type chasseur de têtes avec un « Wanted étudiants en médecine » en gros caractères et les primes proposées. Par exemple, la bourse proposée aux étudiants de 3e année est de l'ordre de 18 000 euros sur l'année, soit 1 500 euros par mois. « Pour nous, c'est un encouragement et non une incitation, car être médecin en milieu rural relève vraiment du sacerdoce. Un jeune médecin qui s'installe à la campagne répond d'abord à mon sens à un projet de vie et je ne pense pas que la prime soit suffisante pour le pousser à faire cette expérience. De la même manière, nous avons des réponses spécifiques selon les métiers. Par exemple, lorsqu'un entrepreneur crée ou reprend une entreprise artisanale, le conseil général peut lui proposer une aide financière qui peut atteindre 7 500 euros. Notre difficulté est de travailler sur un territoire encore peu connu. Ainsi, 92 % de la population habite à moins de 45 minutes d'une agglomération de 60 000 habitants avec les services que cela implique. Elles sont au nombre de trois, avec de grandes entreprises implantées *in situ*. C'est donc un département riche d'atouts, mais cette réalité est peu connue du grand public. »

Mission Accueil Allier, Conseil général, 1 av. Victor Hugo, 03000 Moulins.
Tél. : 04 70 34 14 39.
*www. allier.fr*

## LE SÉMAPHORE DE CÉBAZAT : UN PHARE CULTUREL…

Le cas du Sémaphore dans le Puy-de-Dôme est exemplaire de l'action culturelle menée en milieu rural ou, en exagérant, en zone périurbaine, puisque nous sommes à Cébazat, bourg de 8 000 habitants situé au sud de Clermont-Ferrand. Il est exemplaire dans le sens où il répond aux questions habituellement de mise sur la diffusion et la production culturelles hors grande agglomération : comment de petites structures culturelles peuvent-elles survivre économiquement lorsque les voies de communication sont éloignées et que l'implantation dans certains espaces régionaux est peu visible et lisible ? Jacques Madebène dirige cet espace qui dispose d'une capacité d'accueil de 500 places : « À l'origine, il y a une dizaine d'années, le maire de

Cébazat souhaitait faire émerger une salle de spectacle pour toucher un public de proximité. Dans les premières années de fonctionnement du Sémaphore, nos clients étaient des habitants de la commune ou des communes avoisinantes. Ils formaient le noyau dur, puis, succès oblige, les gens sont venus de Clermont-Ferrand et de tout le département, puisque nous sommes passés d'une centaine d'abonnés en 1999 à 1 800 aujourd'hui. Chaque année, nous proposons une quarantaine de spectacles et deux festivals. L'un est consacré à la chanson, au mois de novembre, et l'autre dédié chaque année à un instrument de musique. Ce dernier créé avec l'école de musique locale est plus pédagogique avec des master-classes et des rencontres avec les artistes. Au départ, nous programmions principalement des créations théâtrales, mais nous nous sommes rendu compte que la salle se prêtait bien à la danse – nous disposons d'un grand plateau scénique – et à la chanson ou à la musique. Le public était très demandeur de propositions variées et ce programme éclectique a joué en faveur d'une fidélisation du public. Pour l'histoire du lieu, quand le maire, Bernard Auby, a décidé de construire la salle, il était davantage question d'une salle polyvalente. Puis les spectateurs venant, nous avons eu des propositions artistiques originales. L'État s'est un petit peu intéressé à nous et finalement, en 2004, nous sommes devenus la seule salle conventionnée sur la région Auvergne. Cela a été une reconnaissance de notre travail et c'est aussi une aide financière qui a permis de conforter la programmation. Notre programme est composé pour un tiers de créations. Ce sont, entre autres, des spectacles sur projet avec des artistes que nous suivons et défendons, et les spectateurs suivent ces propositions en sachant que nous allons les emmener sur des terrains qu'ils ne connaissent pas. » C'est une relation de confiance qui s'est établie autour de ce Sémaphore entre l'équipe et le public. Le festival de la chanson est ainsi une sorte de fête musicale offerte au public avec une sélection très affinée d'artistes en devenir mêlés à quelques ténors de la scène, et ce durant une semaine entière chaque mois de novembre. En 2008, le programme axé sur la découverte affichait Jamait, Amélie-les-crayons, Barbara Carlotti, Alex Beaupain ou Agnès Bihl. Au cœur d'une semaine de concerts à raison de trois spectacles par soir, le Sémaphore ouvre une soirée tremplin avec des musiciens interprètes invités de toute la France confrontés à un jury de professionnels. Maxime Le Forestier était le maître de séance de ces 19es rencontres de 2008. Il ne faut pas se leurrer sur la réalité du monde culturel en marge des autoroutes de la diffusion. Le Sémaphore a été un pari engagé et gagné sur cette communauté de communes en périphérie de Clermont-Ferrand, mais elle n'a été possible que par les aides et les engagements des collectivités. La participation de la ville de Cébazat est citée en exemple sur le département. Le label de « scène conventionnée pour le développement du théâtre et de la chanson » a également apporté un confort de travail supplémentaire avec de nouveaux emplois intégrés à l'équipe d'origine qui compte une dizaine de salariés à plein-temps. Un conseil : lorsque vous sortez d'un spectacle, vous avez droit à une belle vue sur le puy de Dôme et vous pouvez prolonger le plaisir en allant dénicher quelques girolles ou cèpes en forêt…

Le Sémaphore, 63118 Cébazat.
Tél. : 04 73 87 43 43.
semaphore@cebazat.fr
*www.cebazat.fr*

## Bleu Autour, un éditeur installé au vert

Entre le cas illustre des éditions Actes Sud et les petites maisons d'édition taxées de régionalisme, il y a un fossé qui sépare des acteurs issus néanmoins d'une même activité. Bleu Autour n'est pas une exception réduisant cette fracture, mais cet éditeur de l'Allier n'a pas à rougir de la comparaison avec les grands. Installées à Saint-Pourçain-sur-Sioule, bourg de 5 500 habitants au cœur du département, à mi-chemin entre Moulins et Vichy, les éditions Bleu Autour sont liées à l'histoire personnelle de leur créateur, Patrice Rötig. L'expansion de cette maison est à l'image de la localité, une des rares à continuer à se développer dans le département. L'économie viticole y joue un rôle important ainsi que les deux usines Vuitton qui ont fourni 500 emplois au territoire. Patrice a lui-même engagé une poignée de personnes de la localité pour compléter son équipe. Historien et journaliste, né à Paris, Patrice Rötig s'engage tout d'abord dans la presse satirique avec un journal départemental, une sorte de *Canard enchaîné* local, qu'il va publier pendant dix ans. « Et puis j'ai compris que je pouvais entretenir une relation esthétique avec les lieux, tel un exilé découvrant une terre nouvelle. Né à Paris, j'ai néanmoins toujours travaillé dans l'Allier, mais il se trouve que j'ai des souvenirs d'une partie de mon enfance, de 3 à 7 ans, passée à Istanbul. Et au moment où j'ai eu ce projet éditorial adossé à ma petite entreprise de presse, je suis retourné en Turquie et j'ai été bouleversé. Je me suis retrouvé trente-cinq ans plus tard dans cette tension entre le présent et le souvenir de mon enfance. » Cette distance a favorisé la création de la première collection de notre éditeur : « D'un lieu l'autre ». Patrice précise ses intentions en préférant une littérature qui dérange, y compris géographiquement, à un roman qui ronronne. Il entreprend ainsi de publier en 1997 des ouvrages qui décriraient des géographies intimes comme celles qu'il avait éprouvées autant en Turquie que dans ce petit bout de terre de la France profonde. Les exils de tous ordres constituent son plan de travail. En parallèle, Patrice fonde une revue, *JIM*, à traduire avec poésie et sagacité par « Journal intime du Massif central ». À raison de deux numéros par an, la revue met à mal un thème incarné par un mot et que les auteurs de Bleu Autour passent au tamis de leur analyse et de leur écriture. C'est ainsi qu'une famille d'écrivains s'est constituée autour de Bleu Autour, et le cercle s'élargit sans cesse puisque les amis des amis deviennent des amis, c'est bien connu. Les auteurs amis ont donc poursuivi leur collaboration après leur premier livre, à commencer par Jean-Marie Borzeix, Jean Lebrun, Jean-Luc Coudray et surtout Leïla Sebbar, qui poursuit sa route avec Bleu Autour malgré sa notoriété. Outre le développement d'autres collections, Patrice tenait à utiliser l'image autant pour ses vertus historiques qu'esthétiques. Jean-Michel Belorgey, iconographe et photographe, se charge de l'énorme travail de recherche, d'archivage et de mise en page de l'image. Une série de livres d'anciennes cartes postales coloniales a vu ainsi le jour. Dans ces volumes, des femmes d'Afrique du Nord, modèles ou prostituées, se donnent à voir et à interpréter par la multiplicité des regards possibles. Il n'y a pas de recette de bon fonctionnement pour cet éditeur, sinon une organisation resserrée autour de sept personnes qui gèrent la fabrication entière du livre jusqu'à sa diffusion. Chaque membre du groupe prend en charge une région de diffusion et soumet ses titres à un réseau de libraires bien constitué. Le jour de notre rencontre, Patrice avait chargé sa camionnette de cartons destinés aux librairies de Bretagne qu'il se préparait à visiter. Chaque tirage moyen de 2 500 exemplaires est ainsi écoulé, assurant la viabilité de la société. Mieux, depuis 2004, Bleu Autour diffuse en France les livres de son homologue catalan Tinta Blava (« l'encre bleue »), et depuis 2007, l'éditeur espagnol a ouvert une collection chez Bleu Autour renforçant – s'il fallait encore le prouver – le caractère peu régionaliste de cet éditeur. Enfin, Patrice Rötig reconnaît le caractère pratique du travail en province, qui permet de se fixer ses propres horaires et de profiter d'une réelle liberté qu'interdirait une journée menée au pas de charge à Paris. « Ici, précise l'intéressé, nous sommes complètement libres, sans compter que nous louons des locaux pour trois fois rien. De fait, nous pouvons prendre plus de risques. »

Bleu Autour, 11 avenue Pasteur,
03500 Saint-Pourçain-sur-Sioule.
Tél. : 04 70 45 72 45.
*www. bleu-autour.com*

# Limousin

*Seuls trois départements composent l'entité limousine : la Creuse, la Corrèze et la Haute-Vienne. Ce dernier département est le principal acteur régional parce qu'il possède Limoges, capitale de région, et totalise la moitié de la population du Limousin tout en restant dans une densité de population inférieure à la moyenne nationale. Depuis une dizaine d'années, un redressement de la population se dessine en Haute-Vienne par la venue de néoruraux et d'étrangers. Ces derniers sont plus particulièrement britanniques, ce qui doit nous rappeler que le territoire fut indirectement lié à la couronne d'Angleterre par Aliénor d'Aquitaine qui épousa en secondes noces Henri Plantagenêt futur roi d'Angleterre. Nous profitons de cette incursion pour signaler que la Creuse souffre d'une image fausse. En effet, ce département fortement rural n'est pas le moins peuplé de l'Hexagone, puisque la palme en revient à la Lozère, qui « plafonne » à 14 habitants au kilomètre carré contre 22 pour la Creuse. L'injustice est réparée.*

## Le Moulin de Busseix : un éco-hameau en Haute-Vienne

Le Moulin de Busseix est un nom trompeur puisqu'il s'agit en réalité d'un ruisseau qui coule paisiblement dans le sud du département sur treize kilomètres, pas plus pas moins. Pourtant ce nom circule dans tous les réseaux de l'écoconstruction. Nous sommes à Ladignac-le-Long, en bordure du parc naturel régional Périgord-Limousin. Six personnes construisent depuis 2004 un éco-hameau dans cet écrin de verdure. Après constitution d'une SCI (société civile immobilière) avec une participation égale de chaque membre, les concepteurs ont acheté une propriété agricole de 14 hectares, première base du hameau. Ils ont entrepris ensuite la construction de quatre maisons individuelles et d'une maison collective. Les parties anciennes de la ferme sont elles-mêmes réhabilitées et transformées en gîte et en centre de stages. Lorsque la construction de l'ensemble sera achevée, chaque membre bénéficiera de sa maison écologique et des équipements collectifs pour lancer son activité professionnelle. La démarche ultime sera de domicilier des actifs dont les professions seront compatibles avec les objectifs et les valeurs partagées par les membres de l'éco-hameau, en l'occurrence les métiers de l'agriculture biologique.

Trois autres personnes ont rejoint le groupe de création initial. Les matériaux utilisés pour la fondation de ce tout petit village entrent dans la charte écologique rédigée lors du lancement du projet, à commencer par la construction en paille. Cette charte prône un mode de vie équitable et respectueux de l'environnement. Il y est écrit que « chacun aura son propre habitat, son autonomie économique et idéologique, avec un esprit de partage et de solidarité ». Des liens étroits ont été tissés avec les communes voisines, les groupements associatifs et les entreprises. Sorte de pépinière d'entreprises à petite échelle respectueuses de l'environnement, l'éco-hameau accueille toute personne intéressée par ce type de démarche.

*www. moulindebusseix.org*

## Une réserve de jazzeux et un « Artobus »

Des cinglés de jazz en Limousin. Le coupable en est un certain Vincent Maury, régulièrement armé d'un saxophone baryton. Vincent et une poignée de musiciens ont créé l'incroyable « Orjazz », traduisez : l'Orchestre régional de jazz, véritable big band de surdoués. Ça sonne Mingus et souvent Ellington. Non contents de ce premier défi, ils ont ouvert une seconde formation, « Collectif 129 », composée cette fois d'amateurs : 129 pour 87 (Haute-Vienne) + 19 (Corrèze) + 23 (Creuse). Le problème est que leurs inventions ne s'arrêtent jamais, puisque sont nés un trio de jazz électrique et un quartet de musique funk et de jazz-rock. C'est une fourmilière insensée de jazzeux en Limousin. Autre collectif intelligent : Art Nomad, ou comment faire circuler l'art contemporain dans les campagnes ? Réponse : il suffit d'un véhicule. Lointain cousin du bibliobus, ledit véhicule s'appelle l'Artobus. Le collectif est né en 1999 sous l'impulsion d'un groupement d'artistes plasticiens à Arnac-la-Poste, petite commune du nord de la Haute-Vienne où apparemment il ne fait pas bon être facteur. Donc, Art Nomad a inventé un outil pédagogique sur mesure avec le camion de l'art remarquable par son zébrage rouge et vert. Conçu comme une scène dépliable, il transporte des œuvres d'artistes ainsi que tout le matériel nécessaire à la pratique des arts plastiques. Les écoles de la région en profitent pleinement et le « Véhicule », selon l'appellation retenue par ses promoteurs, prend part à tous les événements publics du Limousin. Évidemment, au-delà de l'objet mobile très identifiable, Art Nomad organise des expositions et possède un fonds documentaire sur le jazz très bien géré.

*www.artnomad.fr*
*www.orjazz.info*

## Le Graf : Groupement rural agricole féminin

L'association est plutôt originale. Le Graf. Nous sommes dans la Combraille, à l'est de la Creuse, aux limites de l'Auvergne. Ce groupement est constitué d'une cinquantaine de femmes venues de tous les horizons socio-professionnels. Certaines sont entrées dans le collectif pour tuer un ennui et une routine dans ce décor naturel loin de tout – nous sommes à une heure et demie de route de Limoges –, d'autres s'y sont engagées afin de mûrir leur réflexion sur le renouveau agricole et sur un art de vivre à faire partager. Ainsi organisent-elles autant de journées lecture, comme celles du Printemps des poètes, que de journées de formation professionnelle. La diversification de l'agriculture impose, en effet, aux acteurs locaux de cumuler des compétences en matière de valorisation du patrimoine local, de commercialisation des produits ou de communication avec les clients potentiels. Elles écrivent et conçoivent une exposition itinérante sur leurs vies de femmes dans ce bout du monde sous le titre de « Regards de femmes ». Sur leur site, on trouve de tout : des recettes de cuisine aux dernières informations sur le monde de la terre, dans ce qu'elles appellent les « news agricoles ». Portées vers les autres cultures, elles reçoivent des délégations étrangères, comme récemment un groupe de femmes de Bombay avec lequel elles purent échanger sur le statut de la femme dans la société indienne, l'organisation de la vie familiale et les pratiques culturelles. À l'inverse, le groupement se déplace en France ou hors des frontières de l'Hexagone, comme ce fut le cas en décembre 2008 à l'île de la Réunion. Dans ce cadre, elles rencontrèrent la déléguée réunionnaise aux droits des femmes et à l'égalité des sexes, et visitèrent des exploitations de canne à sucre et des élevages porcins.

*www.graf23.fr*

### Limousin Expansion : l'agence de développement économique du Limousin

Limousin Expansion est une structure régionale comme il en existe presque partout et dont la mission est de favoriser l'installation et la création d'activités innovantes sur son territoire. Plusieurs pôles d'activité sont soutenus, mais l'originalité de cette agence est de s'ouvrir à la domotique, autrement dit aux techniques de gestion automatisée appliquée à l'habitation. Ces techniques recouvrent les champs de la communication, du confort et de la sécurité, lesquels concernent les personnes souhaitant préserver leur autonomie le plus longtemps possible. La pertinence de ce pôle appelé à se développer a été récompensée en juin 2007 par le Trophée de l'innovation et de la recherche de la presse économique. Or il faut savoir que la région Limousin est la première région française adhérente du réseau européen SENAER (Réseau de mutualisation des expériences visant à améliorer le bien-être des personnes âgées). Comme les plus de 65 ans vont représenter près de 25 % de la population nationale en 2010, la domotique est destinée à s'étendre et à devenir une importante source d'emplois. Le Limousin a signé un contrat État-région pour la période de 2007 à 2013 à hauteur de 7,5 millions d'euros, au profit du handicap et de la dépendance dont le pôle de l'agence est un des principaux acteurs. En dehors de ce secteur, celui du webdesign et des nouvelles technologies de l'information et de la communication a fait un bond en avant spectaculaire avec un total de 950 emplois et 200 entreprises dont les deux tiers ont été créées depuis 2003. Pour la seule année 2007, le résultat du travail de Limousin Expansion se chiffre à 25 entreprises créées sur 43 projets accompagnés et 150 emplois supplémentaires, dont 51 hautement qualifiés. Enfin, l'organisme gère une plateforme internationale qui permet de prospecter hors de nos frontières afin d'évaluer les marchés potentiels. À ce jour, 400 entreprises ont adhéré au programme baptisé « Limousin International ».

*www.limousin-expansion.fr*

## DES VACHES *MADE IN* CORRÈZE

Jacques Moulène est une vraie figure locale. Cet ancien technicien du spectacle et régisseur de manifestations culturelles nationales a bouclé la boucle de son parcours professionnel en revenant investir sa terre natale à la Chapelle-Saint-Géraud. Pour redynamiser son village, Jacky, alias Jacques, a organisé une exposition de vaches en résine grandeur nature en plein pâturage réalisées par des artistes peintres. Il a également créé une ligne de vêtements et de tee-shirts fermiers baptisée « Provaches.com » et a ouvert un bar-restaurant, « La Vache qui fume ». « Je suis natif de ce village et j'y ai vécu jusqu'à l'âge de 22 ans avant d'y revenir en 2000. Je pense que l'investissement est assez semblable entre le spectacle et le travail de la ferme. On ne comptait pas les heures dans le spectacle et on travaillait au cachet journalier. Or c'est ce que j'avais appris à faire dans un premier temps en travaillant à la ferme. » Pendant quinze ans, Jacky sera régisseur de Jacques Higelin, d'Alain Chamfort ou encore de Mylène Farmer, puis régisseur d'une grande moisson aux Champs-Élysées où 1 500 agriculteurs sont venus faucher les blés sur la plus célèbre avenue du monde. On retrouve encore le même personnage dans l'organisation de l'exposition Vach'art en 2006, soit cent vaches d'artistes dans les rues de Paris. Entre-temps, Jacques a repris l'exploitation de la ferme familiale en Corrèze et innove dans l'animation culturelle locale. « Le projet Provaches et les vêtements ne correspondent pas à un acte militant, mais c'est ce que je préfère appeler de la communication positive. Les slogans imprimés sur les tee-shirts réveillent un peu le public, car je trouve que la communication du monde agricole est trop tiède ["Steak attitude", "Paysan et fier de l'être", "Pas de blé, pas de pain"...]. Il ne faut pas oublier que j'ouvre cette production en 2000 à mon retour ici alors que nous sommes au cœur de la crise de la vache folle. Quant au bar de "La Vache qui fume", il était fermé et c'est le seul à survivre maintenant. Il y a eu une opportunité, mais je n'étais pas obligé de le faire. C'est le sentiment qui m'a poussé à le reprendre. C'était quand même le bar où j'avais fait mes premières fêtes, et de nos jours c'est le seul lieu où les villageois se réunissent. » Les vêtements ont leur boutique à Argentat avec une magnifique vache en bois verni en vitrine et le « textile vache » fait fureur là-bas.

Provaches.com, 19430 La Chapelle-Saint-Géraud.
Tél. : 05 55 28 01 62.
*www.provaches.com*

# *Île-de-France*

*La présence de cette région est justifiée par des départements à vocation semi-rurale, ce qui fait aussi l'originalité de notre territoire puisqu'en exagérant à peine, la campagne s'arrête pratiquement aux portes de la capitale. L'illustration en est donnée par le département de la Seine-et-Marne, le plus imposant par son étendue, qui représente la moitié de celle de la région, et par sa vocation, à 60 % agricole. 3 200 exploitations parsèment ce territoire, ce qui n'empêche pas la population d'être exclusivement urbaine aujourd'hui. La dynamique démographique est aussi une particularité de ce département, qui compte 1 300 000 habitants répartis dans les chapelets de villes qui longent les grands axes de communication. Le constat est sensiblement identique avec le département du Val-de-Marne qui demeure très rural au sud et excessivement urbanisé et industrialisé au nord avec le point d'orgue économique du pôle Orly-Rungis, deuxième employeur d'Île-de-France après la Défense. À l'inverse, nous commencerons par les Yvelines, département le plus peuplé de la grande couronne avec 1 400 000 habitants et urbain à 90 %.*

### L'Adie, réseau national des associations pour le droit à l'initiative économique

Bon nombre de personnes sont exclues du marché du travail et du système bancaire. Contrairement à une idée répandue selon laquelle les sans-emploi, chômeurs et autres bénéficiaires du RMI seraient dépourvus de tout projet de vie professionnelle, il existe des bonnes volontés auxquelles un soutien moral et financier serait indispensable pour reprendre la voie du travail et donner corps à de vrais projets professionnels. Parmi les organismes qui accordent un crédit à ces exclus des sources de financement classiques, il y a l'Adie, Association pour le droit à l'initiative économique créée en 1989. 380 antennes sont disséminées sur notre territoire et animées par autant de permanents et près de 10 000 bénévoles. Exemple en Île-de-France avec l'antenne des Yvelines dirigée par Emmanuelle Darrieu qui, en deux ans de direction, a soutenu une bonne centaine de dossiers, dont 40 % ont bénéficié d'un microcrédit. Les candidats ont des profils très variés, de la personne illettrée au bac +5, du jeune de 20 ans au cadre de plus de 50 ans. « Ici, on travaille avec des personnes qui, pour la moitié, vivent avec les minima sociaux. Donc le candidat type est en situation de chômage de longue durée et ne parvient pas à se réinsérer dans le marché du travail. Les candidats ont la volonté de créer leur propre emploi à partir d'une expérience professionnelle acquise par le passé ou présentent une capacité à réaliser leur projet. Les candidats recalés à la sélection de dossiers ne sont pas renvoyés à leur triste sort, mais sont orientés pour une partie d'entre eux vers des partenaires afin de bénéficier d'un supplément de conseils en amont de la création d'entreprise. Cela concerne des personnes qui nous ont d'abord contactés mais dont le projet n'était pas suffisamment mûr pour passer à la réalisation. En revanche, les personnes jugées trop fragiles psychologiquement sont orientées vers un emploi salarié en réinsertion, quitte à ouvrir de nouveau ultérieurement leur dossier de candidature. L'Adie des Yvelines finance principalement des commerces, de la vente ambulante à la vente en boutique. Nous avons soutenu, par exemple, une société de vente de panneaux solaires à Mantes-la-Jolie. Nous avons défendu des artisans du bâtiment et nous avons de plus en plus de projets de services à la personne. » Le prêt accordé peut au mieux atteindre 10 000 euros en deux fractions de 5 000 euros pour une durée de 4 ans, et surtout l'Adie offre gratuitement un accompagnement à partir de la création effective du projet afin de garantir sa viabilité. La première démarche est facilitée par un numéro vert valable sur toute la France. Dès la prise de contact, un rendez-vous est proposé auprès de l'antenne la plus proche de votre domicile.

Adie, n° vert : 0800 800 566 et *www. adie.org*

## Raoul Nitrate : clown-agriculteur

Olivier Guitel est souvent sur son tracteur, sorte de cheval de bataille qui ratisse les 165 hectares de l'exploitation de son grand-père à Lommoye dans le département des Yvelines. Pourtant, régulièrement, Olivier troque son bleu de travail contre un nez rouge de clown. La journée Olivier l'agriculteur, le soir Raoul Nitrate le clown. Tout n'est pas un hasard dans l'histoire de cet homme inventif qui fit des études commerciales en agroalimentaire avant de s'exercer à l'art de la comédie entre deux travaux des champs. Formé dans un premier temps au contact d'une troupe amateur, Olivier se perfectionne à Paris dans des ateliers d'improvisation avant d'approcher l'art du jeu clownesque. Un passage par l'école de clowns de Bagnolet, puis l'animation d'ateliers de théâtre tous publics dans l'Eure jusqu'à la proposition par le comice agricole de créer un spectacle burlesque sur le monde agricole. Olivier écrit « Vache attack » pendant la crise de la vache folle à partir des revendications des éleveurs mécontents. Le succès est tel qu'une nouvelle communication agricole émerge et surtout, la double vie de l'agriculteur-clown se confirme avec la naissance du personnage de Raoul Nitrate. Les spectacles d'Olivier traitent voire maltraitent avec humour la PAC, l'Administration et les pesticides. Il n'empêche que ce transfert à la scène d'une réalité agricole souvent méconnue des citadins ouvre un dialogue inédit entre gens des villes et gens de la campagne sur ce morceau de terre des Yvelines. Sa compagnie au nom bucolique embourbé, « Étincelle Bouillasse », assure des stages en dehors des spectacles.

*www.etincellebouillasse.com/index.html*

### Un entrepreneur du bâtiment pour les sans-logis : Solidarités nouvelles pour le logement

Étienne Primard et son frère devraient être décorés pour leur altruisme, en réalité pour leur savoir-faire mis au service des précaires. Ils dirigent chacun une petite entreprise du bâtiment dans l'Essonne. Leur constat est amer : tant de familles aux ressources très basses ne peuvent accéder à un logement digne de ce nom ! Le frère d'Étienne, entrepreneur à Paris, prenait déjà le soin d'embaucher une main-d'œuvre dont personne ne voulait. « Ces gens n'avaient pas l'habitude de travailler à l'époque 39 heures par semaine, l'absentéisme était très fort et les qualifications pour ainsi dire nulles. Cela a pourtant marché avec nous, car les salaires étaient calculés plus en fonction des besoins que des qualifications. Par exemple, la personne totalement démunie percevait un salaire délibérément plus élevé que la personne qui avait des responsabilités plus importantes. La machine était un peu à l'envers. On ne cassait pas le marché, mais il fallait que nos frais d'entreprise soient calculés au plus serré et parfois nous reprenions nous-mêmes le travail qui n'était pas bien réalisé. Ensuite, nous avons compris que bon nombre des employés ne possédaient aucun logement. Nous nous sommes donc engagés dans le mouvement déjà constitué de Solidarités nouvelles face au chômage et nous avons réalisé que le problème du logement était premier. Sans logement, il ne peut y avoir de dignité possible, d'où la création de cette association Solidarités nouvelles pour le logement, en 1988. » Comme par un heureux hasard, en 1990, la loi Besson a permis aux associations de bénéficier de subventions publiques pour le logement social. Avec des habitants du quartier, les deux entrepreneurs achètent un premier logement dans le 19e arrondissement de Paris. Le premier Groupement local de solidarité vient de voir le jour. « Dès le début, il ne s'agissait pas uniquement de construire de nouveaux logements, mais c'était surtout un droit à habiter que nous défendions. Ensuite, si les personnes logées chez nous ne mouraient plus de froid, elles souffraient néanmoins de solitude. Nous avons adopté la même règle que Solidarités nouvelles face au chômage, à savoir que la présence d'un voisinage est indispensable à la construction d'un logement. Notre action est basée sur une dynamique qui fait que nous ne désirons pas paterner nos locataires trop longtemps. Donc, dès qu'ils ont pu se reposer, d'une part, et ensuite, avec notre aide, intégrer un logement de droit commun, nous les incitons à laisser la place à d'autres. À la location, ils signent un contrat d'occupation temporaire, paient un loyer et l'ensemble repose sur une confiance réciproque. » Sept logements seront ensuite réalisés à Dourdan dans l'Essonne avec un apport de 50 % de subventions. Cette opération sera primée par l'Agence nationale pour l'amélioration de l'habitat. Les soutiens abondent : Fondation Abbé Pierre, Fondation de France, et en 1995 Solidarités nouvelles pour le logement est agréée par l'État « association de bienfaisance ». L'année suivante, trois associations départementales seront créées : SNL Essonne, SNL Paris et SNL Yvelines, puis en 2004, SNL Hauts-de-Seine et SNL Val-de-Marne. Le bilan à ce jour est pour l'ensemble : 500 familles logées, 360 logements répartis sur 46 communes, 26 permanents, 436 bénévoles et 1 200 membres bienfaiteurs. « La seule contrainte à laquelle nous sommes confrontés est cette opinion publique désastreuse en France qui consiste à dire du logement dit social et donc pas cher : "Ce que vous faites est très bien, mais surtout pas près de chez nous, ça va déprécier notre bien". »

*www.snl-union.org*

## Covoiturage sur Orly-Rungis

Arnaud Sarfati est un jeune créateur de société, et Green Cove Ingénierie créée en 2003, se destine à développer le covoiturage auprès des collectivités, des entreprises et des particuliers. Le postulat de départ relève d'une évidence : aux heures de départ, le matin, la quasi-totalité des automobilistes sont seuls dans leur voiture. L'idée est donc de proposer un ensemble de services destinés à fabriquer du lien ou à le renforcer tout en respectant un cadre de vie et de travail. Installé dans le Val-de-Marne, Arnaud n'est pas avare d'idées et de projets. Son principal secteur d'activité est un des plus grands bassins d'emploi de la grande couronne parisienne, à savoir le pôle Orly-Rungis. Le souhait était de soumettre aux entreprises le service de covoiturage à destination des 60 000 salariés du site. Chaque entreprise adhérente propose un code de réservation à ses employés. Ceux-ci s'inscrivent, notent leur trajet, recherchent des coéquipiers et contactent par le biais de ce service les personnes désirées. C'est sur cette base qu'est née l'Association pour le développement économique du pôle Orly-Rungis, Ador, qui offre à chaque adhérent toutes les informations en temps réel sur les possibilités de covoiturage par téléphone et internet. Le covoiturage tel que l'imagine Arnaud Sarfati ne s'arrête pas aux limites de l'Île-de-France. C'est pourquoi sa société exploite depuis cinq ans un site national de covoiturage qui rassemble 230 000 membres. C'est ainsi que sur *123envoiture.com*, 350 nouveaux membres s'inscrivent chaque jour, avec à la clé un avantage évident : plus les inscriptions sont nombreuses et plus les trajets sont variés. Pour mieux faire grandir le réseau qu'il ouvre au covoiturage, Arnaud hante les salons : de l'Automobile, des Transports publics ou celui de Planète durable, pour convaincre davantage. Apparemment, les démarches sont fructueuses, puisqu'il a obtenu un partenariat avec Keolis, principal opérateur de transports en commun, ainsi qu'avec SFR et Radio France.

*www.123envoiture.com*
*www.greencove.fr*

Ador, Association pour le développement économique
du pôle Orly-Rungis.
0892 160 007
*www.covoiturage.ador94.com*

### Une université populaire de l'eau

Le Val-de-Marne nage en pleine modernité et son principal vecteur de communication et d'action est cette ressource naturelle si mal partagée entre les différentes sphères de l'humanité : l'eau. Au début des années 1970, ce jeune département situé à la confluence de la Seine et de la Marne se dotait d'un service public d'assainissement novateur : la DSEA (Direction des services de l'environnement et de l'assainissement). Les fonctions de cette entité nouvelle étaient de gérer les réseaux de traitement et d'évacuation des eaux pluviales et usées, d'engager des travaux nécessaires à l'amélioration de la qualité de l'eau et à la protection du patrimoine naturel aquatique. Aujourd'hui, cette DSEA prépare un programme départemental de l'assainissement à partir d'une concertation avec tous les acteurs de l'eau et de l'assainissement du département. Le Val-de-Marne s'aligne de la sorte sur la directive européenne qui oblige chaque État-membre d'afficher d'ici 2015 un bon état écologique de ses ressources en eau. Jacques Perreux est vice-président du conseil général du Val-de-Marne et chargé de l'eau, de l'assainissement et du développement durable. Avant même de créer un espace d'échanges dans une université populaire du développement durable et de l'eau, le département a déjà installé des réalisations propres aux nouvelles énergies, comme un vaste réseau de puits géothermiques qui alimentent le département en nouvelle énergie non polluante. Depuis 2004 cette fois, c'est une université unique en son genre qui invite gratuitement les habitants de toutes les catégories sociales et de tous âges à des saisons d'information sur les questions du changement climatique et sur les perspectives d'une société future différente. Des conférences ont lieu plusieurs fois par mois à l'agence de développement du Val-de-Marne. En parallèle, depuis 2000, un festival de l'eau a lieu début juillet et se décline en une vingtaine d'escales dans le département et sur des sites partenaires à Paris et en Seine-Saint-Denis. Le Festival de « l'Oh ! » invite 250 artistes et initie des échanges avec le public dans des espaces baptisés « maisons de l'eau ». Sa 7e édition a rassemblé 200 000 personnes. Plus de 16 500 festivaliers ont emprunté des navettes fluviales et récupérer des fonds qui permettront la mise en place d'une filière de compostage de la jacinthe d'eau qui obstrue des canaux d'un village malien. Enfin, pour tenir les citoyens du département au fait des initiatives locales, la télé interactive du département produit une émission magazine de l'eau dans tous ses états. Quant à la jeune population du département, en amont du Festival de l'Oh !, un programme pédagogique est initié dès la rentrée scolaire et ce sont 600 collégiens de vingt-cinq classes du département qui y participent.

Le travail pédagogique amorcé par les enseignants associés à des interlocuteurs scientifiques est complété par des croisières, visites d'ouvrages et des conférences sur les cultures de l'eau dans le monde. À l'issue de l'année scolaire, en avril 2008, les collégiens ont été invités à des forums intercollèges afin de confronter leurs expériences. La plupart d'entre eux ont poursuivi ces échanges par des propositions pour la préservation et l'accès à l'eau. Enfin, les établissements du département ont participé en juin de la même année au forum européen des jeunes qui se tenait à Saragosse, en Espagne, dans le cadre de l'exposition internationale consacrée à l'eau et au développement durable.

*www.cg94.fr*

## L'Orchestre des jeunes Melun-Val-de-Seine

Lorsque des élus décident d'offrir à de jeunes élèves des écoles de musique de l'agglomération de Melun un vrai grand orchestre, on ne peut que s'incliner devant l'initiative. Elle est rare et donc précieuse. Ainsi est né l'Orchestre des jeunes Melun-Val-de-Seine. Fondé en 1996, l'ensemble ne comptait qu'une dizaine de pupitres où se côtoyaient une poignée de professionnels et quelques amateurs. Dix ans plus tard, ils étaient cinquante à se frotter au travail de la musique d'ensemble avec à la tête de l'orchestre un chef professionnel, Jean-Michel Despin, et un agenda de concerts qui conduit ces apprentis du symphonique en région, en France et à l'étranger. L'expérience n'aurait sans aucun doute pas pu durer sans le concours de ce jeune chef dont la pédagogie est réputée pour être ludique et chaleureuse. Ici pas de rapports de force entre musiciens et chef d'orchestre, mais un apprentissage en douceur. Âgé de 24 ans en 1990, il s'oriente d'emblée vers la formation des jeunes musiciens et réussit à faire partager le plaisir de la pratique orchestrale à des enfants et à des adolescents. En Seine-et-Marne, à raison de répétitions de 3 heures hebdomadaires, le dimanche matin, auxquels s'ajoutent deux week-ends de travail et une tournée annuelle à l'étranger, l'orchestre des jeunes aborde un répertoire digne de celui de professionnels. D'ailleurs, à l'origine, la création de l'ensemble relevait le défi de réunir des amateurs, de jeunes élèves et des interprètes professionnels. « La question des disparités ne se pose plus dès lors que tous sont dans la même arène. La seule différence ici est de ne plus confronter des élèves à un professeur, mais de se retrouver tous sur la même scène. Pendant le concert, nous faisons le même métier dans le même temps et pour le même public. Cela signifie que les modalités de fonctionnement entre nous sont tout à fait naturelles et se font comme avec un orchestre professionnel. En revanche, à part les écoles de musique et les conservatoires régionaux, aucun passage obligé ne s'impose avant d'entrer dans l'orchestre. Comme un vrai grand ensemble, nous donnons entre six et huit concerts en région, principalement dans la communauté de communes de l'agglomération et nous voyageons hors des frontières, en Italie et en Allemagne. L'intérêt des concerts dans les petites communes est d'ouvrir un répertoire classique aux habitants et nous répondons par là même au cahier des charges du Département. » Jean-Michel Despin est doublement acteur artistique du département, puisqu'il dirige les

« Musicales », soit une série de six rencontres musicales entre octobre et avril et dont la dernière soirée est assurée par l'orchestre des jeunes.

*www.agglo-melunvaldeseine.fr*

## Le plus petit cinéma d'Île-de-France et certainement de France

Cinquante places pour ce cinéma. Pas une de plus. Mons-en-Montois en Seine-et-Marne compte 400 habitants. Village typiquement rural, Mons-en-Montois possédait au début des années 1980 quelques granges abandonnées et, parmi ses habitants, Michel Le Clerc, réalisateur professionnel et cinéphile éclairé. À l'aube de sa retraite, Michel décide de créer une association de cinéma qui sera le premier maillon d'une longue chaîne de décisions avant que ne naisse un vrai cinéma. Michel jette son dévolu sur trois granges en piteux état. Leur réhabilitation nécessitera dix ans de travaux et deux ans d'aménagement. On fait avec les moyens du bord et donc avec de la récupération. Des sièges rétro en bois et du matériel de projection déclassé vont permettre au cinéma d'ouvrir ses portes. L'association donne son nom à la salle : le « Onze-Vingt-Quatorze ». Non seulement la salle est certainement la plus petite de France, mais son nom est aussi le plus incongru qui soit. Une explication s'impose en écrivant le nom sous forme d'opération : 11 x 20 + 14, et si vous faites le calcul, vous obtenez 234. Une page d'histoire cède sous le poids du nombre : le 21 avril 1430, une bataille acharnée opposant le village aux Anglais et aux Bourguignons fit 234 morts. En mémoire des victimes qu'aucun manuel n'aura mentionné, l'association prit cette formule digne d'un grimoire d'alchimiste. Quoi qu'il en soit, l'alchimie du cinéma a bien opéré à Mons-en-Montois. En 2003, la salle a enfin pu bénéficier d'aménagements conformes à tous les cinémas professionnels : fauteuils confortables, système Dolby digital, ainsi que des bancs de montage numériques et des caméras DVD, dont une Betacam professionnelle. Ce matériel permet, outre les projections, d'initier les enfants des écoles aux techniques du cinéma, mais aussi de réaliser, monter et projeter des films faits sur mesure par l'association. Mieux, le « 11 x 20 + 14 » organise depuis trois ans un Festival de cinéma sacré, formule encore inédite en France. Le restant de l'année et à raison de quatre films par semaine pour une douzaine de séances, le cinéma enregistre une moyenne de 133 entrées hebdomadaires et a obtenu en 2007 son classement en « salle d'art et d'essai. » Manque à ce tableau une politique de soutien de la petite municipalité, ce qui fait déclarer au bulletin de l'association « Mons Ciné » que le « 11 x 20 + 14 » est sans but lucratif, pas du tout privé et ne chôme pas ! Aux dernières nouvelles, la réduction des subventions menace la survie de cette petite salle hors norme qui mérite de poursuivre sa défense passionnée du 7e art.

Onze-Vingt-Quatorze, 77520 Mons-en-Montois.
Tél. : 01 60 67 42 63.
*michel.le-clerc@tele2.fr*

## Pince-Oreilles : le réseau des nouvelles musiques en Seine-et-Marne

Ils ont bien choisi leur nom : Pince-Oreilles. Ils étaient acteurs locaux, responsables de MJC, musiciens et ont décidé de s'unir afin de promouvoir les musiques actuelles et de les soutenir comme on le ferait pour un porteur de projet économique. Autrement dit, la grande force du réseau est d'accompagner la pratique musicale nouvelle dans toutes les étapes de son évolution. C'est donc assurer une formation pour les salariés et bénévoles des structures musicales. C'est encore repérer les groupes de musique, structurer le réseau des salles du département et réaliser la communication et la diffusion de disques. Pour cela, le réseau regroupe dix-huit structures du département : maisons de la culture, radios associatives, associations et centres culturels. Afin de tenir le public local au courant des événements, les Pince-Oreilles éditent un magazine trimestriel d'information : *Le Transistor.* Ils tiennent des stands lors des manifestions culturelles, organisent des conférences et mènent des campagnes de prévention sur les risques auditifs. En avril 2007, cette énorme organisation mettait sur pied une exposition, « Le son des amplis », sur trente ans d'activisme musical en Seine-et-Marne, destinée à tourner sur les principaux lieux culturels du département. Enfin, le pôle accompagnement du réseau effectue des études d'expertise des projets culturels et organise régulièrement des journées professionnelles de la musique.

*www.pinceoreilles.fr*

# *Grand Ouest*

# Poitou-Charentes

*Le logo de la région est sous-titré « La démocratie participative » en rappel des intentions de l'ancienne candidate à la présidence de la République et toujours présidente de la région. Pourtant Ségolène Royal n'en aura pas été le seul acteur – il faudrait dire « actrice » en référence au bon mot de son agent artistique –, mais ils furent nombreux – commis d'État ou ministres, voire présidents – à être natifs des lieux, principalement dans le département de la Charente. De François Ier à Cognac à un autre François, Mitterrand, à Jarnac en passant par un autre célèbre cognaçais, Jean Monnet, un des pères de l'Europe avec Robert Schuman. Un certain natif poitevin s'appelle Jean-Pierre Raffarin, sans oublier une résidente de la Vienne, Édith Cresson. Cela fait beaucoup de dignitaires de la République au kilomètre carré.*

## Du chanvre à la paille, l'écoconstruction naturelle

Le principe de construction de maisons en paille est encore un procédé révolutionnaire. Tout semble discréditer ce matériau léger, inflammable et putrescible qu'est la paille. Pourtant, appliqué à la construction, il peut acquérir une résistance comparable à la pierre.

François Chaine en a utilisé le principe pour sa propre maison et est devenu par la suite chargé de développement de l'association Alpha'Bat – nom qu'il faut traduire par « Accompagnement Logistique et Promotion de l'Habitat Alternatif » – installée dans le département de la Vienne. « Au moment où j'avais le choix de la construction de ma propre maison, je me suis demandé si je prendrais l'option d'une maison traditionnelle ou si je me déciderais pour une solution plus en accord avec mes idées, à savoir une maison écologique. Évidemment, je me suis porté très vite vers ce choix et ensuite s'est posée la question du matériau écologique. En rencontrant des personnes et en me documentant, j'ai appris à connaître la réutilisation d'anciens matériaux comme le chanvre, la chaux ou la brique, et finalement je me suis rendu à l'évidence de la paille pour son aspect complètement novateur et totalement sain. La raison de l'autoconstruction était simple également, puisque très peu d'artisans étaient capables de travailler avec ce matériau. » Forts de cette expérience, François et Alpha'Bat enseignent l'art de ce type de construction par des stages de formation avec l'aide du Fonds social européen, qui adhère à ce projet d'économie sociale et solidaire. « Nous avons obtenu ce soutien sans trop de difficultés par l'intermédiaire de la CRES, la Chambre régionale d'économie sociale, qui nous suit de près et qui nous accompagne. Chronologiquement, nous avons d'abord bâti notre maison, et devant l'engouement que suscitait le chantier avec des visites régulières de particuliers, voire des coups de main que nous avons reçus de leur part, nous avons décidé de faire naître l'association. Au début, il a été nécessaire de démystifier les trois petits cochons, même si une maison en paille peut brûler accidentellement comme toutes les autres maisons, pas plus pas moins. Une brique de paille se consumera comme un annuaire, c'est-à-dire très lentement, mais il n'y a pas plus de risque qu'avec la pierre. Un test a été réalisé en Allemagne avec un mur, enduit compris, de 50 centimètres d'épaisseur, et la résistance au feu a dépassé l'heure et demie. Nous avons fait le choix d'une structure au sol en bois posée sur les fondations et qui constitue le squelette de la maison et, entre l'ossature, nous avons posé les mottes de paille qui sont déjà très fortement compressées. Par-dessus, j'ai ajouté un tassage manuel supplémentaire et j'ai terminé par des enduits : enduits terre à l'intérieur et enduits terre et chaux à l'extérieur. Au niveau dépôt du permis de construire, il n'y a aucun problème, puisque la législation française n'impose pas de spécifier le type de matériau utilisé. Seul compte l'aspect esthétique extérieur ». Il est vrai qu'extérieurement il est difficile de reconnaître la paille d'un matériau traditionnel, tant son aspect est régulier et homogène. D'autre part, la paille laisse transpirer l'humidité et assure une régulation hydrométrique parfaite. L'air ambiant intérieur est rigoureusement sain avec un coefficient d'isolation ultra-performant. De façon à répondre aux questions des auto-constructeurs comme des personnes curieuses de l'éco-habitat, Alpha'Bat organise chaque année des journées d'échanges et d'information, pour lesquelles une inscription préalable à l'association est nécessaire. L'association est présente dans de nombreux salons et festivals, tels le salon Écologis en Haute-Marne ou Festipailles dans la Drôme

*http://alpha-bat.blogspot.com*
Tél. : 05 49 51 20 39.

## De l'intensif à l'intention, vers une autre attitude agricole

Étienne Gautreau est agriculteur à Saint-Vincent-la-Chatre, en pays mellois, dans le sud des Deux-Sèvres. Notre sujet d'intérêt s'appelle ici le chanvre, dont la culture se développe peu à peu en France avec plus de 10 000 hectares cultivés. Étienne pressent la valeur de cette plante qui présente l'avantage d'être cultivée sans pesticides et sans engrais chimiques et il imagine une production destinée à l'habitat dans un cycle commercial court. C'est ainsi qu'au début de l'année 2005, il décide avec cinq autres exploitants agricoles de suivre une formation sur la culture, la transformation et l'emploi du chanvre, organisée par l'Afipar (Association de formation et d'information des paysans et ruraux). Convaincus de l'intérêt qu'il y aurait à tenter une première culture de chanvre, les six paysans créent l'association « Chanvre mellois » dès avril 2005. Un des avantages du produit est d'être particulièrement simple à cultiver, puisque la plante ne nécessite aucun intrant ou pesticide pour se développer. « En revanche, la récolte est plus compliquée, puisqu'elle exige un fauchage puis un séchage aux champs avant la phase de broyage avec une ensileuse. L'étape qui nécessite une technique particulière est celle qui consiste à séparer la fibre du chènevis, et pour réussir l'opération nous avons dû réaliser des modifications de notre matériel. Ce fut une véritable épopée que de monter trois de nos moissonneuses en série afin de parfaire la séparation des fibres et du chènevotte. » La première parcelle semée se résume à 4 hectares. Dans la foulée de ce premier semis, nos paysans s'initient, grâce à une autre association chargée de la valorisation de cette culture, Provaleic, à l'utilisation des fibres de chanvre en remplacement de la fibre de verre dans l'industrie. Au lendemain de la première récolte, ils présentent leur démarche et leurs produits aux artisans et élus locaux. Un mois plus tard, la première commercialisation du chanvre est lancée, un site Internet est créé ainsi que des stages de formation pour les artisans et les particuliers intéressés. Un an après cette première récolte concluante, un semis de 30 hectares est réalisé. Les producteurs interviennent à la chambre des métiers de Parthenay dans le cadre de l'assemblée générale des artisans maçons. Depuis, la création a engendré une dynamique autour d'une production porteuse d'avenir en termes d'écologie (habitat, agronomie, énergie). Les stages pratiques se multiplient et les participants viennent non seulement de la région Poitou-Charentes mais aussi de Belgique. Les 90 tonnes de chanvre récoltées au cours de cette seconde saison ne permettent pas de répondre aux demandes incessantes, c'est pourquoi la récolte 2007 est portée à 500 tonnes de chanvre brut sur 60 hectares. L'objectif final était de construire une filière locale autour de la production, la transformation, la commercialisation et l'utilisation du chanvre textile dans l'isolation de l'éco-habitat. C'est en décembre 2007 que celle-là se constitue à partir de soixante producteurs du grand Ouest de la France réunis à Melle. L'avantage du système installé en pays mellois est de créer un marché local où acheteurs et producteurs sont en lien direct, ce qui réduit le prix du produit. La formation des artisans du bâtiment à la construction et la réhabilitation à base de chanvre et de chaux participe au dispositif. Le chanvre est d'autant plus porteur que c'est un très bon isolant thermique, phonique et un parfait régulateur hygrométrique. « Le chanvre a mille vertus et c'est un matériau qui isole les maisons du sol au plafond. D'autre part, il demande très peu d'énergie tant pour le cultiver que pour le transformer. Dans l'organisation du marché, comme nous avions décidé de travailler sur un circuit commercial court, nous vendons 80 % de notre production dans un rayon de cent kilomètres. Malgré le développement de notre activité par Internet, nous privilégions la vente aux clients de la proche région par rapport aux autres. Il y a donc peu de transport et nous faisons de l'emballage recyclé. Si on ajoute l'économie d'énergie réalisée sur l'habitat, on peut dire que nous sommes à la pointe du respect des normes environnementales. Enfin, nous parvenons à faire une sorte de commerce équitable, c'est-à-dire que nous ne cherchons que la rémunération stricte de notre travail en rendant le produit le plus abordable possible, ce qui le place à un coût inférieur à celui qui est produit de façon industrielle. » Nos paysans, qui ont tout compris des vertus du produit, le transforment directement en différentes versions utilisées dans l'isolation de l'habitat : en laine pour isoler les combles, en isolant mural ou en isolation de finition pour chapes ou colombages. La cerise sur le gâteau vient du recyclage des poussières de chanvre qu'ils transforment depuis 2008 en combustible pour chaudière.

*www.chanvre-mellois.com*

### Le temple des musiques actuelles : la Nef à Angoulême

Après vingt-et-un ans d'existence, l'association Dingo est un phare musical national. Pour preuve, des artistes de renom se pressent aux portes de la Nef, le laboratoire complet de musique géré par Dingo, afin d'établir des résidences de travail : Miossec, Tété, Zebda,

Noir Désir ou Louise Attaque sont déjà passés par cette case incontournable à Angoulême. Si Dingo a largement l'âge de la maturité, l'espace de la Nef vient d'enregistrer sa quinzième saison puisque, outre les quatre studios de répétition, le studio d'enregistrement professionnel et le centre de ressources, la Nef comprend une salle de concert de 700 places qui accueille soixante spectacles par an. Association et Nef sont présidées et dirigées par le même homme depuis la fondation de Dingo : Jean-Louis Menanteau. « La Nef est une maison de la musique ouverte tous les jours qui essaie d'appréhender toutes les étapes importantes de la vie d'un musicien : de la pratique en groupe à l'enregistrement, en passant par l'aide aux projets. Mais c'est surtout, depuis 1993, une salle de concert qui fonctionne plutôt bien. Nous aimons dans notre mission défendre une vocation sociale auprès des jeunes qui désirent faire de la musique. Pratiquer la musique en groupe est une expérience socialement structurante : il faut trouver sa place parmi les autres, apprendre à se faire entendre et savoir écouter. Nous avons affaire à des adolescents à qui la musique tourne la tête, et pour éviter les dérives et les illusions, nous apportons une méthodologie et nous les préparons à éprouver le milieu dans lequel ils pourront évoluer par la suite. L'outil de l'enregistrement joue le rôle de juge de paix et permet à chacun de connaître son niveau de jeu. Je vois à travers la pratique musicale un ensemble de vertus semblables à celles que véhicule le sport. Parmi les différentes réponses que nous proposons aux formations qui sont de véritables services publics, nous assurons l'insertion professionnelle de groupes que nous repérons en les mettant en relation avec des producteurs et en leur donnant les meilleures condi-

tions possibles de travail et de réalisation de l
jets. Dans le prolongement de ce que nous f
la Nef, nous organisons un festival à vocation
partir de propositions de groupes plus spécifiqu
anglo-saxons. C'était une manière de créer dans l'ouest de la France le pendant des Eurockéennes de Belfort ou de la Route du Rock de Saint-Malo. » Le résultat en fut, en 2007, sur deux journées de juillet, la venue de Muse, Arcade Fire et Cocorosie pour une « Garden Nef Party », nom de ce nouveau festival délocalisé dans un théâtre de verdure, qui n'attira pas moins de 17 000 personnes.

Association Dingo-La Nef, rue Louis Pergaud,
16000 Angoulême.
Tél. : 05 45 25 97 00.
*www.dingo-lanef.com*

### Le concept innovant du « dîner quizz » pour mobiliser les jeunes

Nous sommes à Saint-Jean-d'Angély, chef-lieu de canton de Charente-Maritime, qui compte 16 000 habitants. Cette petite localité possède un foyer de jeunes travailleurs[1] dont le pôle animation jeunesse est dirigé par Jean-Pierre Fallou. Titulaire d'un master

1. Les foyers de jeunes travailleurs sont issus des mouvements d'éducation populaire qui se sont constitués après 1945. Ce sont des lieux de résidence qui louent des chambres à de jeunes travailleurs, mais aussi à une population plus large en quête d'un logement provisoire. L'agrément FJT est accordé par une commission régionale et permet d'obtenir des subventions de fonctionnement. Estimé à 470 au début des années 1990, ils reprennent un sens en pleine période de crise du logement et de précarité des jeunes.

professionnel « Ingénierie de l'animation territoriale » dont le mémoire était axé sur l'animation comme outil de prévention, Jean-Pierre a mis au point un principe étonnant et totalement novateur qu'il a baptisé le dîner quizz : « Notre foyer est une petite structure, puisqu'elle héberge 40 personnes. Ce sont des jeunes en contrat de formation ou des personnes employées en stage d'entreprise. Le pôle animation jeunesse est né en 2000 à l'époque du développement des contrats emploi-jeunes. Nous avions remarqué que des candidats postulaient à l'animation sans qu'une formation correspondante ne soit assurée. J'ai décidé de les aider en partenariat avec deux lycées, la mission locale, le bureau d'information jeunesse, le service animation de la communauté de communes et notre foyer. L'idée est de mettre en commun nos compétences, nos moyens techniques et nos financements pour organiser des animations plus conséquentes pour les 16-25 ans qui peuplent le territoire. Les dîners quizz devaient permettre d'aller plus loin et de donner des réponses aux questions jugées taboues que formulent les jeunes. Pour cela, il faut écouter ces jeunes et faciliter le dialogue avec les adultes. Pour réaliser un dîner quizz, il faut cinq choses : une sortie au restaurant, un jeu quizz, des intervenants et animateurs, une mise en situation et des possibilités pour aller plus loin. Les intervenants viennent du domaine de la santé, de la psychologie, du social, ou bien ce sont des inspecteurs du travail ou des élus. » Concrètement, le dîner s'organise en équipes de jeunes, une par table conduite par un animateur. Ce dernier donne des questions à ses voisins de table. Lorsque les réponses font défaut, un intervenant est appelé à la table. Les thèmes portent sur ces questions parfois taboues, comme le dit Jean-Pierre, que sont la toxicomanie, le sida, la santé, les « maux d'amour », mais aussi le suicide, la violence ou la vie au lycée. Pour mesurer le décalage entre la théorie et la pratique, des ateliers permettront une mise en situation. Et enfin il est proposé à tout intéressé d'aller plus loin en poursuivant ultérieurement le dialogue avec un intervenant.

Foyer de jeunes travailleurs « Val de Saintonge »,
4 avenue Pasteur, 17400 Saint-Jean-d'Angély.
Tél. : 05 46 32 14 84.
*fjt.stjeandy@wanadoo.fr*

# Bretagne

*C'est le bras ultime de l'Europe, qui fut pendant longtemps plus levier de départ que bras d'accueil, dernier tremplin avant le saut dans l'océan. Les choses ont bien changé depuis. Côtes-d'Armor, Finistère, Ille-et-Vilaine et Morbihan. Deux villes phares aux extrémités géographiques : Brest et Rennes. Cette dernière, préfecture de région, enregistre 420 000 habitants sur le territoire du pays rennais et son capital économique explique cette forte densité de population. Il aura fallu aménager des réseaux de transport à hauteur des besoins, dont le fameux Val, métro rennais. Rennes est ainsi la plus petite ville du monde à disposer d'un métro souterrain. Le grand point noir de la géographie bretonne demeure la Loire-Atlantique. Rattachée aux Pays-de-la-Loire en 1941 par un gouvernement de Vichy soucieux de créer de nouvelles régions économiques et regroupant des départements. Les raisons en étaient multiples et pas vraiment lisibles. Il n'empêche que la contestation du découpage réapparaîtra avec la création des préfectures de région au point que le conseil général de Loire-Atlantique affirmera en 1972 son souhait de rejoindre la Bretagne. Plus récemment, un sondage réalisé en 2006 faisait état de 64 % de personnes favorables à ce rattachement.*

## Une 2 CV pour un boulot et des jeunes à remettre sur la bonne voie

Saint-Brieuc, Côtes-d'Armor. Jacques Deriez, aujourd'hui directeur de l'association Cap Aventures, tente une expérience inédite en 1988 avec des jeunes de 19-20 ans tous connus de la mission locale et en partie du juge pour enfants, à savoir rénover et convoyer des ambulances vers des dispensaires nigériens. Le département accepte d'en être le partenaire. Jacques, de son côté, connaît bien le désert pour l'avoir sillonné à plusieurs reprises lorsqu'il était plus jeune, et ces espaces sont souvent de superbes terrains de révélation de soi. L'expérience sera hautement concluante puisque, après un an de préparation, et un voyage pas comme les autres, une grande majorité des vingt jeunes engagés trouveront au retour un emploi ou entameront une formation professionnelle. D'autres projets du même type se réaliseront par la suite.

En 1991, Jacques crée Cap Aventures et reçoit l'habilitation du conseil général et du ministère de la Justice en 1993. En parallèle, cet aventurier généreux reprend le chemin de l'université pour rédiger un mémoire inspiré de ses expériences puisqu'il porte sur « L'aventure comme formation et la formation comme aventure » et obtient un diplôme de hautes études en pratiques sociales. Après vingt ans de travail de terrain, trois autres personnes épaulent Jacques Deriez dans ses missions, et le département, tout comme les acteurs de la justice, qu'ils soient juges ou procureurs, soutiennent pleinement les opérations mises en route. Chaque projet dure seize mois, voyage compris, et les entreprises locales répondent à chaque édition aux appels lancés par l'association. « Une 2 CV pour un boulot », dernière réalisation, consistait en 2007 à engager des 20-25 ans inscrits à la mission locale à se rendre en Tunisie du Sud en 2 CV afin d'acheminer du matériel pour personnes handicapées. La préparation des jeunes les implique dans toutes les phases logistiques de l'aventure, du soutien relationnel au bouclage financier de l'opération. « Notre but a toujours été de proposer à des jeunes sans emploi de s'investir par l'aventure, car on s'est rendu compte que l'aventure développe des capacités nécessaires à une bonne insertion professionnelle. Certes, ils sont plus nombreux aujourd'hui à vouloir entrer dans le marché du travail, mais je suis surtout frappé par une attitude très commune de nos jours à l'égard des jeunes. En effet, lorsqu'un enfant de 6 ou 7 ans est victime de maltraitance, il est plaint par tous, en revanche lorsqu'il devient adolescent, l'attitude change totalement et la société cherche à le punir. Dans notre association, il doit faire lui-même des choix, et quand cette attitude est définitivement acquise, la partie est gagnée. »

*www.2cvpourunboulot.com*

## L'alimentation équitable sur les tables des cantines

Il fallait le trouver et elle l'a fait : l'association APPÉTIT mérite bien son nom puisqu'elle signifie Association pour la Promotion des Produits Équitables du Territoire dans l'Intérêt de Tous. Quand je dis « elle », c'est pour désigner Françoise Ballay, animatrice de cette structure, mais les origines datent de la réunion en 2005 de quatre groupements de producteurs de produits biologiques des Côtes-d'Armor.

Les deux objectifs de ces producteurs étaient de produire localement et de consommer localement, autrement dit d'axer l'essentiel de la production sur une filière de proximité. Cette dernière se traduit par la diffusion des produits vers la restauration collective, qu'elle soit scolaire, hospitalière ou d'entreprise. « Jusqu'à présent, c'est la restauration scolaire qui est notre client essentiel, mais nous assurons tout ce qui recouvre la consommation citoyenne. Il s'agit de mettre les consommateurs du département en relation directe avec les producteurs qui adhèrent à notre charte. Nous avons à cœur de rencontrer les élus lorsqu'ils ont en charge les cantines scolaires ainsi que les cuisiniers et les enseignants. Le cuisinier donne à goûter, et l'enseignant sensibilise les enfants à la consommation et au risque de ses travers. Je viens appuyer ce travail par des animations pédagogiques pour amplifier le lien entre l'agriculture, l'alimentation et le respect de l'environnement. Nous incitons à la consommation d'aliments de saison issus de l'agriculture locale et produits sous tunnel froid. Je vois en retour des enfants redécouvrir le goût de la carotte ou de la bonne viande. La différence apparaît même au niveau des cuisines avec des viandes qui réduisent moins à la cuisson. Nous encourageons d'ailleurs autant l'utilisation des produits biologiques que des produits durables. Par ce terme, il faut entendre les produits laitiers qui respectent le cahier des charges du CEDAPA. » Le Centre d'études pour un développement agricole plus autonome, basé lui aussi à Plérin, réunit des agriculteurs et éleveurs qui produisent leur lait à base d'une alimentation naturelle évidemment dépourvue d'OGM. Sa principale mission est de développer des techniques qui favorisent l'exploitation du système herbager et l'élimination progressive des intrants. En l'occurrence, le bétail se nourrit le plus longtemps possible au pâturage, car il est dit que l'herbe coûte moins cher que le maïs ! Des réunions de travail et d'échanges ont lieu entre membres du groupe, et celui-ci soutient les nouveaux candidats à l'agriculture.

Pour convaincre les responsables de la restauration collective scolaire, Françoise a démarché une centaine d'établissements de la maternelle au lycée. Le principe a été grandement soutenu par un programme européen, Raphaël, et le conseil général des Côtes-d'Armor.

APPÉTIT, 2 avenue du Chalutier sans Pitié, BP 332,
22193 Plérin Cedex.
Tél. : 02 96 74 75 65.
*Appetit22@wanadoo.fr*
*www.reseau-appetit.org*
*www.cedapa.com*

### Kreiz Breizh Villages d'Europe

Cette association d'échanges située à Mellionnec, petite commune du centre-ouest Bretagne, appartient au réseau des Villages d'Europe, soit 12 villages de 12 pays d'Europe qui coopèrent depuis 1999 à la promotion de la vie en milieu rural. À l'heure des G8 et G9, nous pourrions parler d'un P12, la réunion des 12 petits. Les premières rencontres des élus des 12 communes ont débouché sur l'élaboration d'une charte des villages développant les objectifs du groupement en matière de services, d'emplois, de culture et d'environnement. Dès la seconde année, des réseaux locaux se sont greffés sur ce réseau international, et ce fut le cas du Kreiz Breizh, qui réunit lui-même dix communes de Bretagne. Créée en février 2002, l'association Kreiz Breizh Villages d'Europe a rejoint le réseau afin d'ouvrir les jeunes ruraux bretons aux autres ruralités européennes, de partager le quotidien d'une famille d'Europe et de découvrir un autre patrimoine. Des camps de jeunes ont lieu l'été et Mellionnec va accueillir des jeunes en provenance d'Espagne, de Grèce, des Pays-Bas et de Hongrie. Le but est de favoriser une prise de conscience de leur citoyenneté européenne. Il est également prévu que les jeunes réalisent un film documentaire sur le thème de leur village idéal. Des échanges ont lieu chaque année. Depuis la présentation de la charte au Parlement européen, le réseau s'est encore étoffé et met en application des principes intéressants, tels des stages professionnels dans les pays partenaires et surtout des échanges de savoirs et d'expériences. Le point de vue est sain et intelligent.

*www.villages-culturels.com*

## Les drôles de filles de Lanloup

Une histoire où le culturel, le social et l'économique font bon ménage. Pourtant, rien n'était évident au départ de cette histoire. Lanloup, 240 habitants, est une commune des Côtes-d'Armor située à deux kilomètres des falaises mais au bord du gouffre de la disparition. Précision géographique : ce village du bout du monde est situé entre Saint-Brieuc et Paimpol. Le dernier service local, une épicerie-café-tabac, va fermer définitivement. Christine Leconte a connu Sandra Mossmann sur les bancs de l'université de Nantes où l'une et l'autre, française et américaine, préparaient une licence d'anglais. Les deux amies suivront pendant un temps des chemins séparés avant de se retrouver sur un projet de reprise de commerce. L'aventure commence par la fabrication de produits fermiers en accord avec un agriculteur et se poursuit par un projet d'installation en terre bretonne. Les deux étudiantes reconverties au commerce biologique sillonnent les landes bretonnes avant de tomber sur le panneau du Kerganer, épicerie-bar mise en vente. Le coup de cœur et la détermination des deux jeunes femmes auront raison des obstacles. Elles achètent le fonds, rénovent le Kerganer, dernière lumière bretonne avant les Amériques, et ouvrent en février 2005. Le lieu possède manifestement une vieille histoire depuis sa création dans les années 1920 avec les empreintes laissées par les propriétaires successifs. Sarah, l'Américaine, débarquée en France dix ans plus tôt, est touchée par la vie associative locale et par un tissu culturel bien riche pour un pays aussi désertifié. « Nous sommes entrées tout de suite dans ce réseau assez conséquent de soutien aux arts et aux spectacles, et nous sommes désormais au cœur d'un projet qui nous dépasse. » En effet, les premières réactions donneront le ton à la nouvelle convivialité qui s'installe sur ce minuscule point de la carte des Côtes-d'Armor. Christine et Sarah reçoivent des bouquets de fleurs des premiers clients. Le contact est pris. En novembre naît l'association « Dans la gueule du loup » qui organise régulièrement des concerts de jazz au Kerganer, lequel maintient ses activités d'épicerie-bar-tabac en y ajoutant une gamme de produits du commerce équitable. La recette de la réussite est simple, selon Christine : « Nous sommes présentes toute l'année et nous avons vraiment pris notre place dans la gamme des services de proximité. La régularité du travail et la proposition quotidienne du pa matin, du bar, des journaux et de l'épicerie ainsi q des activités culturelles ont contribué à cette adoptio par les villageois, même si la venue de deux minettes de 30 ans pouvait les surprendre au départ. » Chaque premier vendredi du mois, les concerts de jazz sont devenus les rendez-vous incontournables du lieu et ont poussé les ex-étudiantes à organiser « L'appel du loup », un mini-festival de jazz qui, l'été, swingue au rythme de l'océan. En prime, les filles ont créé dans le cadre du festival des classes instrumentales avec des musiciens professionnels. Plus la peine d'aller aux Amériques… J'oubliais : Kerganer signifie en langue bretonne la « maison du chanteur ».

Tél. : 02 96 22 33 44.
*www.le-kerganer.net*

### Un village qui aurait pu être sauvé par un quartier bioclimatique révolutionnaire. Une affaire à suivre… et à reprendre

Boquého est une petite commune des Côtes-d'Armor à vingt minutes de route au sud de Saint-Brieuc. Menacé par la disparition de ses derniers services, Boquého, 1 100 habitants, courait le danger de devenir un village dortoir sans âme à l'image de communes voisines. Roland Briand, maire de Boquého à l'époque des faits, fut un des premiers à constater que l'augmentation de 20 % de la population locale en sept ans n'avait pas beaucoup de sens si un projet de vie sociale ne s'y inscrivait pas en parallèle. Entre-temps, le conseil municipal a eu connaissance de l'existence d'un habitat bioclimatique de type passif expérimenté avec succès en Allemagne. L'habitat passif est une notion initiée en 1990 par un ingénieur allemand, Wolgang Feist, pour caractériser un bâtiment dont la consommation énergétique au mètre carré est très basse, voire entièrement compensée par les apports solaires ou par les rapports internes tels que l'isolation thermique, l'étanchéité à l'air et la captation des calories grâce à de larges surfaces vitrées. Pour information, un tel type de construction consomme 15 kilowattheures par mètre carré par an contre 150 à 300 kilowattheures pour une maison traditionnelle. Les raisons favorables au projet qui atterrit sur la table du conseil sont multiples : éviter l'implantation d'un lotissement classique, verrue paysagère par définition, limiter les dépenses d'énergie et attirer les nouveaux résidents par un produit totalement respectueux de l'environnement. « Il fallait donner aux nouveaux venus une véritable raison de s'installer sur notre territoire », renchérit Roland Briand. « Habituellement, on a tendance à penser que l'on va habiter un peu plus loin de la ville parce que le terrain à construire y est un peu moins cher. Or il m'est apparu que cette seule raison était lourde de conséquences pour ceux qui voulaient construire. En contrepartie du terrain peu cher, il y a les frais de transport, l'obligation d'acheter une deuxième voiture ou encore le temps de trajet, donc des désagréments supplémentaires rarement comptabilisés au moment de l'achat du terrain. Nous avons réfléchi au coût financier mais aussi écologique que représentait le déplacement de populations de la ville vers la campagne et il était évident que le quartier passif permettrait une compensation importante de ces surcoûts. » La zone constructible sera délimitée en concertation avec une équipe d'urbanistes. L'implantation des logements se fera avec une mixité de lots libres et d'habitat social. La ruralité des lieux sera intégralement préservée. Un espace sera dévolu à la population du village afin de favoriser les échanges et les relations sociales. L'impact de la voiture sera minimisé. Les techniques d'assainissement alternatif seront employées en complément d'une voirie douce afin de réduire les eaux de ruissellement. Les espaces publics adjacents aux terrains à urbaniser subiront une requalification paysagère. Et enfin, les futurs habitants seront intégrés dès le départ à une réflexion sur l'organisation du quartier. La phase d'étude aura duré six mois et la phase de présentation au public deux mois. La mairie a par la même occasion mis au point un blog d'information et de débat sur le projet. Seulement, il y avait une inconnue : les municipales de 2008. La petite commune pionnière de l'habitat passif est devenue en l'espace d'un tour de scrutin celle du vote sanction.

Roland Briand et son équipe ont été balayés par un microséisme local, comme le titrait le journal *Ouest-France.* Le maire débouté poursuit son combat en créant une association, « 15 kilowatts/heure », mais il ne peut s'empêcher de penser qu'il avait surestimé la capacité de la population à accepter un tel projet.

*http://boqueho.over-blog.com*

### Quimper et le théâtre des enfants

L'association s'appelle le Très Tôt Théâtre, entendez « qui commence tôt », puisque l'essentiel des missions du groupe se porte vers la petite enfance. Soutenus depuis 2000 par la ville de Quimper et le conseil général, les animateurs de l'association coordonnent un réseau départemental jeune public dans un souci d'aménagement du territoire. Le principe est non pas d'organiser des spectacles à la place des professionnels locaux, mais de structurer la dynamique présente en la soutenant et en l'accompagnant. Soutien administratif, soutien technique (prêt de matériel, conseils d'aménagement des salles communales), conseils sur les programmations, formation de personnes relais sur le terrain : une logistique complète est mise en place afin de faire fonctionner l'ensemble toute l'année, avec un sommet entre fin novembre et fin décembre : le festival « À tout âge ». En 2007, plus de 23 000 spectateurs ont assisté à 18 spectacles et 123 représentations se sont tenues en 28 points du département. En 2008, le festival a accueilli un spectacle destiné aux bébés et aux mamans enceintes ! L'équipe du Très Tôt Théâtre met au point des résidences d'artistes et entretient le relationnel avec soixante structures du Finistère, les élus, les employés communaux et les associations de développement local.

*www.tres-tot-theatre.com*

### OCÉANPLUS : SAUVER LES GENS DE LA MER ET LES VICTIMES DU NAUFRAGE ÉCONOMIQUE

Océanplus est une jeune entreprise d'insertion aux multiples vertus. Elle vient d'obtenir, entre autres, l'approbation de la marine marchande pour sa bouée de sauvetage révolutionnaire nommée la « Silzig ». À la tête de cette structure un roi des deux « i », insertion et innovation, Georges Priol. Océanplus, basée à Quimper, a vu le jour en janvier 2007 grâce à

Sato-Relais, une association d'insertion brestoise qui crée depuis une vingtaine d'années des chantiers et des entreprises d'insertion. « Sato-Relais souhaitait travailler depuis un moment dans le milieu nautique et maritime. Et c'est une rencontre avec Alain Daoulas, officier à l'École navale et inventeur de cette bouée de sauvetage, qui a scellé notre sort. Cette bouée inventée en Bretagne et produite en Bretagne ne pouvait prendre qu'un nom breton, *silzig* signifiant "petite saucisse". Jusqu'à présent, les bouées sont classiquement en forme de couronne ou de fer à cheval et elles opposent une très grande résistance pour avancer dans l'eau. La Silzig est un cylindre muni de poignées qui facilite l'extraction du naufragé de l'eau et se referme sous les aisselles de la personne avant d'être remonté à bord du bateau de secours. Cet objet représente une chance inespérée de pouvoir travailler et de sortir du cadre habituel de l'insertion en apportant un facteur d'innovation. Nous produisons d'autres articles, tels des sacs avec des voiles recyclées que des coureurs au large nous ont données ».

Océanplus, Zone du Guélen, 10 rue Albert Stephan,
29000 Quimper.
Tél. : 02 98 95 95 77.
*contact@oceanplus.fr*

### ENFANTS HANDICAPÉS ET ENFANTS VALIDES : LES LOISIRS PLURIEL

On doit l'appellation de Loisirs Pluriel à Laurent Thomas. Nous sommes au début des années 1990 à Rennes. La préoccupation à l'origine de ce qui va devenir un réseau étendu est double : gérer les loisirs des enfants hors temps scolaire et éviter de séparer les enfants valides des jeunes handicapés. La solution fut trouvée en mariant les deux et en créant des activités compatibles avec les aptitudes des deux. Cela impliquait de modifier non seulement les règles des jeux, mais aussi d'adapter les espaces de jeux. Un programme type d'une journée donne des activités sur place avec des ateliers d'expression, de pratique musicale et des sessions de peinture et de lecture, mais aussi des activités en dehors du centre de loisirs avec des visites d'expositions, des sorties poney et des séances de spectacle pour enfants. L'enjeu était double également : ne pas frustrer l'enfant handicapé en créant un cloisonnement et habituer les enfants valides à la complicité avec leurs amis non valides. Loisir Pluriel défend la parité des deux catégories d'enfants et garantit des prix équivalents pour les deux publics. La structure assure aussi la formation d'animateurs œuvrant sur de petits groupes d'enfants afin d'améliorer le temps d'accompagnement et de loisir le mercredi et pendant les vacances scolaires. Les enfants ont entre 3 et 13 ans, et désormais ce sont dix centres d'accueil qui ont adopté le même principe en Bretagne, dans les Pays-de-la Loire, en Normandie, en Île-de-France et également à Paris. L'extension en réseau de ces mariages intelligents prouve que quand une idée est bonne, elle essaime. Un réseau de seize salariés a été mis en place et la palette des activités a été multipliée par quatre depuis la création du premier centre rennais. Une structure fédérale coordonne le tout.

*www.loisirs-pluriel.com*

### VILLA FAMILY, LA RÉSIDENCE SOLIDAIRE POUR PERSONNES ÂGÉES

Il s'agit d'un concept récent et déjà expérime dans quelques départements, à commencer par celu de la Creuse qui a servi de terrain d'essai. Le principe est de créer une maison à un étage dont le rez-de-chaussée est habité par des personnes âgées en situation de dépendance partielle ou importante et l'étage occupé par une famille d'accueil chargée du lien social avec ces vieilles personnes. Le suivi médical et les pratiques d'hygiène sont assurés par des aides-soignantes et des médecins habilités aux visites à domicile. La commune de Saint-Thuriau, 2 000 habitants, dans le Morbihan est une des premières en Bretagne à expérimenter le processus avec deux pavillons qui communiquent entre eux. Chaque pavillon abrite au rez-de-chaussée trois personnes âgées tandis que deux familles accueillantes sont logées à l'étage. L'avantage du dispositif est qu'en l'absence d'une des deux familles d'accueil, la seconde garantit encore le relationnel. Le concept a de quoi séduire à une époque où la longévité de la vie exige des extensions et des innovations dans les services aux personnes âgées. Philippe Loubens, ancien ingénieur bordelais du BTP, est l'auteur de ces Villa-Family. Soutenue par l'UNAFA (Union nationale des associations d'accueillants familiaux), la Villa-Family est construite puis gérée à partir d'un partenariat privé-public. Des investisseurs privés assurent le coût de la construction de la maison et la commune participe à son fonctionnement. Seulement le dispositif se heurte à des résistances de la part de certains départements, puisque ceux-ci doivent autoriser la pratique de la Villa Family sur leur territoire avant sa mise en application. L'autre frein au développement de ces maisons est la formation des personnels accueillants qui nécessite des compétences spécifiques. Poussé par la réussite des premières expériences, Philippe Loubens est parvenu à faire voter une loi en date du 5 mars 2007 prévoyant la mise en œuvre du statut de salarié pour les accueillants familiaux. Plus récemment, le promoteur des Villa-Family a alerté le président de la République sur l'urgence qu'il y a à développer de tels lieux d'accueil familiaux des personnes âgées.

*www.villafamily.info*

# Pays-de-la-Loire

*Le nom de cette jeune région créée en 1955 peut prêter à confusion puisqu'elle ne comprend pas les prestigieux châteaux qui ont établi leurs fondations sur les rives de la Loire. La région regroupe cinq départements de façon plutôt arbitraire, dépendant jadis des anciennes provinces d'Anjou, de Bretagne, du Maine, du Perche ou encore du Poitou. Ils sont donc cinq à revendiquer leur identité et à se côtoyer avec leurs différences culturelles et quelques similitudes économiques orientées en grande partie vers l'agroalimentaire. Les Pays-de-la-Loire sont en effet la troisième région en matière de production de viande, grains et lait et trônent sur la première marche du podium pour la production de viande bovine. Les cinq nominés sont Loire-Atlantique, Maine-et-Loire, Mayenne, Sarthe et Vendée.*

## Des cuiseurs solaires au service du développement

Robert Chiron préside l'association Bolivia Inti-Sud Soleil à La Chapelle-sur-Erdre en Loire-Atlantique. À l'été 1999, deux couples amis français et latino-américain effectuent un séjour touristique en Amérique du Sud. Les voyageurs pas tout à fait ordinaires, dont Robert, prennent conscience des bénéfices potentiels du soleil pour des populations qui vivent dans des conditions très précaires. Ils sont frappés entre autres par la pénibilité des charges assumées par des femmes contraintes de trouver quelques rares morceaux de bois pour cuire les aliments. L'hygiène est elle-même réduite en l'absence d'eau chaude. « Le constat que nous avons établi dépasse largement l'Amérique latine, puisqu'il y a à peu près trois milliards d'humains dans le monde qui, pour faire la cuisine, n'ont que le bois et les bouses de vache. La majorité de ces personnes vit dans les pays de l'hémisphère Sud qui sont les pays du soleil. Autrement dit, ces pauvres sont riches en soleil, et nous avons utilisé l'équation suivante : pour faire de la cuisine, servez-vous du soleil. Il faut souligner qu'une partie du monde est gagnée par la famine énergétique, c'est-à-dire que pour ces gens le combustible de cuisson est très cher ou très rare. Deux seuls modes de vie existent : soit vous habitez à la campagne et il y a pour les femmes la corvée de bois, qu'elles appellent la corvée d'esclavage, ce qui veut dire parcourir dix ou vingt kilomètres pour rapporter une vingtaine de kilos de bois sur le dos. Ensuite il s'agit pour elles de faire la cuisine dans des maisons sans cheminée, où l'air est malsain et où se développent des maladies respiratoires. Soit vous habitez un bidonville et vous êtes obligé d'acheter le combustible, bois, charbon ou gaz, mais cela va coûter en moyenne le tiers du revenu familial. » Devant le malaise provoqué par ces situations, les premières actions mises au point par Robert et ses proches vont prendre forme très rapidement. L'association va enregistrer plusieurs centaines d'adhésions et un premier four solaire sera installé au Pérou, avant que n'ait lieu l'année suivante l'installation de panneaux solaires en Bolivie. En 2000, avec le soutien de l'ambassade de France au Pérou, est mis en place un système de cuiseur par énergie solaire. 77 cuiseurs sont construits et des stages de formation sont dispensés auprès de la population locale. En 2001, Bolivia Inti organise une fête de la solidarité à La Chapelle-sur-Erdre qui réunit plus de 1 200 personnes. À partir de cette année-là seront organisés chaque année des stages théoriques sur l'énergie solaire. En parallèle, une équipe est créée au Pérou pour animer des campagnes de construction de fours solaires. Plus de 700 seront construits en 2002. En 2003 est créé en France le pôle Sud Soleil dont la finalité est de devenir un centre de ressources et d'échanges sur la cuisson solaire. Aujourd'hui, des équipes de formation et de construction autonomes sont réparties sur les deux territoires bolivien et péruvien. À la Chapelle, les constructions de cuiseurs se poursuivent avec des embauches d'artisans locaux. Quand on sait que ces outils simples permettent à des populations de cuisiner et de fabriquer facilement sans accident et à coût zéro, on comprend que les principes lancés par Bolivia Inti s'adaptent à tous les pays dits en voie de développement et écrasés par la chaleur… « Un four solaire, c'est une caisse en bois bien isolée avec deux vitres pour laisser passer le soleil et un réflecteur pour renvoyer les rayons lumineux vers l'intérieur. Dans cette caisse, la température va monter jusqu'à 160 degrés. C'est juste un travail de menuiserie ou d'artisan de village et, quand nous sommes par exemple dans les Andes, nous faisons construire les fours directement par les familles à partir des seuls matériaux locaux. C'est ainsi que nous formons au fur et à mesure des équipes qui enseignent et qui fabriquent des kits en ville et les transportent ensuite dans les villages. Ce sont d'ailleurs les femmes qui, la plupart du temps, assemblent les kits. L'autre procédé est celui de la parabole solaire, sorte de parapluie réfléchissant, qui concentre la lumière sur un récipient placé au milieu. Tous ces outils que l'on peut confectionner dans nos pays amis, sont également fabriqués en France. En l'occurrence, nous faisons travailler à Nantes un chantier d'insertion, Atao, et nous joignons un geste de solidarité ici en France à l'utilisation de l'énergie solaire. » À ce jour, Bolivia Inti-Sud Soleil, selon son nom définitif adopté en 2006, compte environ 3 000 membres, dont des membres relais chargés de diffuser l'information sur la cuisson écologique. Ces relais sont dorénavant répartis sur la majeure partie de notre territoire et, en cinq ans, pas moins de 1 400 personnes ont suivi des séances d'initiation. Afin de répondre aux besoins des autres pays du Sud, des équipes françaises ouvrent désormais des thématiques de stages consacrés à la cuisson en Afrique. La toile s'est étendue en quelques années et les actions éducatives ont considérablement augmenté en 2007 dans les centres de loisirs, les écoles primaires, les collèges, lycées et universités. D'un premier voyage banalement touristique est né un réseau novateur qui obtient le soutien de partenaires privés comme publics à l'image de la région des Pays-de-Loire ou du ministère des Affaires étrangères. Et Robert Chiron de conclure : « Aider les gens avec un peu de cœur et un rayon de soleil, c'est une idée simple qui utilise des outils simples et dont on voit le bénéfice immédiat. »

*www.boliviainti-sudsoleil.org*

## Mettez un Roland Lyon dans votre moteur !

Originaire de Couture-sur-Loir, pays natal de Ronsard dans le Loir-et-Cher, Roland Lyon, ingénieur des Arts et Métiers, a débuté sa carrière professionnelle dans de grandes entreprises telles Alsthom puis Renault Le Mans avant de diriger pendant cinq ans une PMI. Motivé depuis longtemps par ce qu'il appelle un défi personnel, il crée sa micro-entreprise en 1974 avec 30 000 francs tirés de ses économies. Son atelier est une grange de 80 m² et le bureau est installé dans un grenier. L'activité de départ se résume à la conception de pièces de carrosserie avant d'évoluer vers la conception de cabines de machines agricoles et d'engins de travaux publics. Intéressé d'abord par les conditions de confort de ces cabines, la recherche de Roland Lyon le conduit vers des technologies propres innovantes et particulièrement à une invention de climatisation filtrante. Ce système dit de climatisation par injection évaporatrice offre un gain considérable en termes d'impact sur l'environnement. Contrairement aux systèmes classiques, elle n'utilise aucun gaz réfrigérant et réduit la consommation d'essence ou de gazole. La société de cet inventeur du développement durable, AEREL, installée à Bessé-sur-Braye dans la Sarthe, emploie quinze personnes. Le procédé a été lui-même breveté au niveau européen et est en cours d'évaluation aux États-Unis. Une étude de marché estime le nombre de climatiseurs à réaliser en France à 20 000 unités par an. « J'avais pris le virus de l'invention et le principe de la page blanche me tentait pour prouver qu'en dehors des grandes structures industrielles, il y avait une place pour l'innovation. L'aventure était totale et j'ai entraîné toute ma famille dans le projet. Seulement le défi était double, car j'avais ma société à créer et à structurer et un brevet à défendre. Or plus les choses sont simples et innovantes et plus elles bousculent des intérêts du lobbying. Pourtant une de l'Ademe (Agence de l'environnement et de …trise de l'énergie) fait état d'un potentiel d'éco…nes de plus de 234 000 tonnes de $CO_2$ par an et de 50 millions de litres de gazole pour les cabines d'engins, de bus et de camions par rapport au système réfrigérant en vigueur actuellement. Ici, dans ce nouveau principe, seule l'eau et l'air sont utilisés. Soyons honnêtes, j'ai créé une molécule à l'échelle de l'industrie lourde et je ne suis pas avare de mon invention ni jaloux des grands groupes, je ne vois aucun inconvénient à ce que l'invention avec le potentiel qu'elle comporte, se développe ailleurs avec d'autres entreprises. Les derniers résultats sont encourageants, car les commandes sont passées par des conseils généraux ou par des parcs d'équipement. » La morale de l'histoire de Roland Lyon est surtout la patience dans un monde de concurrence où la moindre invention exige une montagne de démarches et de persévérance. Celle de Roland aura nécessité 25 ans de travail et de bataille.

AEREL, ZA les Chapelles, 72310 Bessé-sur-Braye.
Tél. : 02 43 35 33 52.

## Un village de résistants de Vendée qui répond à un projet de centre d'enfouissement de déchets par le compostage collectif

Saint-Philbert-de-Bouaine est presque un village comme les autres, à la différence que ses habitants affichèrent une farouche opposition à un projet de centre d'enfouissement technique des déchets ménagers sur le territoire communal. Ils ont démonté pour ce faire les mécanismes de la gestion des déchets et ont dénoncé le non-respect de la loi qui met la priorité sur la réduction des déchets. Depuis, ils participent en grande majorité à une expérience d'apport volontaire des FFOM, c'est-à-dire des fractions des fermentescibles des ordures ménagères, sur une plate-forme de compostage. C'est le syndicat mixte de pays qui a permis cette réalisation. Jean-Pierre Morisseau, conseiller municipal, est un des animateurs de cette opération de compostage : « Notre point de départ était de réduire la quantité de déchets dans les poubelles, en particulier des déchets de cuisine. La dynamique qui s'en est suivie pour le tri de ces déchets s'est étendue au tri des emballages. Je précise que nous avions dès le début organisé des concertations avec la population locale avec des actions de communication dans les quartiers. Par la suite, des relais ont organisé des réunions dans chaque quartier afin de présenter le projet. Parfois, ces rendez-vous se tenaient au domicile des relais avec la présence du voisinage. D'où cette proportion de 83 % de villageois qui participent au tri et au compostage. » Un site de récupération des déchets et de compostage est ouvert à heures fixes et un matériel est mis à la disposition de chaque personne. Les déchets verts sont mélangés aux déchets ménagers afin de produire du compost qui sera ensuite redistribué aux habitants qui participent à ce processus. Si la pratique individuelle existe déjà en France, celle de Saint-Philbert-de-Bouaine est une des rares à fonctionner à l'échelle d'un quartier. « Un maître composteur suit le bon déroulement de la fermentation et de la maturation du compost. Ensuite il valide chaque passage avec une carte de fidélité attribuée à tous les utilisateurs de la plate-forme de compostage. C'est grâce à elle que se calcule la quantité de compost à répartir. Évidemment, cela représente sement, mais le coût reste inférieur à celui nt ultime des déchets. D'autre part, nous in emploi avec ce responsable du compos- en contact avec la population. Quant aux usagers, nous n'avons pas institué de taxe mais un système de redevance incitative, c'est-à-dire que les gens paient en fonction de l'utilisation de la plate-forme. Quelques communes avoisinantes ont suivi la démarche entreprise sur Saint-Philbert-de-Bouaine et le département tout entier pourrait intégrer le processus. Une association départementale est née afin d'étendre la méthode à tout le pays vendéen. » Le processus se déroule sans générer d'odeurs ni de pollution dans un espace propre, et la participation à cette initiative favorise les gestes citoyens et garantit une meilleure entente sociale. Ce qui se confirme depuis 2002 que ce compostage de quartier existe.

*www.decharge34.com*

## La naissance d'une épicerie associative locale par les villageois de Rablay-sur-Layon

L'histoire qui suit peut paraître banale et pourtant elle décrit bien la volonté qui anime des ruraux pour ne pas perdre leurs derniers services. Nous sommes dans la commune de Rablay-sur-Layon, dans le département du Maine-et-Loire, avec ses 700 habitants dépossédés depuis quinze ans de leur unique épicerie. La disparition de ce type de service de proximité est monnaie courante et s'explique par les nouveaux comportements de consommation des villageois qui les poussent vers les grandes surfaces en périphérie des villes. Il n'empêche que la petite épicerie de village a les mêmes vertus que le traditionnel bistrot en tant qu'espace de convivialité et elle permet aussi aux personnes âgées de s'approvisionner facilement. Ce n'est qu'en avril 2008 qu'un groupe de villageois prend les devants en créant une association, « Goût Layon », dans la perspective d'une réouverture de ce service. François Fournigault est le président de cette association : « Dès novembre 2007, une première réflexion est née autour de ce projet et un sondage de la population nous a tout de suite donné raison. L'autre chance était d'être soutenus par la municipalité et de bénéficier d'un lieu dont le rez-de-chaussée serait dédié à l'épicerie et l'étage à un espace de restauration et de rencontre. La particularité que nous voulions donner à cette épicerie était de composer son approvisionnement uniquement à partir de produits du terroir. Par chance, nous avons, en dehors des vignes qui encerclent la commune, de nombreux producteurs de légumes, de viande, de fromages ou même d'huile et tous ont répondu favorablement à notre projet. C'est un avantage supplémentaire, puisque cette vente directe du producteur au consommateur assure des prix très compétitifs. Enfin, il nous fallait trouver un épicier et nous avons engagé une jeune femme sur ce poste. Une autre particularité de la commune est d'abriter un village d'artistes très réputé dans le département et il nous a été utile dans les démarches que nous avons entreprises. On imagine mal Rablay-sur-Layon fréquenté par dix mille personnes au moment du festival annuel des arts sans qu'il existe un point de ravitaillement. Il restait la question du financement du projet, qui se chiffrait à 25 000 euros. Nous avons lancé une souscription auprès des habitants du village avec des parts vendues

25 euros pièce, et 67 % des villageois ont répondu à notre appel. Cela nous a permis de collecter 12 000 euros auxquels nous avons ajouté le fonds de trésorerie de l'association. Cette somme couvrait entièrement nos frais d'ouverture du local et le salaire de l'épicière. » L'épicerie associative a ainsi ouvert ses portes le 20 septembre 2008 en présence de la quasi-totalité des habitants et dans un esprit de fête que personne n'est près d'oublier à Rablay-sur-Layon.

# *Nord*

# Picardie

*Il faudrait l'appeler « la discrète ». Trois départements seulement : Aisne, Oise et Somme, et une évidente disparité démographique entre le nord et le sud. Ce dernier, dans l'Oise, a bénéficié de la péri-urbanisation parisienne. Le partage économique suit le même découpage avec une vocation agricole au nord et industrielle au sud. La région plus généralement souffre de sa situation géographique d'un entre-deux, à savoir : Nord-Pas-de-Calais d'un côté et Île-de-France de l'autre, ce qui n'arrange pas son manque identité. L'illustration en est donnée avec la ligne TGV Nord qui a évité Amiens, la capitale régionale, laquelle est à l'écart des autoroutes A51, Paris-Lille, et A26, Reims-Lille.*

## Des femmes qui prennent le taureau par les cornes

Dans ce chapitre, nous ne sommes pas dans l'allusion amusée, mais dans la réalité de femmes agricultrices qui se battent pour développer un morceau de terre picarde au nord-ouest du département de l'Oise. C'est à Granvilliers, à l'extrême pointe nord de l'Oise, que le Cernodo a son siège. Par Cernodo, il faut entendre le Comité pour l'expansion rurale du nord-ouest du département de l'Oise. Cette association, créée en 1968 et qui est une antenne de la chambre d'agriculture départementale, rassemble 127 agriculteurs adhérents. Présidée par Christine Mylle, l'association affiche comme philosophie un proverbe chinois que cette agricultrice a posé en devise : « Une baguette est facile à casser, dix baguettes sont dures comme le fer. » Installée à Morvillers, village de 300 habitants, Christine possède trente vaches allaitantes et cultive des céréales et des légumes. Également vice-présidente de l'association GDAF Bray picard (Groupe de développement agricole féminin), elle participe à la rédaction d'une revue locale 100 % féminine et rurale, *Com'elles*, dont la parution saisonnière dresse des portraits de femmes engagées elles aussi dans le développement local. « Le Cernodo comprend plusieurs départements d'action et de réflexion. Cela peut être l'application des normes d'utilisation des produits phytosanitaires, le respect de la terre, les énergies renouvelables ou encore la sécurité au travail. La communication est primordiale sur toutes ces questions et surtout sur celles qui engagent les femmes. Au début, j'avais avec cinq autres femmes pensé créer une plaquette, puis finalement nous avons lancé une petite revue afin de nous adresser aux autres ruraux du pays. L'idée était de faire connaître davantage nos métiers et de mettre en valeur notre territoire. Chaque numéro, d'une douzaine de pages, donne à découvrir également des portraits de femmes qui garantissent le tissu social dans notre région. Nous avons consacré un reportage à une coiffeuse à domicile ou un autre à une femme qui fait de l'épicerie ambulante. Hélas aujourd'hui, faute de moyens, la parution en a été interrompue. En revanche, les groupes de développement du Cernodo assurent la sortie semestrielle d'une revue d'information baptisée

*Coup d'œil.* Plus généralement, la dynamique perceptible ici correspond à l'idée d'une nouvelle agriculture proche de ses contemporains, comme le souhaite la chambre d'agriculture de l'Oise. Le site de celle-ci a pour vocation de transmettre toutes les informations possibles sur l'agriculture et le métier d'agriculteur. De façon à toucher tous les publics, y compris les plus jeunes, les chambres du Nord-Pas-de-Calais et de Picardie ont édité trois bandes dessinées très professionnelles. La collection, intitulée « Les Tribulations de la famille Duterroir », comprend un premier volume titré *Vacances à la ferme* et deux autres : *Dessine-moi un cochon* et *Objectif terre, le secret des terriens.* L'ensemble des informations techniques apparaît sous la rubrique « Portes ouvertes », qui traduit une évidente volonté de partager les grandes questions sociales et économiques du monde agricole avec un maximum de visiteurs.

*www.agri60.fr*

### Marly-Gomont : une petite campagne devenue capitale nationale du rap

429 habitants au recensement de 1999, Marly-Gomont, situé dans le canton de Guise et l'arrondissement de Vervins dans l'Aisne, aurait dû demeurer dans la solitude de ses champs et de son agriculture locale. Seulement c'était sans compter sur un jeune rappeur noir perdu dans cette campagne picarde. Fils d'un médecin d'origine congolaise, Kamini avait décidé de chanter sa différence. Cet ancien infirmier psychiatrique apparaît en 2006 dans un clip tourné avec les habitants de la commune. La vidéo est mise en ligne

et, en quelques semaines, quatre millions d'internautes s'emballent pour Marly-Gomont, dont la chanson dit qu'elle est « dédicacée à tous ceux qui viennent des petits patelins, ces petits patelins paumés pour qui personne n'a jamais rappé [...]. À Marly-Gomont y a pas de béton, 65 ans la moyenne d'âge dans les environs». Le *single* se vend à 400 000 exemplaires et l'auteur se voit honoré d'un disque d'or et d'une Victoire de la musique. « Quand je réalise le clip, je ne me dis pas que je vais prendre le monde de la musique à contre-pied. Je raconte seulement mon vécu, à savoir que je vivais à la campagne et que je faisais du rap. J'ai envoyé le clip aux maisons de disques et celles-ci ont mis le clip sur des sites de libre accès. Je cherche à être authentique et le succès est le résultat d'une panoplie de conjonctures. J'ai commencé à faire du rap à l'âge de 15 ans et je n'avais pas de matériel pour réaliser mes musiques. J'ai dû attendre mes 19 ans pour quitter ma petite campagne et arriver sur Lille. C'est là que j'ai pu toucher aux ordinateurs et aux claviers grâce à la MAO, musique assistée par ordinateur, très utilisée dans le rap. Quoi qu'il se passe dans la suite de ma carrière musicale, je reste attaché à la région et je retourne régulièrement dans mon village. » Il n'empêche qu'au détour d'une aventure musicale lancée par défi sur le Net, un petit village d'une France des champs s'est retrouvé propulsé sur la scène internationale. Rien n'a changé à Marly-Gomont, sauf une chose, essentielle et décisive : le regard. Je pense d'abord à celui des jeunes rappeurs de banlieue qui pour une fois par Kamini, frère de la planète musicale, se trouvent projetés là où ils n'auraient jamais pensé aller.

*www.kamini.fr*

### Brasero : un atelier d'insertion et la chaleur d'un foyer d'accueil

Une équipe d'éducateurs du service de prévention de la ville d'Amiens décida très tôt, en 1981, de créer un lieu de ressources pour les enfants, les jeunes et les adultes. L'association Brasero voyait le jour par la même occasion. Dirigé par Aude Réal, le groupe a commencé par organiser des stages professionnels pour les jeunes en privilégiant les domaines artistiques. Suivront des ateliers pour adultes RMistes et des formations pour personnes en quête d'emploi. Cet atelier, très novateur à cette époque, ne désemplit pas de l'année, preuve de son bien-fondé et de ses vertus sociales. La pérennité de l'association tient en particulier au montage graduel de ses actions. Si l'atelier est dès le départ un lieu de création manuelle et d'échanges, il n'empêche que l'association travaille principalement au relogement de familles vivant en habitat insalubre. Amiens, qui avait subi les assauts de la Seconde Guerre mondiale, possédait encore en 1980 des baraquements dits américains datant de l'après-guerre. En 1984 sont créés des stages d'insertion pour les 18-25 ans avec un objectif d'insertion professionnelle. Deux ans plus tard, en 1986, Brasero ouvre une boutique d'artisanat d'art afin de commercialiser les objets fabriqués en atelier. En 1989, une maison de quartier est réhabilitée afin d'accueillir l'espace de vente et un atelier de couture. En 1990, l'association accueille jeunes et adultes en CES et en CEC et doit déménager à nouveau de façon à diversifier les activités professionnelles, ébénisterie, peinture sur mobilier ou couture d'ameublement. En 2005, Brasero met en place à Montdidier un chantier d'insertion réservé aux femmes sur le thème de l'embellissement du patrimoine avec la création de fresques murales sur des bâtiments communaux. Aujourd'hui, l'atelier est un support pédagogique et professionnel qui entretient un partenariat avec les services de l'État, l'ANPE ou le PLIE (Plan local pour l'insertion et l'emploi). Aude, qui dirige la structure, est elle-même ébéniste de formation : « Ébéniste est un métier traditionnellement masculin et donc difficile à assumer pour une femme. J'avais aussi un goût pour le travail social et le relationnel, hérité à mon avis de ma famille, et une opportunité s'est offerte que j'ai saisie aussitôt. C'était le moment où les éducateurs commençaient à intervenir dans les rues et à proposer des travaux manuels. C'était le système D, car quand on n'a pas grand-chose, on essaie de se débrouiller. Petit à petit s'est constitué un atelier d'échange de savoirs dans des murs en dur non loin des zones sensibles. Il faut savoir qu'Amiens fait partie de la Somme et de la Picardie et que la région n'est pas très favorisée avec un taux de chômage supérieur à la moyenne nationale et un niveau de qualification qui, lui, est au contraire inférieur. La région a souffert des activités du textile et de la confection qui ont périclité dans les années 1970-1980 et nous ne pouvons faire avancer nos actions qu'avec l'aide des partenariats engagés. Au sujet des ateliers de femmes, Montdidier, qui est une commune rurale de 4 000 habitants environ, avait déjà accueilli des ateliers environnement et espaces verts avec des stagiaires hommes. Or il n'y avait aucun équivalent pour les femmes et c'est pourquoi, avec l'appui du maire de la commune, nous avons monté un chantier de fresques murales destiné aux bâtiments publics. Ce chantier a accueilli douze femmes de tous âges et résidant toutes dans la commune. C'était une manière de leur faire prendre conscience de toutes les aptitudes qu'elles pouvaient porter en elles. »

Brasero, 95 rue des 4 Lemaire, 80000 Amiens.
Tél. : 03 22 95 14 31.
*www.brasero.ptirouz.net*

# Nord-Pas-de-Calais

*La baraque à frites est détrônée par un énorme concurrent : le cinéma. Objectivement, la région n'avait peut-être pas besoin de ce plus, même s'il était bon à prendre. La ville de Lille avait déjà largement honoré son contrat en tant que capitale culturelle. Il n'empêche que le tourisme chez les « Ch'tis » fait des heureux. Le Nord est le premier département français par sa population avec ses 2 600 000 personnes, de l'Avesnois au sud-est à la côte de Dunkerque au nord-ouest. Le Pas-de-Calais affiche également une très forte densité de population teintée d'une importante immigration nécessitée par la production minière d'antan. Le premier fournisseur de main-d'œuvre fut la Pologne suite à un accord officiel signé en 1919. Aujourd'hui, encore un habitant sur 10 doit son existence à cette mémoire ouvrière du bassin minier et, même si le silence est revenu sur les houillères, nombreux sont les sites transformés en lieux d'échanges culturels.*

## Béthune ou la culture pour tous

Nous dirons que le lien social dans le Nord est certainement un des plus forts qui existent dans la panoplie des régions de France. La solidarité est souvent de mise et le public du Nord a l'habitude d'investir les rues et les espaces publics dès qu'il s'agit de faire la fête. Le festival Z'ArtsUp n'échappe pas à cette règle. Z'ArtsUp est un étrange phénomène qui mêle les arts de la rue et les ailleurs, prononcez « Z'ailleurs ». Des ailleurs de proximité, entendez qu'outre Béthune, le festival s'étend aux communes de Haisnes-lès-La Bassée et La Couture car, quand on aime bien faire la fête, mieux vaut la partager. Le slogan de la manifestation résonne dans ce sens : « Emballez-vous ! Emballez-nous ! Emballons-nous ! » L'esprit se veut insolite en s'attachant exclusivement à des spectacles contemporains proposés au plus large public possible. Pour ce faire, Z'ArtsUp se réapproprie les lieux stratégiques de Béthune comme la Grand'Place ou le quartier de la gare et accompagne la ville dans ses transformations. Si le festival ne dure que quatre jours chaque mois de mai, il fomente ses actions dans un quartier général culturel à Loos-en-Gohelle, siège de la scène nationale du bassin minier du Pas-de-Calais, qui porte le nom très évocateur de « Culture Commune ». Jenny Bernardi, qui a en charge la programmation du festival, assiste les projets artistiques qui s'élaborent dans ce centre : « Nous sommes installés dans un bâtiment du site minier qui correspondait à la salle des pendus, là où les mineurs suspendaient leurs vêtements. L'ensemble des bâtiments est d'ailleurs inscrit aux Monuments historiques. À la fermeture des mines, la ville de Loos-en-Gohelle a racheté pour un franc symbolique cet ensemble afin de le préserver, de le réhabiliter et d'y accueillir plusieurs associations de la région. C'est l'une de nos missions justement que de valoriser un patrimoine bâti, comme c'est le cas de la ville de Béthune qui s'aménage et se transforme à la vitesse de la lumière. Nous organisons des visites originales de la ville avec des artistes, ou nous imaginons un spectacle événement autour de la destruction d'une ancienne barre d'immeuble. Au-delà du festif et de l'humour décalé, nous avons pour souhait de lancer des réflexions plus générales sur l'homme dans la société ou sur l'art dans le quotidien à travers nos actions. Nous leur donnons aussi une dimension européenne avec des compagnies et des artistes venus de toute l'Europe. » En 2007, la 8e édition du festival s'est associée à la fête traditionnelle de la batellerie et la programmation de Z'ArtsUp a proposé des correspondances inédites avec cette tradition, à l'image d'une parade de la Baleine, baleine géante animée par un orchestre, ou de la création d'un cirque cynique et maritime. Décidément, on n'arrête pas le progrès.

Culture Commune-Scène nationale du bassin minier
du Pas-de-Calais, Fabrique théâtrale, base 11/19,
rue de Bourgogne, 62750 Loos-en-Gohelle.
Tél. : 03 21 14 25 35.
*contact@culture-commune.asso.fr*
*www.culture-commune.asso.fr*

### Quand le théâtre fait du social et réciproquement

L'Oiseau-Mouche donne chaud au cœur, à l'image de l'enthousiasme de son instigateur, Amaro Carbajal. Extérieurement, l'Oiseau-Mouche est une compagnie théâtrale comme les autres, son professionnalisme en plus : des créations, des productions de spectacles et des tournées qui emportent cette caravane artistique sur les routes d'Europe en partant de son quartier général installé à Roubaix. Au-delà des apparences, l'Oiseau-Mouche est une des rares, sinon la seule, compagnies théâtrales professionnelles dont les comédiens présentent tous sans exception des handicaps mentaux. La différence peut sembler insurmontable dans ce cadre, d'autant que les textes joués sont signés par les maîtres du répertoire contemporain. Pourtant selon Amaro, qui dirige cette compagnie pas vraiment comme les autres, les difficultés restent mineures : « Ce sont d'abord des personnes qui ont souhaité s'exercer à ce métier de comédien. À partir de cela, les choses sont, entre guillemets, plus faciles à réaliser. En revanche, il y a des problèmes techniques : 50 % des comédiens ne savent pas lire et l'apprentissage du texte met un peu plus de temps que dans une compagnie dite normale. Le temps est pour nous un luxe nécessaire. Pour ce faire, chacun trouve sa technique : les uns utilisent une cassette audio et les autres font appel à un répétiteur. Dès la création en 1981, et ce n'était pas évident de tenir ce discours à cette époque, nous disions clairement que nous ne ferions ni du théâtre thérapeutique, ni du théâtre pédagogique, mais du théâtre. Point. Au commencement, nous faisions figure de Martiens, alors qu'aujourd'hui notre travail est reconnu. Il était clair aussi qu'il n'y avait aucun projet thérapeutique dans le sens où nous nous adressions à des metteurs en scène de théâtre non à des médecins ou psychiatres. Je reconnais qu'à nos débuts, le public était parfois voyeur et venait avec une certaine curiosité aiguisée par la différence. Aujourd'hui, je crois que ce n'est plus le cas. D'ailleurs, nous sommes connus par notre programme au même titre que l'est un centre dramatique national sans que le handicap mental soit annoncé. – Qu'est-ce que ces personnes ont apporté dans le travail théâtral ? – J'aime bien cette formulation, car on nous demande toujours l'inverse, à savoir ce que le théâtre a pu apporter à ces personnes handicapées. Je pense que ces comédiens ont su apporter une présence que beaucoup d'acteurs normaux aimeraient posséder. Il nous est arrivé, par exemple, de monter des spectacles avec des comédiens de l'Oiseau-Mouche et d'autres, non handicapés, venus de l'extérieur, et ces derniers nous disent très souvent qu'il est difficile d'exister à côté d'eux. La compagnie a débuté en 1981 par du théâtre gestuel et le texte est apparu peu à peu parallèlement à une maturité des comédiens, avec pour premier auteur Samuel Beckett dans *Fragments de théâtre*. Le plus frappant est qu'une fois le texte assimilé, tous ont joué avec une force et une présence étonnantes sans qu'aucun n'ait jamais mis les pieds dans un conservatoire. Les corps sont aussi très puissants et vont de pair avec des créations telles que *Le Roi Lear* de Shakespeare que nous avons monté par la suite. – Que deviennent les comédiens qui sortent de votre compagnie ? Sont-ils engagés par d'autres troupes ? – Non. Ce n'est pas une histoire de talent, mais de statut. Les comédiens de l'Oiseau-Mouche ont un statut de travailleurs handicapés, statut relativement bien protégé, mais il leur est pratiquement impossible d'aller vers un statut d'intermittent du spectacle. » Depuis 2001, l'Oiseau-Mouche bénéficie d'un théâtre en dur à Roubaix, le Garage, et accueille également d'autres compagnies.

L'Oiseau-Mouche.
Tél. : 03 20 65 96 50.
*www.oiseau-mouche.org*

## Mopex ou le retour du Vélosolex

Nous sommes à Courrières, à 14 kilomètres de Lens. Courrières, un nom dramatiquement inscrit dans la mémoire des mines avec une catastrophe qui coûta la vie en 1906 à 1 099 personnes. Même si le lieu de la tragédie ne se trouvait pas pas sur le territoire de cette petite commune, il n'empêche que son nom associé à la tragédie a marqué l'histoire. Aujourd'hui, il s'inscrit dans l'actualité pour une autre raison. Courrières est en effet le siège de l'entreprise Mopex, à laquelle nous devons le retour du légendaire Vélosolex. La version moderne baptisée Black'n'roll n'a rien d'exceptionnel et c'est tant mieux. Elle est calquée sur le fameux Vélosolex, inusable objet de nos premiers souvenirs d'indépendance à vitesse modérée, avec toutefois l'apport de quelques accessoires nouveaux. L'idée de cette recréation revient à Dominique Chaumont, entrepreneur, qui racheta l'usine de fabrication du Vélosolex à la fin des années 1980. L'usine délocalisée en Hongrie, puis repoussée en Chine, est de retour sur le territoire qui l'avait vu naître en 1920. Loin d'être une histoire de patron nostalgique, l'entrepreneur a fait un pari sur l'avenir en modernisant le deux-roues avec des équipements répondant aux nouvelles normes, tels un pot catalytique et un démarreur électronique. Installé dans le Pas-de-Calais, le promoteur du nouveau cycle motorisé a bénéficié d'aides de la région et de l'Europe. Mopex a ainsi créé vingt emplois et les effectifs devraient doubler avec les projets d'exportation de l'engin. Enfin, quand vous demandez à cet entrepreneur audacieux pourquoi réimplanter cette usine en France à l'heure des délocalisations, il vous répond par l'économie sur le coût de transport et par la proximité des fournisseurs des pièces du Black'n'roll tous situés en France et en Europe.

Mopex SA, ZA des Chauffours, 62710 Courrières.
*www.blacknroll.com*

### Mieux vaut prévenir que guérir : un club de prévention en quartier populaire de Valenciennes

Valenciennes a parfois été citée comme exemple de ville où la fracture sociale avait été réduite par des actions municipales. Il n'empêche que des poches de marginalisation existent toujours, et malheureusement dans les quartiers très populaires. Depuis plus de dix ans, un club de prévention, Prev'nir, fait un travail d'accompagnement de jeunes afin d'éviter leur exclusion ou leur marginalisation. Ils sont même très jeunes pour certains, puisque l'association agit auprès d'une population âgée de 8 à 25 ans. Rien n'est nouveau, vous me direz, sous le ciel valenciennois car les clubs ou groupes de travail et d'aide en banlieue sont légion. Toutefois, la particularité de Prev'nir est d'intervenir là où les acteurs sociaux ne peuvent plus être présents, c'est-à-dire dans les entrées d'immeuble, les caves ou les terrains de football. François Kubala, éducateur de rue, connaît bien la situation pour avoir été à l'origine de la création de Prev'nir : « Même s'il y a eu des améliorations sur l'ensemble de la ville, nous demeurons ici dans un quartier enclavé. Ce quartier est celui de Chasse Royale, connu pour être très mal desservi par les transports en commun. Des phénomènes de jalousie entre quartiers se font sentir, car certains se voient moins favorisés que d'autres. Alors, effectivement, les jeunes dont nous nous occupons sont parfois issus de familles elles-mêmes défavorisées, donc il y a une reproduction de comportement. Mais nous avons affaire aussi à des jeunes qui ont échoué après avoir tenté de se lancer seuls. Pour les plus petits, âgés de 8 ou 9 ans, la marginalisation commence avec le regard que l'institution scolaire porte sur eux. Il arrive que des instituteurs de cours moyen décident de se défaire de ces jeunes, et à ce moment-là nous devons considérer la famille dans son entier et pas simplement l'enfant en échec scolaire. Notre mission touche toutes les failles de la vie, du logement, de la toxicomanie, de la relation à la famille ou de l'orientation scolaire et professionnelle, cela veut dire que nous avons un réseau partenarial fort. Si vous voulez, nous sommes des généralistes du social comme on le dirait du médecin. On attend qu'un généraliste nous dirige vers un spécialiste si besoin est. C'est ce que nous faisons à l'échelle sociale. Il se trouve que nous avons aujourd'hui au moins une personne référente par problématique abordée. On le voit au sujet de l'accès à l'emploi où un maillage très dense est nécessaire, le seul recours à l'ANPE ne suffisant plus. En plus, nous sommes dans une zone où la déscolarisation est très précoce, et énormément de jeunes ont quitté l'école à 16 ans. Peu sont formés et les offres d'emploi ne sont pas du tout en adéquation avec leurs capacités. »

Exclusivement financé par le conseil général du Nord, Prev'nir se résume à deux éducateurs spécialisés pour une cité de 4 000 personnes. « Nous bénéficions toutefois en interne de deux supports. Le premier est notre chef de service, qui nous aide à prendre du recul sur les situations lorsqu'elles nous submergent. Cela nous permet de travailler plus sereinement. Nous bénéficions d'un second support avec un psychologue qui nous aide à aborder des situations vraiment très délicates et très lourdes à porter. On n'avance que parce qu'on croit en ce que l'on fait et nous amenons avec nous des jeunes à croire en un avenir dans la société. Oublions la notion de normalité, mais que ces jeunes puissent avoir un jour un boulot et un logement relève de la nécessité. » La réussite de Prev'nir tient aussi au fait que ce petit groupe d'intervention n'est guidé par aucun mandat ou impératif d'action. Sur le terrain, seuls François et Benoît, le second éducateur, découvrent les priorités et réagissent par rapport à celles-ci.

Prev'nir, 6 impasse Lomprez, 59300 Valenciennes.
Tél. : 03 27 41 75 50
*Association-prevnir@wanadoo.fr*

### UN ÉCRIVAIN PUBLIC MÉDIATEUR SOCIAL

Frédéric Beugnet, juriste à Valenciennes, est l'écrivain public de la ville. Loin de rédiger des poèmes sur des papiers parcheminés à la flamme d'un briquet et vendus le dimanche à la sortie des églises, Frédéric est un acteur social à part entière : guide, conseiller, interlocuteur des personnes défavorisées ou fragilisées par les démarches administratives, il fabrique du lien là où celui-ci fait défaut. « Originellement, l'écrivain public est une personne qui retranscrit la pensée de l'individu qui ne sait pas écrire. Or nous nous sommes rendu compte que de plus en plus de personnes ne comprennent pas l'écrit qui leur est destiné sans pour autant être illettrées. Vous recevez un acte d'huissier, par exemple, et d'emblée vous êtes dépassés. Vous pouvez toujours faire appel à un avocat, mais lorsque vous habitez un quartier précaire, vous n'avez pas accès à ces professions réglementées. L'écrivain public intervient précisément au sein des quartiers et des familles, et joue ce rôle d'accès au droit, aux institutions et à l'écrit. Très souvent, les soucis rencontrés par ces personnes sont des problèmes périphériques. Comprenez que si cette personne n'a pas d'emploi, elle est toujours confrontée à des problèmes de gestion du logement, des impôts ou des relations avec le milieu familial, qu'il s'agisse des enfants ou du conjoint. L'écrivain public doit complètement embrasser la situation de la personne et essayer d'apporter une solution. Techniquement, il ne possède pas toutes les clés, mais il possède un agenda, un téléphone et son savoir-faire. Il va diriger et accompagner cette personne auprès des professionnels concernés. Je travaille pour ce faire dans des permanences situées dans des lieux stratégiques de la ville et, au-delà de ces rendez-vous, je dois accompagner les personnes qui ne peuvent se débrouiller seules. Je reprends l'exemple de l'avocat. En secondant cette personne dans sa démarche, elle recevra en retour une réponse plus attentive. C'est en cela que l'écrivain public est devenu un acteur social de premier plan. Plus techniquement, il se place dans tous les interstices qui existent entre les sphères des professions réglementées de l'avocat, de l'huissier ou de l'assistante sociale. À Valenciennes, j'ai beaucoup de chances car j'ai signé une convention avec l'association des centres sociaux et un partenariat avec un bailleur social. Dans ce cadre de relations, j'essaie d'obtenir des financements de la part des institutions de façon à garantir la gratuité de mes services. L'idée plus précisément est de faire participer la personne aux démarches de façon à éviter un assistanat complet et je demande à la personne un euro ou deux symboliques. »

Frédéric Beugnet
Acsed59@yahoo. fr
*http://ecrivain-public.over.blog.com*

## Dimitri, l'empêcheur de tourner en rond

C'est l'histoire d'un homme, un seul, mais elle est suffisamment dense voire complexe pour que nous lui consacrions un paragraphe. Dimitri est écrivain, éditeur, plasticien, dilettante professionnel ou guetteur de sens. Il s'est fait connaître en vendant à la criée l'un de ses premiers livres, un polar doublé d'un jeu de piste, à Wazemmes, quartier de Lille. Ça s'appelait *Vols de flamands roses.* N'allez pas chercher les raisons du titre, elles sont soit multiples soit inexistantes. De la même manière, son nom fleure bon le pseudonyme. Wazemsky comme Wazemmes. Dimitri Wazemsky. « Une sorte de Sophie Calle au masculin », pouvait-on lire dans les pages de *La Voix du Nord.* Sa maison d'édition associative subit le même outrage : « La Nuit Myrtide » qu'aucun dictionnaire ne reconnaît. « Je suis né dans les Weppes, c'est-à-dire les Flandres françaises, vers Armentières. Ce sont les Flandres occidentales avant les collines de l'Artois. J'ai enseigné le français en Irlande pendant deux ans avant de partir en Inde et aujourd'hui je réside à Wazemmes. C'est un lieu qui vit davantage que Lille. Il y a encore plein de dents creuses, mais il y a du potentiel. On vit vraiment dans le quartier, et lorsque quelque chose ne marche pas, je prends des notes et souvent ça ressort dans mes textes. Au niveau architecture, par exemple, des projets sont en cours et ils sont très moches, voire cyniques. Une résidence a été créée et baptisée "Le Soleil intérieur" alors qu'on ne voit depuis la rue que des portes de garage. Donc, au retour d'Inde en 1998, j'ai publié ce premier livre, *Vols de flamands roses.* C'était un parcours dans la ville avec un plan de celle-ci accompagné de vingt-six lettres et de vingt-six détails de photos. À la lettre « A », vous aviez une correspondance dans la ville avec le détail de la photo bombé sur le trottoir et ce parcours suivait l'intrigue du roman. Mon souhait est de sortir le texte de la librairie et c'est pourquoi j'ai vendu ce polar sur le marché de Wazemmes, marché fréquenté par des personnes qui ne vont jamais dans les librairies du centre-ville. » En 2000, Dimitri passe de l'autoédition à l'édition : « C'est un glissement logique de l'un vers l'autre et une cinquantaine d'écrivains sont déjà passés par ma maison d'édition. Les plus connus sont Marie Despleschin, Didier Daeninckx ou Jean-Bernard Pouy. Mais j'ai toujours en tête d'associer le mot à une réalité sans passer par le livre. Exemple : le premier mot était EXIT écrit sur une plage à Zuydcoote à partir de lettres en bois rouge de 1,20 mètre de haut et j'ai ensuite constitué sur le même principe une phrase de deux kilomètres de long sur une plage du Nord pour que le rythme de la lecture ne soit plus celui des yeux mais celui des pieds. J'ai conservé le rouge pour créer en acier un mot sur le site minier de Lewarde. Il s'agissait d'une commande du site historique de la mine afin de commémorer le centenaire de la catastrophe minière de Courrières et j'avais choisi le mot ROUGE. J'aime poser les mots sur le paysage ou le lieu public pour soulever d'autres questions que celles qui relèvent de la littérature et du livre. »

*www. nuitmyrtide. com*

# Basse-Normandie

*Question : pourquoi cette région jadis liée à sa voisine de Haute-Normandie a-t-elle subi la scission de ce qui était une seule et unique Normandie ? Les acteurs locaux des deux parties sont de plus en plus nombreux à militer pour la réunion de leurs régions. La Basse-Normandie s'étire sur trois départements, du nord au sud : Manche, Calvados et Orne. Autrefois fortement peuplée, la région affiche désormais une faible densité de population après avoir mal réagi à la révolution industrielle. Un exemple avec le département de l'Orne très rural et dernier acteur industriel régional, ce qui ne retire rien au charme de la région, bien au contraire.*

## Une télévision sans télé : Charwan production

C'est dans un autre nord de la France que nous rencontrons Dominique Durocher, dans le département de la Manche, dans le canton de Gavray à 20 kilomètres au sud de Saint-Lô. Dominique est coprésident d'une association inattendue : Charwan production, qui pourrait correspondre à une chaîne télé à la différence qu'elle fonctionne sans télévision et pour ainsi dire sans chaîne. « Charwan » est d'abord un support de valorisation des acteurs locaux et de leurs actions porteuses. L'approche vidéo de ces personnes « formidables » donne lieu à des reportages enregistrés et projetés sur écran dans les salles du canton : « Le projet est parti de la constatation suivante que tous les jours, nous sommes abreuvés d'images en provenance des quatre coins de la planète, mais qu'à quelques kilomètres de chez nous existent des gens formidables dont nous ignorons l'existence. Le nom de Charwan correspond à la contraction des prénoms des trois adolescents qui ont eu l'idée de cette chaîne locale : Charles, Romain et Erwan. La naissance de la chaîne a profité du fait que le canton de Gavray bénéficiait d'un contrat de développement social territorialisé géré par la MSA, Mutualité sociale agricole, et dont le but était de fédérer les communes, les associations et les projets de développement local en accompagnant ces projets. Nous avons participé à l'état des lieux initial à l'origine du contrat. Nous n'avions en tout et pour tout qu'un caméscope à 500 euros pour réaliser des sujets courts sur le monde des ados. Heureusement, la mairie de Gavray a tout de suite accroché à notre projet de télévision locale. Elle a mis à notre disposition un local, tandis que la MSA nous aidait à constituer un dossier de financement. Nous avons perçu une première subvention qui a ouvert la porte à d'autres subventions, en particulier de la communauté de communes et du conseil général de la Manche. » Aujourd'hui, cette structure très discrète travaille avec deux unités de tournage professionnelles et deux unités de montage pour un effectif d'une dizaine de membres. En deux ans, six émissions de 80 minutes ont été réalisées et elles sont désormais à la disposition des Archives départementales. Les vidéos dressent le portrait d'acteurs locaux associatifs, sportifs, diffusent des informations locales et des reportages sur des événements comme la foire aux chevaux de Gavray. Loin des débats sur l'avenir de la télévision publique, Charwan projette gratuitement ses sujets et méprise l'Audimat, même si on a dénombré 700 « téléspectateurs » pour le premier reportage. Il faut préciser que le canton de Gavray regroupe 5 800 habitants.

*www.charwan.widéo.fr*

## *Do you want a job ?*

Portbail est une petite commune de la côte ouest du Cotentin située à une quarantaine de kilomètres au sud de Cherbourg. On ne peut pas dire que les côtes anglaises soient visibles de cet endroit, mais avec un nom qui pourrait sonner très *british*, Portbail était destiné à se tourner vers les voisins britanniques. Avant de créer son association, « Portbail Formation Internationale », Christine d'Hulst avait constaté une sorte d'inertie de la jeune population et cet immobilisme ne semblait pas arranger la situation des demandeurs d'emploi. En favorisant la mobilité des jeunes et en créant une passerelle avec les îles Britanniques, Christine pensa fabriquer des débouchés. « Par le passé, beaucoup de Normands travaillaient à Jersey, notamment, dans l'agriculture, l'hôtellerie et la restauration, et les départs se faisaient depuis Portbail. Rapidement je me suis rendu compte que la méconnaissance de l'anglais posait problème aux employeurs sur place. L'association a donc mis sur pied des cours d'anglais et des stages linguistiques en Grande-Bretagne. Ensuite, nous avons privilégié le secteur de l'hôtellerie non seulement parce qu'il recrute, mais ce qu'il permet de loger facilement les chose qui n'est pas aisée en Angleterre. mes également agréés par la Commission de l'hôtellerie et de la restauration pour des contrats professionnels en France. Cet agrément nous permet de placer des jeunes sans qualification dans des établissements du nord-Cotentin. Il s'agit souvent de jeunes qui ne sont pas encore prêts pour partir à l'étranger. En revanche, au retour de Grande-Bretagne, les jeunes possèdent une expérience dans la restauration, pratiquent couramment l'anglais et trouvent plus facilement un emploi en France. Le premier bilan nous attribue 4 000 placements depuis notre ouverture en 1997 et cela s'est réalisé avec de tout petits moyens et le seul soutien de la municipalité de Portbail. Pour preuve de l'efficacité de cette mobilité, l'ANPE de Cherbourg a noté que 80 % des jeunes que nous avions placés dans les îles Anglo-Normandes ou en Angleterre, ne se sont pas inscrits à l'agence au terme de leur emploi. »

Portbail Formation Internationale, BP 14, 9 rue Lechevallier, 50820 Portbail.
Tél. : 02 33 10 04 80.
*Portbail.formation.internationale@orange.fr*

## C.Permis : une auto-école associative qui roule vers l'emploi

Gilbert a du cœur. Il en a encore plus depuis le jour où, à 53 ans, sa carrière de gestionnaire de patrimoine s'arrête net sous le coup d'un licenciement. 53 ans, c'est quasiment une fin de route dans le marché du travail. Justement, c'est la route qui lui donne une occasion de reprendre des activités. Gilbert Nicollet se reconvertit au monitorat d'auto-école, non sans mal : « Je me sentais dévalorisé, j'ai échoué à l'examen et je n'avais aucun moyen de financement d'une nouvelle activité. J'ai eu la chance d'être suivi par la direction du Travail qui a accepté de financer une seconde année de formation qui s'accompagnait d'un projet d'auto-école associative. J'ai réussi l'examen et j'ai rédigé à la suite de cela un mémoire dont le thème était "L'apprentissage de la conduite peut-il être un facteur de socialisation des personnes en difficulté ?". Vous comprenez que, bien que privilégié au niveau vie professionnelle et vie familiale, cette période de chômage m'a profondément marqué. Je me mettais à la place de personnes bien plus démunies que moi en me disant qu'un travail de reconstruction était à faire en prenant comme outil pédagogique l'apprentissage de la conduite et de la sécurité routière. Si je me doutais du besoin de retour à une estime de soi auprès de ces personnes, je ne mesurais pas le besoin de mobilité pour décrocher un emploi. Je l'ai découvert quand j'ai réalisé mon étude de marché avec la direction du Travail et le conseil général. » En 1998, Gilbert fonde à Cherbourg l'association « C.Permis ». Le terrain de couverture de l'association va vite s'étendre à l'ensemble du département. Une antenne est alors créée à Hérouville-Saint-Clair dans le Calvados, puis une autre à Argentan dans l'Orne. C.Permis travaille donc aujourd'hui sur l'ensemble de la Basse-Normandie et emploie 19 personnes à temps plein. Mais l'aventure de Gilbert Nicollet ne s'arrête pas en si bon chemin : « Nous fonctionnons comme un centre de formation professionnelle, c'est-à-dire que nous travaillons uniquement sur des fonds publics. Le problème est que notre budget est remis en cause tous les ans. J'ai donc pensé à créer un réseau qui réunirait des structures se consacrant elles aussi à la mobilité vers l'emploi. Le réseau très modeste regroupe des structures qui louent par exemple des cyclomoteurs, d'autres des véhicules permis B. Ainsi est né REMOVE, Réseau Européen de Mobilité Vers l'Emploi. En tout dix structures ont intégré le réseau et elles n'échangent entre elles que des données pédagogiques. Il n'y a donc pas d'enjeu financier. Selon nos estimations portant sur les formations dans les trois départements, 25 % des personnes qui réussissent le passage de l'examen, trouvent des CDD de moins de 3 mois et 50 % obtiennent des CDI ou des CDD de plus de 6 mois. Il reste 25 % de personnes dont la situation ne bouge pas. »

*http://c.permis.asso.free.fr*

### « L'AGRICULTURE EN HERBE » : UN JEU DE SOCIÉTÉ RÉALISÉ PAR DES AGRICULTEURS

Qui a dit que les agriculteurs ne savaient que conduire leurs tracteurs ? Depuis décembre 2006 existe sur le marché un jeu de société d'initiation à l'agriculture durable baptisé « L'agriculture en herbe ». Soutenue par les six groupes CIVAM de Basse-Normandie, c'est-à-dire les Centres d'Initiatives pour Valoriser l'Agriculture et le Milieu rural, cette communication originale défend une agriculture durable. On entend par cette expression une agriculture économiquement viable, socialement équitable et écologiquement saine. Parmi les créateurs figurent des exploitants agricoles de la région, dont Christophe Gosselin : « L'idée est née d'une réunion entre animateurs de la FR Civam, donc la fédération régionale des Civam, et des paysans et même des paysannes. Le jeu porte sur trois volets :

l'économique, le social et l'environnemental. Or, contrairement à une idée reçue, l'environnement est une donnée essentielle, dans le sens où nous vivons grâce à lui et que si on ne le protège pas, notre avenir est compromis. Pour mettre en lien les trois facteurs, il faut qu'ils soient équilibrés et c'est précisément le but du jeu. Aucun ne doit prendre le pas sur les autres. Le jeu est composé d'un tapis qui représente les quatre saisons et les joueurs évoluent à travers ces saisons en fonction des phases d'activité du métier d'agriculteur sur l'année. Par exemple, l'été est synonyme de la mise à l'herbe des bêtes et de la préparation des foins. Vous avez 500 cartes-questions sur les pratiques agricoles et le jeu comprend également des cases surprises. Ces cases correspondent aux surprises, souvent mauvaises, qui se déclarent en cours d'année, comme une intempérie qui met en péril les récoltes ou une maladie animale qu'il faut traiter. Certaines surprises sont bonnes malgré tout, comme la naissance d'un deuxième veau alors qu'un seul était attendu. Nous avons travaillé pendant deux ans à la mise au point du jeu avant de faire appel à un dessinateur et à un imprimeur pour mener le projet à son terme. Il nous a fallu trouver aussi des financements auprès du conseil régional de Basse-Normandie, du conseil général de la Manche, de l'Agence de l'eau Seine-Normandie et de la fondation Nature et Découverte. »

Ce jeu peut être commandé directement auprès du centre de Basse-Normandie au prix de 30 euros, frais de port non inclus.

FR Civam, 2 place du 8-Mai, Vire.
Tél. : 02 31 68 80 58.
*frcivambn@tiscali.fr*

### IRTS : Institut régional du travail social

L'IRTS est un établissement d'enseignement supérieur très original, agréé par le ministère des Affaires sociales et la région Basse-Normandie. L'établissement, basé à Hérouville-Saint-Clair et qui reçoit 800 étudiants chaque année en formation initiale ou continue, favorise les solidarités en développant une filière d'emplois sociaux. Autrement dit, ce centre de formation prépare les étudiants aux métiers qui relèvent de l'action sociale, de l'action éducative avec des brevets d'animateur, d'éducateur spécialisé ou de moniteur, ainsi qu'aux professions d'aide à la personne. Muriel Lebarbier est une des formatrices de l'IRTS : « Vous avez les formations canoniques comme les assistants de services sociaux, les éducateurs spécialisés, mais aussi les conseillers en économie sociale et familiale, les techniciens en intervention sociale et bien d'autres formations destinées à être dans le relationnel auprès de personnes plus ou moins en difficulté dans des quartiers et sur du territoire rural. Le travail exige des appoints à la formation initiale en permanence. Seulement, on ne parle plus de vocation aujourd'hui, mais davantage d'engagement. C'est une notion que nous travaillons avec les étudiants, et l'engagement qualifie assez bien la volonté de ces jeunes personnes. L'autre particularité de notre époque est le mouvement qui s'est mis en marche avec les collectivités territoriales, les caisses d'allocations familiales ou la Mutualité sociale agricole. Je pense que les territoires sont en train de prendre conscience que s'il n'y a pas du lien qui se crée entre les travailleurs sociaux, les bénévoles, les artistes, les élus et les habitants, certains d'entre eux vont mourir. Cela concerne les territoires ruraux, mais aussi des quartiers qui vont vivre un repli identitaire et se mettre en grande difficulté. » En avril 2008, l'IRTS a organisé un forum des initiatives citoyennes et du développement local qui a accueilli une vingtaine d'associations de la région afin de confronter les expériences et préfigurer des actions concertées dans la perspective d'un mieux-vivre.

*www.irts-bn.asso.fr*

### Quand les élus rejoignent les agriculteurs et réciproquement

Si la société coopérative d'intérêt collectif « Bois Bocage Énergie » a vu le jour en 2006, c'est grâce à la réunion des bonnes volontés d'élus locaux et d'agriculteurs qui, pour les uns, s'opposaient à un projet de centre d'enfouissement de déchets nucléaires et, pour les autres, s'engageaient depuis une demi-douzaine d'années dans la production de bois déchiqueté de chauffage. Comment les deux se sont-ils retrouvés sur un terrain commun ? Les élus franchement hostiles à la création du centre d'enfouissement sont devenus sensibles à la cause écologique s'ils ne l'étaient pas déjà. En face, les agriculteurs, qui utilisaient une déchiqueteuse pour un bois destiné à alimenter des chaudières, ont connu au bout de trois années de pratique une augmentation de la demande. Les élus se sont donc intéressés à cette méthode et ont permis d'agrandir le périmètre d'action des agriculteurs. Après deux ans de négociation est née la SCIC cogérée par Gilles Delaunay : « Notre société achète le bois déchiqueté aux agriculteurs. Nous exigeons qu'ils respectent un plan de gestion des haies, de façon à ne pas dégrader totalement les haies pour vendre davantage de plaquettes de bois. Ensuite nous assurons la vente du bois, une fois sec, aux collectivités et aux particuliers. Il faut savoir que le coût d'une chaudière à bois est élevé, 15 000 euros pour un petit modèle et 25 000 pour le plus grand, mais vous avez droit à 50 % de crédit d'impôt. En revanche, l'économie à la consommation est importante, puisque 40 mètres cubes de plaquettes équivalent à 3 000 litres de fuel, soit une facture divisée par deux. » D'une dizaine de chaudières au lancement de la production des plaquettes, le groupement en alimente maintenant une centaine. Une campagne d'information a été lancée par le conseil général et le conseil régional et a contribué à l'augmentation du nombre de chaudières à bois installées. Gilles est lui-même agriculteur, mais intervient bénévolement au sein de la société aux côtés d'une vingtaine de personnes qui ont créé un comité d'éthique qui garantit le bon fonctionnement de cette SCIC. Pour promouvoir la filière bois, les intéressés de la société participent à différents salons de développement durable et organisent des présentations de chaudières chez les particuliers.

*www.boisbocageenergie.fr*

# Haute-Normandie

*C'est la petite sœur de la Basse-Normandie avec seulement deux départements, Eure et Seine-Maritime, et une superficie qui plafonne à 12 000 kilomètres carrés. En revanche, à la différence de ladite sœur, cette région vit mieux de ses moteurs économiques que sont l'agriculture, l'industrie et les activités portuaires. Le Havre devient ville patrimoniale après avoir été injurié pour son béton froid et mortifère. La proximité au sud de l'Île-de-France et de la capitale explique également la permanente évolution démographique qui sévit plus particulièrement dans le département de l'Eure.*

## Le Rayon vert : un mythe devenu réalité

La question du mythe relève du phénomène atmosphérique étrange et fascinant qu'est le rayon vert qui se laisse entrevoir sous certaines latitudes au lever ou au coucher du soleil. Invitation onirique ou clin d'œil à nos vertes origines, le Rayon vert est une étonnante petite salle de spectacle de Saint-Valéry-en-Caux. Un contexte typiquement rural, comme le dit Dominique Sarah qui dirige avec un vrai bonheur ce théâtre municipal qui, sous son impulsion, a obtenu le label de scène conventionnée par le ministère de la Culture. Il n'y a pas de quoi pavoiser au départ dans cette bourgade côtière de 5 000 âmes avec sa plage de galets rudement balayée par les vents d'hiver. La salle de 320 places est remplie à chaque rendez-vous d'un programme très varié de danse, théâtre et musique digne des théâtres nationaux. On y trouve pêle-mêle un concert Bach non loin d'une soirée de hip-hop, Dick Annegarn vient chanter après une pièce de Strindberg. La variété explique sans aucun doute le succès croissant que connaît ce bel endroit, et la fidélité d'un public local à des spectacles qui ne passent pas par la lucarne de la télévision est un signe d'intelligence et traduit selon Dominique « une démocratisation culturelle rendue possible par une autre relation entre l'artiste et le public invité ». Le programme du Rayon vert s'affiche sur le site municipal à *www.ville-saint-valery-en-caux.fr*

### La Source : l'art vecteur social auprès des jeunes du milieu rural

L'art est souvent un frein à la marginalisation ou à l'exclusion sociale des jeunes. L'association de la Source est née de la rencontre entre un peintre mondialement connu, Gérard Garouste, et un éducateur spécialisé, Christian Gotti. Nous sommes en 1994 et nos deux protagonistes s'accordent sur un dispositif d'approche de l'art contemporain et de sa pratique par un jeune public en complément du champ scolaire ou en réponse à un isolement culturel préoccupant. En novembre de la même année, une magnifique propriété sur un parc de deux hectares est mise à la disposition de l'association. La Poultière sur la commune de la Guéroulde, dans le département de l'Eure, s'ouvre ainsi à des résidences accordées à des artistes contemporains en échange d'ateliers animés au profit du jeune public. Un second site ouvrira peu après, au domaine de Villarceaux, à Chaussy, dans le Val d'Oise. Au fur et à mesure de la mise en route du dispositif, la Source s'est ouverte aux arts de la scène afin d'élargir son éventail d'activités. Revenons aux prémisses du projet et à l'expérience personnelle de Gérard Garouste : « Quand j'étais petit, j'allais à l'école dans un petit village bourguignon, j'étais chez ma tante, et toutes les familles avaient un enfant de l'Assistance publique. J'avais bien connu cette institution et j'étais complice des drames de ces enfants. Plus tard, quand j'ai choisi mon métier et que je me suis installé en Normandie, un adjoint de la commune est venu me solliciter pour me parler d'une famille en très grande précarité. J'y ai retrouvé à l'identique le cas de figure de mon enfance. J'aurais pu rester enfermé dans mon atelier, j'ai pourtant décidé de prendre le problème à bras-le-corps. J'ai rencontré des éducateurs de la région et c'est dans l'urgence que nous avons ensuite créé l'association. Le point de départ était simple : d'un côté, nous avions des enfants dans une situation très alarmante ; de l'autre côté, j'étais en contact avec des artistes contemporains professionnels. Le principe de réunir les deux pour qu'il se passe quelque chose est venu tout naturellement. » Les premiers acteurs du projet étaient les éducateurs spécialisés avec lesquels Gérard Garouste a envisagé d'emblée un engagement social avant même qu'il ne soit artistique. En correspondance avec ce stigmate de l'enfance, l'artiste s'est fait de cette priorité d'action un devoir. « Dans un second temps, l'art deviendra un outil au service d'une enfance difficile. L'idée n'était pas de faire de ces enfants des artistes, mais de leur permettre de connaître autre chose que le chômage ou la pénibilité de vivre. De même, les artistes qui ont participé à la Source ont emmené ces enfants dans une aventure un peu incohérente, bizarre et inédite. Après la Poultière et Villarceaux, nous travaillons également sur les banlieues et sur la région parisienne. Un partenariat avec le théâtre du Rond-Point à Paris nous permet de tirer les jeunes vers un autre milieu artistique. » Aujourd'hui, la Source ne désemplit pas. « Soit des maîtres d'école nous confient des enfants, soit les services sociaux interviennent ainsi que le conseil général. Nous prenons tant que nous avons de la place et l'éveil commence très tôt avec nous, puisque les premiers enfants ont tout juste 3 ans ! En plus, ils sont reçus avec leur famille naturelle ou leur famille de tutelle, car le souhait de la Source est de recréer un tissu social. Et en fin d'année, nous organisons un vernissage et une fête avec des parrains prestigieux, tels Catherine Deneuve ou Gérard Depardieu, et je peux vous assurer que cela fait du bruit dans le département et les aides arrivent plus facilement. Ce qui est intéressant aussi est que les jeunes artistes que nous accueillons en résidence sont pour la plupart des étudiants des Beaux-Arts et je peux vous assurer que leur discours un peu figé éclate totalement au contact des enfants et c'est fabuleux. Notre seule réelle difficulté est de trouver des éducateurs qui acceptent l'art comme outil de travail. »

*La* Source.
Tél. : 02 32 35 91 41
*http://pagesperso-orange.fr/asso.lasource*

# *Grand Est*

# Lorraine

*Un grand plateau de quatre départements : Meuse, Moselle, Vosges et Meurthe-et-Moselle. Près d'un Lorrain sur trois habite dans ce dernier département fort de plus de 730 000 habitants avec l'agglomération nancéenne et un drôle de profil géographique au nord en forme de tête d'oie prise entre le Luxembourg et la Belgique. L'autre voisin important est l'Allemagne, qui profite largement à la Moselle. Ainsi, dans ce département, 160 sociétés à capitaux allemands sont répertoriées et elles fournissent de l'emploi à 16 000 personnes. Plus généralement encore, 326 sociétés à capitaux majoritairement étrangers représentent 37 500 salariés. Ces données ne doivent pas faire oublier les séquelles d'une désindustrialisation du bassin sidérurgique qui rongent encore certaines agglomérations. Dernier facteur alarmant pour ce département qui ne demandait rien de plus : la nouvelle carte militaire, qui affecte en premier lieu l'agglomération messine dépouillée progressivement de plus de 5 500 militaires, soit une population estimée à 14 000 personnes. La perte est évaluée à 167 millions d'euros. Repos.*

## Une École de la Paix à Metz

Cette « école » est en fait une association qui offre aux professionnels de l'éducation des outils fantastiques de promotion de la non-violence à partir du jeu. Inscrite au tribunal d'instance de Metz, cette association reconnue d'intérêt général a pour objectif l'élaboration et la promotion d'une éducation à la paix afin de « favoriser des relations humaines plus pacifiques », selon l'article 4 de ses statuts. Concrètement, l'École de la Paix a conçu des jeux et des malles pédagogiques à destination des centres de loisirs et des écoles élémentaires de la région messine. À l'origine, il y a un passionné des jeux, Pascal Bailly, et une directrice d'association, Muriel Schmidt, qui se sont engagés dans un travail de sensibilisation passant par des jeux coopératifs accessibles dès l'âge de 4 ans où ressortent la coopération et la solidarité. Muriel a profité de la dynamique d'un petit groupe d'animatrices et d'éducatrices qui ont eu l'idée de cet apprentissage ludique. « Elles étaient à la recherche de projets pédagogiques forts et elles ont pris connaissance d'un vaste mouvement déjà bien installé qui milite en faveur de la paix et de la non-violence soutenu par l'Unesco. À partir de cette réalité, nous avons acheté des outils pédagogiques allant dans ce sens afin de les mettre à disposition des enseignants, des animateurs et des éducateurs. Les écoles et les centres de loisirs qui souhaitent utiliser ces outils adhèrent à l'année à notre structure et empruntent à volonté les jeux. Nous ne sommes pas les seuls à proposer ce genre de support, mais à Metz nous travaillons surtout autour de jeux de société coopératifs à partir d'une collection de 80 jeux. Cela nous permet d'organiser des week-ends de découverte des jeux coopératifs. Nous déplorons toutefois que ces jeux soient le fait essentiellement d'un éditeur allemand ou de créateurs canadiens. Nous sommes, par exemple, obligés de passer nos commandes au Canada et il est dommage que les éditeurs français ne s'intéressent pas davantage à ces outils très ingénieux. » Dans ces jeux, la compétition n'a pas lieu d'être, autrement dit tout le monde gagne ou tout le monde perd. Parmi les outils, une malle pédagogique pour les 7-10 ans appelée « J'y vais, j'y vais pas » donne à comprendre les mécanismes de rejet telles la rumeur, la désignation d'un bouc émissaire ou l'intolérance, questions qui se posent déjà dans les cours de récréation, qui sont des microsociétés en devenir. Un autre inspiré du Monopoly et destiné aux 12-15 ans a pour nom le « Tiers Mondopoly » et place les joueurs dans le rôle d'un paysan péruvien qui doit subvenir à ses besoins. L'idée est simple mais utilisable sur tous les fronts et mérite un coup d'œil. L'École de la Paix se dissimule dans le portail des associations messines à *www.associations-metz.net*.

École de la Paix, espace Cocharde, 37 rue du Saulnois,
57070 Metz.
*ecoledelapaixdemetz@yahoo.fr*

## Fameck, le film arabe en Moselle

Si on ne connaît pas la région lorraine et surtout, au cœur du département de la Moselle, la petite ville de Fameck, on pourrait la croire à son nom orientale ou abandonnée aux paysages du Maghreb. Y avait-il un signe avant-coureur pour que se crée à la fin des années 1980 un festival rare et précieux du cinéma arabe ? Cela m'étonnerait. Pourtant, Fameck a connu comme beaucoup de cités ouvrières une longue période d'immigrations désormais révolue. Fameck a, comme d'autres, ses quartiers dont certains plus difficiles à vivre que d'autres. Il n'empêche que la cité ne connaît pas de conflits culturels et de confrontations âpres engendrées par les inégalités. Le festival du film arabe est moins à l'origine de cet état de fait que sa conséquence. Le créateur du rendez-vous est Mario Giubilei : « Je comprends que le nom de Fameck vous interpelle, car il dénote dans ce cadre de vie qui correspond à la vallée des Anges, là où s'est implantée la sidérurgie lorraine. Fameck était un village agricole entouré d'une ZUP de plus de 10 000 habitants "envahie" par l'immigration italienne, polonaise et maghrébine, population qui est venue alimenter la sidérurgie. Il est vrai que malgré l'effondrement de cette sidérurgie, nous n'avons jamais connu de tensions ou de conflits. À cela plusieurs raisons : d'abord, le travail a consolidé pendant des dizaines d'années les relations entre les uns et les autres. Ce ciment s'est maintenu de nos jours. Ensuite, il fallait trouver un relais et celui-ci est assuré par la vie associative des quartiers. Je suis président de la Cité sociale de Fameck qui a lancé le festival et je milite également dans une association de quartier. Il est nécessaire de s'activer en permanence pour que les gens aient envie d'être ensemble et éviter de diviser les cultures. C'est ce qu'on appelle fréquemment le communautarisme. Une forte communauté turque a implanté ici une mosquée et je suis allé à sa rencontre en demandant qu'elle ne se referme pas sur elle-même. Ce travail de terrain est indispensable pour que les gens ne se replient pas sur leur culture et restent unis les uns aux autres.

Nous sommes ici le seul festival à projeter exclusivement des films du monde arabe. L'Égypte, le Liban, la Tunisie ou la Syrie sont de gros producteurs de films, alors que l'Algérie possède de nombreux réalisateurs qui produisent à l'extérieur du pays. En revanche, nous n'avons jamais ressenti de recul ou d'hésitation des pays du monde arabe à participer au rendez-vous, car les réalisateurs qui sont venus ici deviennent de très bons ambassadeurs du festival chez eux. Et pour la note d'humour, vous aurez remarqué que le président du festival du film arabe est un italien ! »

*www.cinemarabe.org*

### Et encore un festival de cinéma pas comme les autres en Lorraine

Il est encore jeune, tout juste dix ans passés, et a été conçu avec les moyens du bord. Pourtant, son intérêt prend toute sa place dans notre panoplie des actions rurales. Il s'appelle « Caméra des champs » et, comme son nom le laisse entendre, il se consacre exclusivement aux cinéastes documentaristes donnant à voir et à comprendre le milieu rural. La vision défendue par la petite équipe qui organise ce rendez-vous n'est surtout pas passéiste ou nostalgique, mais bien davantage sociologique et suit les évolutions et mutations des mondes ruraux, d'ici ou d'ailleurs. Deux axes ressortent à chaque édition : montrer les changements dans les représentations du milieu rural et souligner les nouvelles pratiques sociales ainsi que l'impact des techniques modernes sur ces campagnes. Les visions présentées sont plurielles, avec des réalisations d'amateurs confrontées à celles de professionnels. D'autre part, le contexte particulier du festival et son objet accordent une très large place à un cinéma indépendant. L'occasion nous a été donnée de visionner certains films et de rencontrer leurs auteurs et, de toute évidence, ce festival recèle des trésors d'images et d'informations. Il est organisé chaque mois de mai à Ville-sur-Yron avec tous les soutiens nécessaires et utiles de la région, de la Drac et de la communauté de communes du Jarnisy. Le site de la ville fait état en permanence du festival.

*http://pagesperso-orange.fr/villesuryron/accueil.html*

## Un médiateur culturel des conflits et des différences

Les rebondissements de l'actualité sociale et économique de l'année 2008 nous ont parfois éloignés de certains événements comme celui de l'Année européenne du dialogue interculturel normalement dévolue à cette période de 2008. Cette initiative nous permet de souligner le travail réalisé par le CMI, Centre de médiation interculturelle, organisme homologué de formation professionnelle, créé en 2001 et basé à Sailly-Achatel, village mosellan, situé à deux pas de la nouvelle gare TGV. Nous sommes dans une région de populations d'origines diverses et dans des villes qui connaissent parfois des soucis de cohabitation. Seulement, on ne peut pas résumer l'action du centre à la lutte contre les discriminations pour rendre compte du travail du groupe. Si les gestions de conflits et de violences interculturels sont au fond même de ses démarches, le centre de médiation joue à la fois la carte de l'expertise des situations et celle de la formation à la communication en tenant compte des différences. Il s'agit donc bien d'un rôle de médiateur social qui est dévolu à ce CMI en répondant aux demandes des collectivités, des organismes institutionnels, des entreprises et des associations. Marc Thomas est le directeur pédagogique du centre : « L'association a été créée par des professionnels et des particuliers soucieux de trouver des solutions pour parvenir à une vie sociale paisible alors que l'échiquier social est marqué par les différences. Ces personnes sont parties de cette magnifique opportunité qu'est le vivre ensemble quand on est différents, mais aussi de l'énorme défi que représente ce projet. Le principe était de valoriser les opportunités et d'éviter toutes les situations pouvant déboucher sur des bagarres. Concrètement, notre action passe par des rencontres où chacun peut apporter le témoignage de son expérience personnelle, associative ou professionnelle, et elle est aussi axée sur la formation. C'est souvent de la formation professionnelle continue, je pense par exemple à la formation d'infirmiers et d'aides-soignants dans un contexte hospitalier fréquenté par des populations de toutes origines nationales. Je pense aussi à la formation de policiers municipaux que je rencontre fréquemment et qui sont confrontés à de la diversité générationnelle et ethnique. Il peut s'agir encore de travailleurs sociaux ou d'adultes relais dans des quartiers qui cherchent à valoriser les différences ethniques et sociales. Nous travaillons régulièrement avec les élus, en particulier sur toutes les questions qui touchent les cantines scolaires, à savoir la cuisine halal et les menus sans porc. Nous traitons de ces questions soit avec des professionnels, soit avec des responsables associatifs ou encore avec des personnes repérées dans les quartiers. Lorsqu'il y a conflit, nous sommes là surtout pour permettre aux personnes de dépasser leurs différends, mais nous ne sommes ni des magiciens ni des juges. Notre unique souci est de créer un contexte de parole et d'écoute. Nous avons créé récemment un pôle d'expertise pour répondre à des personnes qui ne recherchent pas une formation mais plutôt un accompagnement et du conseil. C'est ce que nous avons mis en œuvre autour de la laïcité dans une banlieue nancéenne au moment de la loi sur le voile islamique. »

*www.mediation-interculturelle.com*

## UN VILLAGE DU LIVRE

Le village du livre de Fontenoy-la-Joûte en Lorraine. Nous sommes à 55 kilomètres au sud-est de Nancy, entre Lunéville et Saint-Dié-des-Vosges, et à 6 kilomètres de la cité du cristal de Baccarat. Bâti à une croisée de chemins au milieu des champs depuis le XII<sup>e</sup> siècle comme le précise le site Internet de la commune, Fontenoy, avec ses 280 habitants, a trouvé sa raison sociale et économique dans et par le livre. Ça commence par une foire du livre lancée en 1994 et ça continue par l'inauguration du Village du Livre en avril 1996. Depuis cette date, pas moins de 60 000 visiteurs et lecteurs curieux fréquentent annuellement ce charmant village. À Fontenoy-la-Joûte, le livre est roi. D'anciennes fermes ont été réhabilitées en librairies et une Maison de l'imprimerie et du papier a été créée en 1998. À la même date s'installait Jean-Pierre Gouy, fabricant artisanal de papier depuis vingt ans en Charente. Ce métier totalement manuel n'est plus exercé que par quatre artisans en France, qui travaillent essentiellement pour des relieurs ou des artistes. Suite à une période de chômage et donc de remise en question, Jean-Pierre décida de s'installer dans ce village du livre naissant. Dix ans plus tard, cinq bouquinistes sont à demeure et leur nombre atteint une vingtaine chaque dimanche de l'année. « Je pense que ce phénomène est propre à l'est de la France, où on a besoin de l'écrit en général et du livre en particulier. Lorsque je suis arrivé ici, on m'a demandé d'emblée du papier que j'avais toujours rêvé de réaliser. D'autre part, à Fontenoy, on peut trouver aussi bien des livres anciens, des livres rares, de l'histoire, du roman, de la bande dessinée que du livre technique. Ce n'est pas un village destiné aux seuls spécialistes, mais ouvert à tous et il se prête à toutes les curiosités. » Aujourd'hui, Fontenoy, outre cette Maison du papier et ses bouquinistes permanents, dispose également d'un relieur d'art. Cette réunion insolite a introduit un des plus grands marchés du livre de France dans ce petit village avec un fonds de 800 000 livres anciens et d'occasion proposés aux visiteurs du marché.

Jean-Pierre Gouy, 39 rue Leclerc, 54122 Fontenoy-la-Joûte.
Tél. : 03 83 71 53 25.
*www.levillagedulivre.com*

Dans la chronologie, c'est le village de Bécherel en Ille-et-Vilaine qui inaugura en 1987 ce principe de village du livre. Depuis, la localité a été rejointe par Cuisery en Saône-et-Loire, La Charité-sur-Loire dans la Nièvre, Montmorillon dans la Vienne, Montolieu dans le département de l'Aude et Fontenoy-la-Joûte. Cette dernière localité en a fait une activité essentielle, contrairement à d'autres qui gèrent le livre davantage sous forme événementielle.

### Le violon-roi de Mirecourt

Alain a toujours été musicien. Il signe ses débuts sur ses terres de Haute-Saône. À cette époque bénie des années 1970 et du tout inventif musical, il appartient à la même écurie que ses voisins du groupe Ange. Même manager et mêmes galères. Alain Carbonare va créer avec son frère une première formation baptisée « Iris » à Moffant, village placé sur la carte entre Lure et Héricourt. Après quelques déboires, Iris s'est mué en « Machin » et accompagne un autre voisin, Hubert-Félix Thiéfaine, pendant dix ans sur les routes de France, mais pas encore du succès. Pour le même Thiéfaine, Alain compose la musique d'un titre bientôt phare, « Autorisation de délirer », tandis que Tony, son frère, réalise les arrangements d'une bonne demi-douzaine d'albums d'Hubert-Félix. Les aventures artistiques se prolongent et Alain fonde une des rares formations de rock symphonique *made in France* dont le nom est anticommercial au possible : « Wurtemberg rock fantasia opus 9 ». Un disque témoigne de l'invention du moment. L'histoire aurait pu s'arrêter sur cette épopée et être rangée dans le bac des enregistrements pour collectionneurs avertis, mais Alain Carbonare possède une autre corde à son archet, puisqu'il participa ensuite à la relance de la lutherie en Lorraine. Orfèvre luthier, mentionné pour son excellence dans ce domaine, Alain, l'ancien routard de Thiéfaine, fabrique des violons et des violoncelles à Mirecourt. Il se félicite, et on peut le comprendre, d'avoir répondu aux commandes des plus exigeants et illustres clients : Yehudi Menuhin et Mstislav Rostropovitch. À mille lieues des maîtres, Alain est aussi le fabricant des instruments à cordes qui ont soutenu la voix de Céline Dion dans son interminable spectacle de Las Vegas. C'est ainsi que notre petit musicien natif de Haute-Saône est parti chaque trimestre aux États-Unis, pendant plus de deux ans, régler ses instruments. Pour la belle histoire, la passion du luthier pour les violons est née d'un choc vécu à l'âge de 15 ans en Franche-Comté : Menuhin se produisait au théâtre de Sochaux-Montbéliard. L'adolescent est ébloui, mais ne peut imaginer que trente ans plus tard le même virtuose jouera sur un violon sorti de son atelier. La leçon de ce parcours est qu'il faut toujours se méfier des idées préconçues et qu'un ancien rocker ne devient pas forcément un artiste maudit rongé par l'alcool et les regrets, de même que ces personnes qui disparaissent de la vie publique trouvent parfois leur vrai destin dans l'ombre des autres. Alain est de cette trempe-là.

*http://micarbo.club.fr/default.htm*

# Champagne-Ardenne

*1 340 000 habitants pour cette région partagée entre l'Aube, la Haute-Marne, les Ardennes et la Marne. Ce dernier département est le plus étendu et est composé de terres de plaine et de collines avec, au centre du plateau, la fameuse champagne crayeuse ou pouilleuse. Agriculture et viticulture sont les deux plus anciennes et toujours actuelles mamelles de l'économie régionale avec 61 % du territoire dédiés à l'agriculture, dont une activité céréalière intense. Pour preuve, la coopérative Champagne-Céréales est le premier groupe européen. Quant aux plus de 28 000 hectares de vignobles, ce sont 260 millions de bouteilles qui sont vendues chaque année. Reims, encore, avec son industrie du sacre – trente-trois rois de France en sont ressortis sacrés, de Clovis Ier au* V<sup>e</sup> *siècle jusqu'à Charles X –, est depuis quelque temps surnommé le XXIe arrondissement de Paris grâce à un TGV – il faut même dire la LGV –, qui place la ville à une heure et quart de la capitale. Ce sont quand même 123 millions d'euros investis par la région et un bon tiers par la ville de Reims, qui possède sa gare en périphérie à Bezannes.*

### Un dispositif éducatif novateur d'insertion sociale à Reims : « 2 Mains »

La ville de Reims sera éternellement attachée à ses sacres historiques et à sa boisson effervescente. Pourtant, Reims connaît aussi les affres de la vie de quartier avec ses mélanges culturels et parfois ses cocktails peu savoureux. Principal quartier périphérique de la ville, Croix-Rouge regroupe des populations étrangères variées qui représentent plus de 10 % de la population rémoise, 23 000 personnes, et près d'un quart des logements sociaux de la ville. Comme souvent dans ces lieux de mixité, le taux de chômage est élevé, 20 %, et affecte principalement les jeunes. À leur égard, l'Espace ressources de l'Éducation nationale, la Mission locale et l'ANPE ont mis en place des dispositifs d'aide et de suivi. Seulement, une partie de cette jeune population échappe à ces organismes. C'est là qu'intervient l'association « 2 Mains » dirigée par Jean-Louis Rumério. « Croix-Rouge est divisé en trois sous-quartiers et chacun a une identité propre. La première difficulté tient à la taille des lieux avec 23 000 habitants, ce qui en fait une ville à part entière. Hélas, nous n'avons pas les infrastructures d'une ville. Nous n'avons ni annexe de l'ANPE ni cinéma. C'est une cité-dortoir type construite dans les années 1960 et, depuis cette date, aucun aménagement n'a été réalisé. Il fallait donc agir en faveur d'une population très jeune sans emploi et touchée à 33 % par le seuil de pauvreté. Nous avons mis en place "DENIS", un Dispositif Éducatif Novateur d'Insertion Sociale, dont le nom rejoint les préoccupations de l'association à sa création en 2006. Nous prenions avec mon équipe l'exemple type d'un jeune homme que nous avions appelé Denis pour répondre à certaines situations d'intervention et nous avons conservé le nom pour le dispositif. Depuis septembre 2007, 120 personnes ont poussé la porte de l'association. Quarante sont encore en accompagnement éducatif et le reste se partage en deux parts égales. L'une est retournée à la formation avec l'Éducation nationale, l'autre moitié est partie vers l'emploi. Entre les deux, nous avons quelques cas d'abandon et d'emprisonnement. Ce public est en partie en voie de marginalisation et surtout en voie de difficulté sociale. Notre souci est de résoudre les zones d'ombre qui empêchent ces personnes d'avancer vers l'emploi. Nous les inscrivons dans un dispositif de droit commun. Concrètement, cela signifie que nous repérons ces jeunes en général âgés de 16 à 30 ans grâce à un réseau très large qui va des familles aux maisons de quartier. Après ce repérage, les candidats sont évalués dans un dispositif appelé Ateliers Jeunes qui les oriente vers des structures d'insertion ou des entreprises pour une durée d'un mois. Ce passage permet de repérer les difficultés rencontrées par le candidat et de mettre en place des moyens utiles à son insertion professionnelle. C'est là qu'intervient un groupe d'accompagnement composé d'un membre de 2 Mains, de représentants de la ville, du département et du monde de l'entreprise et, en fonction de l'environnement du jeune, d'un éducateur ou d'un psychologue. Le groupe proposera des solutions, tels une aide au logement, un bilan de compétences, une aide administrative, une remise à niveau ou encore des stages en entreprise. À partir de ce moment-là, le candidat est préparé à s'inscrire dans une formation ou dans une recherche d'emploi. » Tous les acteurs de cette longue chaîne ne sont pas cités, mais on comprend que le dispositif n'est opérationnel qu'à partir du moment où toutes les étapes de la reconstruction du jeune sont garanties.

*assos2mains@aol.com*
*http://membres.lycos.fr/asso2mains*

## Le plus osé des festivals de Châlons-en-Champagne

Son association s'appelle « Musiques sur la ville » et le festival qui en émane attire chaque été pendant un mois 60 à 70 000 spectateurs, ce qui en fait l'événement culturel le plus important de la ville, mais surtout il mobilise cent jeunes en difficulté dans la préparation de ce rendez-vous gigantesque. Patrick Legouix est l'orchestrateur de cette opération phénoménale. Le festival, intitulé F'Estival des musiques d'ici et d'ailleurs, est né en même temps que l'association, en 1992, ce qui fait de Patrick une figure de pionnier dans le quart nord-est de la France, qui manquait cruellement de culture estivale. « Nous avons pallié l'absence de programmation de saison en nous installant sur la place publique et en mettant un terme à une certaine déshérence culturelle. En tant que musicien, je souhaitais soutenir par un tel événement la scène régionale mais aussi toute la création en devenir et prouver qu'il y avait un public pour ces musiques d'ici et d'ailleurs. Les musiques métissées que nous proposons au cours de notre festival sont en résonance avec la ville, qui a toujours été un lieu de passage et donc au cœur des grandes transhumances humaines. La voie Agrippa passait là et les invasions ont toujours creusé une percée dans la région. D'autre part, j'ai une conception de l'action en général qui tente de prendre en compte les problématiques des habitants du territoire et, plus par-

ticulièrement, des jeunes issus des quartiers dits défavorisés. Nous avons donc imaginé avec le club de prévention local, dès la deuxième édition, d'intégrer ces jeunes dans les équipes d'organisation du festival. Il était d'abord nécessaire de les identifier et de les préparer à ce type de travail. Aujourd'hui, les choses sont plus simples puisqu'après dix-sept années d'exercice, la transmission se fait tout logiquement. Il y a des grands frères, des voisins, parfois des parents qui assurent le relais. Je peux vous dire que le regard des jeunes sur leur place dans la société a bien changé, car le festival investit les lieux publics à commencer par l'Agora, place centrale de Châlons, et ces espaces sont devenus en quelque sorte les leurs. La participation directe à la culture a été novatrice pour eux également en côtoyant des artistes qui remplissent des stades dans leurs pays. Et ils ont le sentiment maintenant d'offrir au public ces concerts, qui sont gratuits à l'exception de quelques-uns. 40 des 50 concerts sont en effet libres d'accès, ce qui est rare. Pour parvenir à ce résultat, la ville, le département, la région et l'État nous soutiennent. Nous avons un chantier éducatif qui entre dans le contrat urbain de cohésion sociale et une série de partenaires comme la chambre de commerce ou l'union commerciale. Si vous ajoutez des partenaires économiques qui font du mécénat culturel, vous avez la synergie d'ensemble qui permet de boucler le budget. »
Le programme est suffisamment éclectique pour que les amateurs de jazz, de musiques du monde, de musiques traditionnelles, de voix francophones ou de rythm'n blues y trouvent leur compte.

Musiques sur la ville, 13 rue Dominique, BP 294,
51012 Châlons-en-Champagne.
Tél. : 03 26 68 47 27.
*www.musiques-ici-ailleurs.com*

# Alsace

*Bas-Rhin et Haut-Rhin, Unterelsass et Oberelsass, 1 820 000 habitants, avec une plus forte densité pour le Bas-Rhin, puisque la capitale régionale et capitale européenne y est installée. Strasbourg est la 7e ville française par sa population et le premier pôle économique du nord-est de la France. En incluant les populations de l'aire strasbourgeoise, le nombre d'habitants se porte à plus de 600 000 personnes. Un centre-ville historique classé patrimoine mondial de l'humanité depuis 1988 avec, aux premières loges, la cathédrale Notre-Dame au pied de laquelle s'étend chaque année, au mois de décembre, le traditionnel marché de Noël qui attire deux millions de visiteurs. Si les infrastructures manquent pour en faire un vrai carrefour économique international, Strasbourg est dorénavant à 2 heures 20 de Paris grâce au TGV Est. Hélas, comme dans de nombreuses villes de France, l'emploi marque le pas et le taux de chômage y est supérieur à la moyenne nationale alors que celui du département est au contraire un des plus faibles de France. 6,5 % de chômage et un PIB qui place la région au deuxième rang des régions françaises.*

## Une entreprise de nettoyage aux principes décapants

Un chef d'entreprise audacieux et généreux – l deux pouvant coexister contrairement à une idée admise que le chef ne recherche que le profit –: Jean Durrenberger, fils d'une ancienne grande figure du Bas-Rhin, le pasteur Georges Durrenberger, fondateur de l'entreprise SANI. Jean a repris la société familiale spécialisée dans le nettoyage industriel. Rien d'extraordinaire dans cette réalité et pourtant il a développé des branches valorisantes pour des personnes vouées à cirer vos planchers de bureau pendant que vous dormez, en proposant à celles-ci des prestations complémentaires. De plus, les outils et les matériaux utilisés s'inscrivent dans un respect total de l'environnement. C'est au siège de la société à Mundolsheim que nous avons pris contact avec ce jeune chef d'entreprise. « SANI, Société Alsacienne de Nettoyage Industriel, est née en 1973 de l'expérience sociale de mon père qui fut directeur d'un orphelinat. L'idée lui est venue de transmettre un métier à ces jeunes de la DASS afin de les insérer dans la vie active. Les professions du nettoyage sont aujourd'hui bien étrangères à cette image d'un pauvre employé armé d'une serpillière ou d'une cireuse. Des formations élaborées existent, qui passent par le BEP, le CAP, le bac professionnel, les BTS ou même une maîtrise en hygiène et propreté des locaux. Donc on peut avoir un cursus fort long pour des spécialités élevées, mais qui se réduisent malheureusement au personnel d'encadrement ou aux chefs d'équipe. La plus grande majorité des employés possède une formation de base et notre problématique est d'accrocher ces personnes aux métiers de la propreté. L'originalité chez nous a été, en travaillant sur les bilans de gestion des compétences, de détecter l'ensemble des parcours professionnels de nos employés. Souvent, on ne tombe pas dans ce secteur d'activité par vocation, mais plutôt par accident ou par dépit. Or ces personnes ont pour la plupart un passé professionnel de paysagiste, d'horticulteur, de plombier ou de garagiste. Une fois ces compétences répertoriées, nous les avons mis en adéquation avec les besoins de nos clients, ce qui nous place en position de pépinière de carrières. Je vous donne un exemple. Nous avions embauché une technicienne de nettoyage qui avait un passé horticole. Or certains de nos clients ont des fleurissements de façades ou des décorations florales à l'accueil de leur comptoir et c'est ainsi que nous avons ouvert avec cette personne un département de décoration florale intérieure. Il se porte maintenant à merveille et emploie plusieurs personnes. Il est à l'image des débouchés que nous pouvons offrir aux employés du nettoyage qui sont occupés à temps partiel le matin et le soir, mais qui ne trouvent pas d'activité le jour. Donc nous les faisons travailler aux ateliers de décoration florale et, dans le même esprit, nous avons d'autres départements de décoration intérieure : revêtement mural, papier peint ou stuc. Nous avons aussi un département de service à la personne avec des agréments qualité pour les personnes âgées ou les enfants en bas âge, et nous développons encore d'autres services parallèlement à ceux-ci. Nous sommes très sensibles aux questions environnementales. Par exemple, nous possédons depuis longtemps des aménagements qui répondent aux normes nouvelles, que ce soient les cellules photovoltaïques qui équipent notre entreprise, les récupérateurs d'eau, les ampoules basse consommation ou les véhicules équipés au gaz et à l'électrique, ce qui prouve que nous sommes bien engagés dans les nouvelles économies d'énergie et le respect de l'environnement. Nous avons également un centre de formation avec un module reposant sur l'éco-attitude. Cela signifie que toute personne qui entre chez nous est sensibilisée au développement durable et en devient un porte-parole auprès de nos clients. Jusqu'à présent, nous avions 300 personnes employées à temps partiel, et grâce aux orientations prises en faveur de l'environnement, nous comptons multiplier les contrats à temps plein. »

Le dossier de l'entreprise vante les mérites de ce processus d'évolution rapide des carrières en signalant le cas de Lindsay, entrée dans la société comme agent de service, qui a réussi sa maîtrise d'encadrement avant de devenir inspectrice, ou encore l'exemple de Bernadette, qui de technicienne est devenue responsable du centre de formation intégrée.

Sani, 21A rue Desaix, 67450 Mundolsheim.
Tél. : 03 90 22 60 40.
*www.sani.fr*

### Un journal étudiant européen

L'histoire commence à Nantes en 2004 avec des étudiants en licence d'information et de communication soucieux de créer leur propre journal sur le modèle d'un *Courrier International* étudiant à l'échelle européenne. L'essentiel du journal, tout bonnement baptisé *Europa,* repose sur un réseau d'étudiants bénévoles qui rédigent des articles à partir de leurs pays d'origine. Depuis Nantes, les initiateurs du projet pilotent une quarantaine de correspondants répartis dans 17 pays. Le journal de 36 pages couleurs est imprimé à 20 000 exemplaires et distribué gratuitement sur les campus des Pays-de-la-Loire. Cette publication bimestrielle est ainsi le premier journal étudiant de France et elle traite des principaux thèmes de l'actualité politique, sociale, culturelle et économique. Elle s'est assise depuis sa création sur un maillage associatif important et travaille étroitement avec EuradioNantes, première école radio européenne. C'est en 2007 que l'équipe de rédaction s'est installée, dans une perspective européenne plus forte, à Strasbourg en faisant progresser son tirage à 30 000 exemplaires et en sortant une édition mensuelle. Maël Nonet est secrétaire de l'association Europa production Strasbourg. « Le souhait était de parler davantage de l'Europe en tant qu'institution, mais aussi de multiplier les reportages de terrain grâce à nos correspondants qui sont au contact de leur réalité. Il s'agissait de rendre cette Europe plus attrayante qu'elle ne l'est actuellement. La plupart du temps, les articles nous parviennent en français ou en anglais et plus rarement dans la langue originelle du rédacteur, mais nous fonctionnons avec des responsables de zones géographiques qui sont en relation avec les rédacteurs de chaque pays. La traduction passe donc souvent par eux. Cet outil est conséquent pour des étudiants comme nous qui peuvent mettre en pratique les savoir-faire assimilés sur les bancs de l'université. Mieux, nous avons des bénévoles en provenance d'autres secteurs de formation, puisque nous devons gérer le journal à toutes les étapes de sa réalisation, de la mise en pages à la recherche de financements en passant par le graphisme. Nous sommes ouverts à toutes les filières disciplinaires et même aux jeunes journalistes qui recherchent davantage de liberté éditoriale. D'autre part, notre cible n'est pas exclusivement étudiante, car nous diffusons également le journal dans les espaces culturels, les cafés et les lieux de passage. »

L'économie du journal repose sur un autofinancement assuré par la vente d'espaces publicitaires. Ceux-ci permettent de couvrir les contrats de rémunération, l'impression et les frais de fonctionnement. Enfin, depuis peu *Europa* possède sa version électronique consultable sur *www.journaleuropa.info*.

### Le design au service de l'insertion sociale et professionnelle

Les actions en faveur du retour à l'emploi des plus démunis et de leur dignité ne manquent pas sur notre territoire. Il en est une dont l'originalité est de faire appel non pas à des savoir-faire traditionnels, mais à l'art contemporain et au design. Nous sommes à Strasbourg dans le quartier de la gare et la structure qui favorise ce mode d'accès au travail s'appelle « Libre Objet ». Structure d'abord associative dont les statuts ont été rédigés en 1997, Libre Objet est née de la rencontre entre Pierre Vercey, architecte et enseignant d'architecture et de design, et André Vogel, ancien directeur d'une association socioculturelle de la maison d'arrêt de Strasbourg. Pierre Vercey intervenait lui-même depuis 1989 dans cette maison d'arrêt, dans le cadre d'un atelier de création d'objets. De là, à porter à l'extérieur ce qui se réalisait derrière les murs de la prison, il n'y avait qu'un pas. Il fut franchi en 1997 avec l'association Libre Objet devenue chantier d'insertion en 2001 et entreprise solidaire depuis 2005. Elle s'adressait non seulement aux sortants de prison, mais aussi aux personnes précaires et sans emploi. Le fonctionnement procède d'une sélection d'objets proposés par des créateurs, peintres, sculpteurs, designers ou étudiants des Beaux-Arts. Cette sélection est réalisée par une commission culturelle et commerciale dirigée par Anne Seyller. Les objets sont ensuite mis au point par des techniciens à partir d'un prototype en accord avec l'artiste, et enfin ils sont produits en série par le personnel en insertion. Ce personnel accueilli en contrat d'avenir prend une part active à la communication événementielle que représentent ces objets d'artistes et reçoit en retour une reconnaissance positive. Véritable lieu de rencontre coopérative, Libre Objet permet à chaque personne de reprendre confiance et d'apprendre ou de réapprendre les règles du travail en équipe. Le développement culturel de l'association est un plus pour les employés qui œuvrent dans un domaine où se croisent des artistes du monde entier et qui voient leurs productions commercialisées dans des boutiques de design. On imagine le chemin qui s'ouvre à cette population hétéroclite de sortants de prison, d'anciens toxicomanes, de travailleurs handicapés, de chômeurs de longue durée ou de RMistes. Depuis 2006, un concours permet l'attribution de prix aux objets les plus originaux et dont l'effet est la valorisation directe du travail accompli. Libre Objet affiche sur son site une citation de Sénèque qui résume bien sa philosophie : « Ce n'est pas parce que les choses sont difficiles que nous n'osons pas, mais c'est parce que nous n'osons pas qu'elles sont difficiles. »

Libre Objet, 19 rue Thiergarten, 67000 Strasbourg.
Tél. : 03 88 32 81 55.
*www.libreobjet.com*

### Une coopérative d'artistes : Artenréel

Les coopératives d'activités et d'emploi sont de plus en plus nombreuses, et on ne peut pas s'en plaindre surtout lorsqu'elles facilitent la création de nouvelles entreprises. Plus rares sont, en revanche, les mêmes coopératives attachées exclusivement aux métiers artistiques. C'est pourtant le cas d'Artenréel, créée à Strasbourg en août 2004 et mise en œuvre en mars 2005 par Stéphane Bossuet. Le principe de départ était d'héberger juridiquement, socialement et économiquement, au même titre que les autres professions, des porteurs de projets artistiques et culturels. « Sans ce soutien, ces personnes iraient de toute façon vers la création d'entreprise, mais la plupart des artistes sont rebutés par le jargon administratif. Pour d'autres, c'est surtout un service qui est recherché tant sur la gestion que la commercialisation et la communication de leur projet. Une fois le dossier retenu, le candidat devient entrepreneur accompagné les trois premiers mois, le temps d'affiner le projet et de déterminer ses objectifs, et passe au statut d'entrepreneur salarié dès le premier chiffre d'affaires obtenu. Donc un CDI est signé avec la personne, mais en même temps son potentiel est étudié et assuré par la coopérative. C'est un travail de prospective et de rentabilité que nous établissons avec la personne, et le contrat de travail est calculé *a minima* de ce développement. Ensuite, on peut penser qu'après trois ans, la personne a gagné fortement en autonomie, et elle peut devenir entrepreneur associé. Le concept de la coopérative d'activités et d'emploi ne nous appartient pas en tant que tel, car il dépend d'un réseau qui s'appelle "Créer pour entreprendre" et celui-ci a une mission d'intérêt national qui est de développer sur tous les territoires en France aujourd'hui soit des départements culture au sein de coopératives existantes, soit d'ouvrir de nouvelles coopératives dédiées aux métiers artistiques. Concernant notre seule coopérative en Alsace, nous avons à peu près 70 salariés, avec une forte proportion de dossiers d'arts visuels et plastiques. Par exemple, nous avons au niveau individuel des personnes qui font du cinéma expérimental et d'autres qui travaillent dans le design dont les applications peuvent toucher aussi l'industriel. C'est d'ailleurs souvent la multi-activité et la transdisciplinarité qui permettent à ces artistes de vivre de leur travail, et c'est ce qui fait la richesse de notre coopérative. » L'intérêt de cette structure est bien de casser l'isolement des artistes et de leur donner une place au sein du collectif de la coopérative tout en les formant aux mécanismes de la création d'entreprise.

*www.artenreel.com*

## Le bus cantine des plus démunis à Strasbourg

Il fait très froid au cœur de l'hiver dans la capitale alsacienne. L'association « Abribus » créée en 1997 par les Scouts de France avait bien à l'esprit les problèmes liés à la distribution de repas aux gens de la rue. Impossible de rapatrier cette population dans un même espace et tout aussi inhumain de servir un repas sur le bitume dans le froid hivernal. La solution fut trouvée en aménageant un autobus réformé de la ville en cantine mobile, de façon à servir les repas à l'intérieur de ce restaurant peu ordinaire. Ainsi, depuis onze ans des bénévoles, étudiants des écoles de commerce, des écoles d'ingénieurs et de l'IEP de Strasbourg, se relaient pour assurer le service des repas entre octobre et avril. À raison de trois soirs par semaine, le camion cantine sert près de 150 repas complets et chauds aux différentes haltes de chaque tournée. À partir de denrées fournies par la Banque alimentaire du Bas-Rhin, ces repas sont préparés à la Cité relais, qui est un centre d'hébergement social et dont la cuisine est mise à la disposition de l'association grâce au soutien de la ville de Strasbourg. Ce ne sont pas moins de 60 à 80 bénévoles qui, avant chaque tournée, participent à l'élaboration et à la distribution des repas. Depuis quelques années, outre les sans-logis et les RMistes qui bénéficient gratuitement de ce service, on voit apparaître une clientèle de personnes actives et néanmoins précaires. L'intelligence de l'association est de déléguer ses bénévoles chaque été vers d'autres associations qui assurent les repas à la belle saison, car les sans-logis et les plus démunis rencontrent souvent plus de difficultés à survivre en plein été, époque où les services sociaux ferment leurs portes ou diminuent considérablement leurs activités.

Contact : Marc Hoffsess, président de l'association.
*marc.hoffsess@orange.fr*

### Tant de monde en tandem

Âgés respectivement de 31 ans et de 33 ans, Isabelle Héguy et Olivier Benoiston forment des assistants de maisons de retraite et des cadres hospitaliers des instituts d'Alsace, lorsqu'ils n'interviennent pas dans les écoles. Leur projet tenait à eux deux en tandem et aux liens qu'ils pourraient tisser entre leur région et le monde par un long périple de 14 000 kilomètres à vélo. Ainsi est né « Tandemonde », ou comment faire voyager indirectement, par le regard et la parole d'un journal de bord édité sur le Net, les personnes âgées, les enfants des foyers et les personnes handicapées des instituts alsaciens. Internet allait être nourri des images et des propos rapportés de ce tour du monde. Les deux sont remarquablement mis en valeur sur le site du voyage avec une perspective de découverte d'autres réalités rurales des cinq continents. Surtout, Isabelle et Olivier ont eu la belle idée à chaque étape de leur parcours de recueillir le témoignage d'un enfant et celui d'un ancien afin de mettre en perspective leurs espoirs à partir de questions fondamentales : pour quel rêve vivez-vous ? Quels messages voulez-vous transmettre ? Partis de Chatenois, dans le Bas-Rhin, le 26 juin 2007, date anniversaire de la charte de paix de l'ONU, le tandem désirait honorer et transporter cet idéal. Associés à un portrait et à un article des droits de l'homme, les messages glanés seront publiés dans un ouvrage intitulé *Graines d'espoir*. Enfin, Isabelle et Olivier sont allés à la rencontre d'enfants scolarisés dans des programmes d'Aide et Action, une des grandes associations de soutien aux enfants partenaires de cette incroyable aventure humaine. Le retour s'est achevé le 6 décembre 2008.

*www.tandemonde.org*

# France-Comté

*La Franche-Comté se découpe en 4 départements : le Doubs, le Jura, la Haute-Saône et le territoire de Belfort. Le département du Doubs avec ses trois arrondissements de Besançon, Montbéliard et Pontarlier regroupe la moitié de la population régionale. Au même titre, le Doubs cumule plus de la moitié des exportations et importations franc-comtoises. Son PIB le situe à la 18e place nationale. Autrement dit, il est 18e sur 100. Je vous épargnerai sa faune et sa flore, mais il est difficile de se lasser de ses décors de forêts bordées de lacs qui en font un petit Canada. Le territoire de Belfort est marqué, lui, par la figure du « Che » : Chevènement, Jean-Pierre de son prénom. Le surnom de « Che » de l'ancien ministre, député et maire circule depuis bien longtemps ici. Étonnant département que ce territoire qui est le 90e sur la liste administrative après avoir été créé en 1922. Il est l'un des plus petits avec Paris et ceux de la couronne parisienne. Son histoire n'est pas banale non plus, puisqu'il est né au lendemain de la guerre de 1870 par le traité de Francfort ratifié l'année suivante. Par ce traité, l'Allemagne annexait une grande partie de l'Alsace et une part conséquente de la Lorraine, tandis qu'une portion au sud de l'actuel Haut-Rhin était laissée à la France et elle comprenait la ville de Belfort. Sa situation géographique est un atout économique pour ce département qui couvre tout juste 600 kilomètres carrés et concerne 137 000 habitants avec sa fameuse trouée, passage obligé entre le Rhin et le Rhône.*

### L'art contemporain « Sous la ligne bleue » des Vosges

Si vous ne connaissez pas Bourg-sous-Châtelet, minuscule village de 134 habitants au nord du territoire de Belfort, vous pouvez passer votre chemin. Réellement. Celui-ci sera un chemin d'art et de promenades. L'idée est *a priori* simple : en 2005, la communauté de communes du pays sous-vosgien, composée de 14 communes, invitait promeneurs et amateurs d'art contemporain à découvrir une vingtaine d'œuvres de plasticiens le long des chemins de promenade. Le maire de la si petite commune, également vice-président de la communauté de ce pays, Bernard Guthleben, est à l'origine de cette opération inattendue en pleine campagne. En français, il faudrait traduire Guthleben par « bien-vivre ». Le bien-vivre dépend d'un savoir-vivre et l'élu de ce beau pays semble bien l'incarner. Épaulé par un peintre, Pierre Le Preux, Bernard Guthleben imagina en 2003 un projet qui pourrait fabriquer un autre lien entre les habitants du groupement de communes. Plus précisément, l'idée était de relier chaque village aux autres sans emprunter la route. Parcouru par un réseau important de sentiers de randonnée, le concept associant paysage et artistes fit… son chemin. Le principe ultime serait de proposer aux artistes invités de travailler en relation avec les lieux à partir d'un thème imposé. La première expérience, en 2005, dépassa toutes les espérances possibles : 19 artistes furent accueillis et 26 œuvres créées *in situ*. Six plasticiens résidèrent dans les villages et réalisèrent des interventions pédagogiques dans dix écoles tandis que les communes achetèrent cinq œuvres afin de constituer un premier patrimoine artistique. 120 kilomètres de sentiers furent balisés par 200 bénévoles et les visiteurs furent estimés au nombre de 20 000 durant l'été. L'événement fut donc renouvelé en 2007. Non seulement les chemins d'art et de promenade « Sous la ligne bleue » ont réussi le pari de réunir art et nature, mais il a été prouvé que la création plastique et la culture étaient des leviers économiques indéniables. Sans savoir si ces chemins vont se confirmer au rythme d'une opération tous les deux ans, le site donne à voir le résultat des deux éditions passées.

Sous la ligne bleue, 15 rue de la Forêt,
90110 Bourg-sous-Châtelet.
Tél. : 03 84 23 00 73.
*www.souslalignebleue.org*

### La gardienne de HLM écrivaine : l'humanité au cœur du béton

Belfort et une cité HLM grise et morne : la cité des Glacis. 2 000 habitants encadrés par une autoroute, une caserne, un centre commercial et, au loin, la ville de Belfort. L'ennui règne dans cette cité sans âme comme dans ses autres sœurs de béton des banlieues. Dominique Bourgon est gardienne d'immeuble aux Glacis. Née dans une famille ouvrière de Montbéliard, Dominique sera un temps maoïste, un temps hippie et un autre temps aide-soignante. La clinique dans laquelle elle travaille ferme ses portes quelques années plus tard et Dominique hérite d'un boulot à l'office des HLM de Belfort. Elle débarque donc aux

Glacis. Elle écoute. Elle communique. Elle s'épouvante à la vue d'une femme désespérée qui se jette du haut de la tour voisine. Elle écrit en s'inspirant de cette réalité presque banale de la vie en cité. Dominique est devenue ainsi porte-plume des étages supérieurs, là où la rage éclate dans les cages d'escalier. Il faudra le coup de pouce d'un documentaire télé pour que le récit de Dominique paraisse en janvier 2007 sous le titre de *Un sens à la vie*, une coédition d'Arte et du Seuil. « Quand on est gardienne, on connaît tout des gens, tout de la vie et on connaît tout de la mort. Derrière le glacis, il y a des humanités très diverses. Il y a des gens qui viennent de partout. Certains ont des parcours assez extraordinaires et durs. Il y a des Bosniaques qui viennent d'un pays qui a été meurtri par la guerre. Maintenant on a des Russes qui ont fui la déroute de leur pays. La première démarche d'écriture n'était pas de me faire porte-parole de ces humanités, mais je souhaitais engranger, garder une mémoire et ne pas laisser les choses se perdre ou s'évanouir. Je ne pensais pas du tout être publiée. En fait, j'écrivais ce livre sans savoir que je l'écrivais d'une certaine manière. J'espère simplement avoir modifié le regard que nous portons dans le quartier les uns sur les autres. Je pense qu'on peut toujours modifier le cours des choses, mais le livre conserve une portée limitée. Ce n'est pas le cas du documentaire réalisé par Cyril Mennegun et diffusé sur Arte parce que la télévision conserve une force de frappe plus grande que le livre. Et puis le livre était vendu 20 euros, alors quand vous gagnez 400 euros par mois, c'est un luxe que de s'offrir un livre. Aujourd'hui, je continue à écrire, toujours dans une forme courte de nouvelles. Je pense à Bernard Stiegler qui dit avoir écrit un de ses livres pour des personnes qui votent Front national, c'est sur ces personnes que j'écris en ce moment. Donc il y aura moins d'empathie. »

## Au secours de la santé en milieu rural : le FEMASAC

Parmi les questions qui concourent aux soucis récurrents de la vie en zone rurale, celle de la santé est prioritaire. Les candidats à la médecine générale à la campagne sont de moins en moins nombreux et toute une population de professionnels bientôt atteints par l'âge de la retraite ne sera pas renouvelée. Ajoutons à cela le vieillissement des ruraux et, tôt ou tard, la question de la prise en charge de ces personnes deviendra urgente. L'action menée par Philippe Chazerand, médecin de campagne et administrateur de la Fédération des maisons de santé comtoises ou FEMASAC, est très représentative des solutions potentielles apportées aux problèmes de santé en zone désertifiée. Nous sommes à Pagney, petite commune située entre Dôle et Besançon. « La maison de santé est une idée qui émerge en 1983 avec des copains de la faculté de médecine. Nous arrivons dans cette région où travaille encore un vieux médecin qui vit seul depuis dix-sept ans et qui nous ouvre les portes de son cabinet. À l'initiative du maire, qui avait certainement une vue anticipatrice, un local avait été aménagé dans l'ancienne cure où j'ai pu m'installer avec deux plus jeunes médecins, l'un dentiste et l'autre kinésithérapeute. Dix ans plus tard, nous avons pu construire notre maison médicale et petit à petit nous avons agrandi notre cercle de compétences au point d'être 11 professionnels à exercer au sein de cette structure avec 4 médecins, 2 infirmières, 2 dentistes, une orthophoniste, une psychologue et un podologue, sans oublier une secrétaire qui travaille à temps plein et une autre employée à mi-temps. Nous nous sommes aperçus tout de suite que ce type d'organisation intéressait beaucoup les étudiants, ce qui nous a permis d'être maîtres de stage et de recevoir en permanence deux étudiants en médecine générale qui étaient en fin de cycle de formation. Ce sont eux qui nous ont fait remarquer qu'ils souhaitaient travailler sur ce type de modèle. Nous avons en France un problème de baisse de démographie médicale et une nouvelle génération très accrochée à la qualité de vie. Or ce type de structure peut permettre de répondre à tous ces facteurs. En plus, nous avons une féminisation de la profession, puisque ce sont 60 % de filles qui entrent actuellement en deuxième année de médecine en France et elles sont en général beaucoup plus sensibles à la qualité de vie et à l'organisation de la vie familiale. Il va de soi qu'aujourd'hui le travail à la campagne est plus contraignant si vous voulez assurer l'éducation de vos enfants. Notre maison de santé facilite les charges d'emploi entre gardes de jour et gardes de nuit et de week-end, car nous mettons nos dossiers en commun et nous rencontrons beaucoup moins de problèmes lorsqu'un praticien est absent et doit transmettre le dossier à un confrère. Après vingt-cinq ans d'expérience en milieu rural, je note aussi une évolution des interventions. Nous avons, par exemple, plus de patients en maladie chronique et ceux-ci exigent un temps de consultation plus long. Nous avons mis en place à cet effet un programme d'éducation thérapeutique qui vaut par exemple pour les diabétiques ou les personnes asthmatiques ou sous anticoagulants, afin qu'elles bénéficient de suivis spécifiques. Or nous avons monté un programme depuis un an avec l'Union régionale des caisses d'assurance maladie grâce auquel nous avons formé des infirmières à ces cas spécifiques afin qu'elles prennent ces personnes en consultation d'une heure en aval de nos propres consultations. C'est un projet pilote et, pour l'instant, nous avons en retour un bilan de qualité de vie améliorée avec des patients qui se sentent mieux dans leur maladie chronique. L'autre pan de notre projet porte sur ce qu'on appelle la mutualisation des moyens. Nous avons un confrère de Besançon qui exerce en cabinet et qui nous avait proposé une réunion de réflexion sur la maison de santé, sur la structuration de celle-ci et la transmission de cette expérience à des étudiants. Il se trouve que ce sujet concerne l'Union régionale des caisses d'assurance maladie, la Mutualité sociale agricole, le conseil régional et tous les maires, et nous avons fait une association avec cinq maisons de santé qui ressemblaient à la nôtre. Résultat : nous avons organisé un colloque à Besançon sur le thème de « Maison de santé, une solution d'avenir » qui a réuni 300 personnes, dont des porteurs de projet, et nous sommes heureux de voir que notre expérience donne des idées à d'autres sur des zones touchées elles aussi par cette hémorragie des prestations médicales. » Cette extension régionale des maisons de santé n'est pas unique, puisque d'autres régions nourrissent un dessein comparable. La conception des maisons devient indispensable dans le paysage rural français et leurs bilans de fonctionnement sont très positifs tant pour les personnels médicaux que pour les populations locales.

*www.femasac.org*

## Les Invités au festin : la psychiatrie citoyenne

Les « Invités au festin » est réellement une fabuleuse association qui apporte une réponse très originale et très convaincante aux traitements des maladies mentales et aux troubles psychiques. On la doit à une psychiatre, Marie-Noëlle Besançon, qui porte bien son nom puisque la ville est le siège de cette structure depuis sa création en 1990. « Chez nous, il n'est pas question de "fous", car nous vivons avec ces personnes qui présentent des problèmes psychiatriques mais aussi, pour beaucoup, des problèmes sociaux. Le premier constat est que l'hôpital psychiatrique est un lieu d'enfermement qui ne résoudra jamais les souffrances relationnelles que supportent ces personnes avec elles-mêmes ou avec les autres. Dans ces lieux, les troubles sont plus souvent aggravés qu'atténués. J'ai toujours été intéressée par les lieux de vie. Il s'agit donc de vivre avec ces "malades" et de les aider à retrouver une place dans la société. treize personnes vivent ici et c'est en quelque sorte une grande famille, avec mon mari qui dirige l'association sans être lui-même psychiatre ou médecin. Ici, nous leur donnons un cadre et nous leur permettons d'avoir des responsabilités. » Treize personnes et treize chambres pour réserver à chacun un espace personnel. La maison est donc un habitat communautaire où chaque résident est tenu de participer aux tâches quotidiennes, comme l'entretien de ses effets personnels ou la préparation des repas. Des activités et loisirs sont proposés aux pensionnaires ainsi que des réunions hebdomadaires, des groupes de paroles et des entretiens d'évaluation. Ceux-ci sont indispensables pour mesurer la progression des comportements au contact de cet espace communautaire. « Il y a aussi beaucoup d'affection et d'amour, car ce sont des mots que nous osons employer. C'est un lieu très ouvert sur l'extérieur et nous agissons au dehors par des défilés de mode, qui sont une de nos spécialités. Nous récupérons et réhabilitons des fringues de notre friperie, nous faisons des expositions, du théâtre et nous développons des liens avec les institutions et le public. Les gens viennent chez nous à l'occasion de brocantes ou de braderies que nous organisons. Le résultat psychiatrique est plus que concluant. Nous avons compté que, par ce principe, nous économisions par an 2000 journées d'hôpital, soit l'équivalent de 750 000 euros. En comparaison, les frais de séjour chez nous sont de 12 euros par jour et par personne. Non seulement les personnes qui séjournent dans notre maison voient leur état s'améliorer, mais nous avons aussi 60 bénévoles et salariés qui avouent gagner beaucoup au contact de nos pensionnaires ».

En 2006, devant tant de prouesses, Marie-Noëlle recevait le 2e prix national « Les Femmes version Fémina » qui récompense les femmes qui, dans leur région, ont choisi le partage, l'action et la solidarité. En 2007, elle a créé le réseau national des Invités au festin afin de regrouper les lieux d'accueil et de vie citoyens et les structures œuvrant dans des domaines semblables à l'association de Besançon. Pour entrer dans ce réseau, les candidats doivent répondre aux principes inscrits dans la charte rédigée par le groupe de travail franc-comtois. Pour mieux faire connaître son approche de la psychiatrie citoyenne, Marie-Noëlle Besançon a publié aux éditions de l'Atelier un ouvrage préfacé par Albert Jacquard : *On dit qu'ils sont fous et je vis avec eux.*

La Maison des sources, 10 rue de la Cassotte, 25000 Besançon.
Tél. : 03 81 88 90 30.
*www.lesinvitesaufestin.fr*

### Un théâtre dans des caves d'immeuble de Montbéliard

Marcel Djondo est une personne exemplaire. Conteur, comédien et metteur en scène, Marcel anime les créations de sa compagnie théâtrale, Gakokoé. Installée à Montbéliard, cette compagnie fait des merveilles avec les habitants des quartiers et doit sa réputation à un spectacle donné dans des caves d'immeuble sur la base d'entretiens avec les habitants des quartiers de la communauté d'agglomération du pays de Montbéliard. Le résultat est magnifique et les effets sont bien plus brillants que le cliché de voitures en feu en première page des journaux. Le fameux spectacle intitulé « Contes de vies ordinaires » a reçu en 2006 le grand prix de l'Initiative sociale et culturelle au cours des Rencontres internationales du spectacle vivant de Nantes. « Gakokoé est le symbole et l'instrument du messager dans un certain nombre de pays d'Afrique de l'Ouest comme le Togo dont je suis originaire. Ce serait l'équivalent ici du tambour du garde-champêtre. Le pays de Montbéliard est un melting-pot, puisque c'est un espace industriel, c'est la terre de Peugeot et de Japy, et l'immigration espagnole, turque et africaine a été importante. Dans notre compagnie, lorsqu'un spectacle est en gestation, on ne pense pas tout de suite à la forme mais au sens qu'il doit prendre, et notre objectif est vraiment d'aller vers le public afin d'établir une relation sincère avec lui. D'où cette démarche qui est d'aller chez lui dans son lieu de vie. Nous l'avions fait en appartement et nous avons ensuite choisi les caves sachant qu'elles avaient très mauvaise réputation. Si elles ont été à une époque les lieux où se fomentaient des révoltes de banlieue, il ne faut pas ignorer non plus qu'elles ont été les lieux d'où émergeaient certains artistes. Nous sommes allés plus loin encore avec les contes, puisque non seulement la population était mise à contribution en participant aux entretiens, mais aussi en collectant elle-même des récits qui appartiennent au patrimoine humain de la cité. Ces personnes ont été formées à la collecte d'histoires par un spécialiste. Ensuite, une autre partie des habitants a joué le rôle de passeurs avec les jeunes en conduisant le public d'une cave à l'autre, car les contes étaient présentés dans quatre caves disséminées dans le quartier et, tout en accompagnant le public, ces passeurs racontaient des histoires. » Cette aventure n'est pas la seule démarche entreprise par la compagnie et Marcel Djondo participe à de nombreuses créations partagées, par exemple, avec l'Allan, la scène nationale de Montbéliard, ou l'Arche de Béthoncourt, scène conventionnée jeune public, et il assure aussi des ateliers théâtre dans la même ville.

Compagnie Gakokoé.
Tél. : 03 81 91 22 83.
*www.gakokoe.com*

### Un village des droits de l'homme en Haute-Saône : Champagney

Champagney, une bourgade de 3 500 habitants située à 40 kilomètres de Vesoul et 290 kilomètres de Belfort, n'a rien pour rivaliser avec les grandes agglomérations. Là n'est pas son dessein. Pourtant, de mémoire, ce bourg de Haute-Saône est pionnier dans un domaine qui sonne étrangement dans cette campagne des Vosges saônoises. Champagney fut, en effet, le premier village à demander collectivement l'abolition de l'esclavage dans un cahier de doléances que la commune se devait de rédiger en pleine tourmente révolutionnaire. Ce texte fut sans doute suggéré par un certain Jacques-Antoine Priqueler, noble originaire du village, officier de la garde du Roi et surtout membre de la « Société des amis des Noirs » créée à Paris en 1788. Il est dit que l'enfant du pays serait revenu au village transmettre ses idéaux abolitionnistes aux villageois peu de temps avant la rédaction du cahier et de l'article 29, article inédit contre l'esclavage. L'histoire ne s'arrête pas là, puisqu'un érudit et esprit éclairé originaire lui aussi de Champagney, René Simonin, redécouvre en 1971 aux archives départementales le fameux texte. Une association, les Amis du vœu de Champagney, voit le jour et une Maison de la négritude et des droits de l'homme sort de terre peu après. Le projet soutenu et encouragé par l'Unesco permet d'inaugurer cette maison en présence de Léopold Sédar Senghor. En mémoire de cet article visionnaire rédigé un 19 mars, la maison commémore chaque année, le 19 mars, cet acte héroïque. Mieux, en 1998, Champagney est choisi comme site national pour le 150e anniversaire de l'abolition de l'esclavage. C'est enfin en 2004 qu'est inaugurée la Route des abolitions de l'esclavage regroupant quatre sites engagés dans la perpétuation de la mémoire. Outre la Maison de la négritude et des droits de l'homme, figurent la Maison muséographique de l'abbé Grégoire à Emberménil (54), la Maison Schoelcher-Musée de la Hardt à Fessenheim (68) et la cellule de Toussaint-Louverture au fort de Joux à la Cluse et Mijoux (25).

Maison de la négritude et des droits de l'homme,
70290 Champagney.
Tél. : 03 84 23 25 45.
*www.abolitions.org*

## VESOUL : BREL, PEUT-ÊTRE, MAIS SURTOUT L'ASIE

Il y a dix ans, l'Observatoire européen du film faisait état des festivals de films existant en Europe. La France arrivait en tête avec 166 festivals par an, soit à elle seule l'équivalent de tous les autres pays européens. Derrière Cannes, Deauville ou Gérardmer se cache une forêt de manifestations qui n'ont rien d'un bricolage utilisant le prétexte du 7e art pour créer un événement local. Peu médiatisé hors Franche-Comté, le Festival international du film asiatique de Vesoul, qui achevait en février dernier sa 15e édition, attire près de 25 000 personnes pendant sa semaine de déroulement autour d'un cinéma d'une richesse sans limite. Présidente d'une amicale des amis du cinéma, Martine Thérouanne et son équipe ont voulu fêter en 1995 le centenaire du cinéma. Quoi de mieux pour marquer cet anniversaire que de créer un festival ? Ainsi est née une première édition de ce qui allait devenir le troisième plus grand événement culturel de la région. « Il y avait d'abord mon amour quasi inconditionnel pour l'Asie, c'est donc pour cette raison que nous avons pensé à cette thématique. Seulement, parmi les innombrables festivals qui ont lieu en France – on dit qu'ils sont aussi nombreux que nos fromages –, il existait à l'époque un festival du film chinois à Montpellier et une biennale du cinéma japonais à Orléans. Nous avons donc pensé à un festival du film d'Asie au sens continental du terme, d'où le pluriel choisi avec "cinémas d'Asie". Alors évidemment, nous sommes très éloignés de ce continent et peu d'Asiatiques vivent dans la région, le seul argument était ma passion personnelle pour ces pays. La première édition fut excessivement confidentielle avec quelque 1 500 spectateurs à l'opposé des dernières, mais cela ne nous empêche pas de demeurer des amateurs. Toute l'opération tient grâce aux bénévoles, que j'aime appeler des "professionnels non rémunérés" et nous avons appris au contact d'autres festivals. Les rencontres sont elles aussi essentielles, avec des réalisateurs prestigieux comme le cinéaste taïwanais Hou Hsiao-Hsien. D'autre part, notre force réside sans aucun doute dans l'esprit du festival. Dans le terme de festival, il y a celui de fête et nous ne nous contentons pas de projeter des films, ce qui en soi est déjà très intéressant, mais nous essayons d'y associer toute la ville et ses habitants. Je peux vous assurer que les Vésuliens attendent maintenant cet événement avec impatience parce que tout le monde s'implique. Des habitants conduisent les invités asiatiques à la découverte de la Haute-Saône et de la Franche-Comté, ils les invitent chez eux et, en échange, les cinéastes apprécient ce contact direct avec un public qui assiste aux projections des films indépendamment de ce que ces auteurs peuvent représenter. La réussite du rendez-vous tient aussi à la place que le cinéma asiatique a prise en France avec des thématiques qui peuvent rassembler des sociétés et cultures aussi différentes. Même si nous avons déjà programmé dans le passé une thématique "Interdits et tabous", en référence aux interdits et tabous qui demeurent nombreux dans certains pays d'Asie, il s'avère que notre société possède les siens propres, à commencer par une idée préconçue selon laquelle hors Paris, un tel festival serait impossible. Nous avons prouvé le contraire et c'est pour cette raison supplémentaire que nous avions choisi cette thématique. Enfin, depuis longtemps, il y avait un projet de création d'un multiplexe sur la ville de Vesoul et il paraissait impossible que deux publics puissent se partager entre le complexe cinématographique et notre festival. Or, chose exceptionnelle depuis la création de ce complexe, il s'avère que différents publics peuvent cohabiter et, même mieux, aller d'un lieu à un autre. C'est même à partir de la multiplication de propositions de salles et de genres de films que le festival a réellement décollé. »

Une quarantaine de pays asiatiques ont déjà participé au festival, de l'Afghanistan jusqu'au Yémen, et les prix décernés sont multiples, dont celui du jury Langues O' constitué des meilleurs spécialistes des cultures asiatiques en France.

Festival international des cinémas d'Asie,
25 rue du docteur Doillon, 70000 Vesoul.
Tél. : 03 84 76 55 82.
*www.cinemas-asie.com*

## Les nouvelles technologies au secours des territoires : un centre virtuel de formation à Vesoul

Les nouvelles technologies de la communication entraînent dans leur sillage une artillerie de concepts modernes. Parmi ceux-ci figure le «*global e-learning*». Il faudrait traduire l'expression par « un apprentissage global », ce qui ne nous ferait pas avancer davantage. Disons qu'il s'agit d'un service de formation à distance par Internet, mais pas seulement. Les apprenants peuvent par le truchement du réseau entretenir des échanges grâce à des forums et des chats avec l'ensemble des autres apprenants. De fait, chacun devient acteur de sa formation professionnelle. Concrètement, cela signifie que ce centre virtuel de formation comprend une plate-forme qui permet à chacun d'évaluer ses compétences et connaissances, de se former en ligne, de contacter un tuteur à tout moment par visioconférence et d'échanger avec les autres usagers de ces services. Il possède encore une plate-forme de gestion destinée spécifiquement aux DRH des entreprises qui souhaitent inscrire leurs salariés à des formations. Sorte d'université pratique immatérielle, le centre, baptisé OnlineFormapro et créé en 1999, est le résultat de l'engagement d'une femme : Michèle Guerrin. Cette Franc-Comtoise passionnée par les nouvelles technologies adaptées à l'éducation et à la formation est lauréate d'un concours lancé par le ministère de l'Éducation nationale, de la Recherche et de la Technologie et intitulé « Création d'entreprises de technologies innovantes ». Forte de ce succès, le premier défi restait l'implantation de sa société. Les technopôles dédiés aux techniques innovantes ne manquant pas, nombreuses d'entre elles démarchèrent Michèle Guerrin : Sophia-Antipolis, Rennes-Atalante ou Montpellier. Malgré des conditions avantageuses offertes à la lauréate, celle-ci décida d'installer sa future société à Vesoul, en Haute-Saône, département éminemment rural. Le second défi consista à trouver des investisseurs peu enclins au départ à se « perdre » dans cette campagne. Pourtant, dix ans plus tard, OnlineFormapro est une des sociétés leaders dans le monde francophone. Avec un capital annoncé d'un million d'euros et vingt-trois salariés, elle peut s'honorer d'avoir parmi ses clients de grandes entreprises et est prestataire de plus de vingt universités grâce à un contrat-cadre engagé avec l'Éducation nationale. « J'étais enseignante et j'ai quitté le monde de l'éducation au bout de quelques années. J'ai été, dès le début des années 1990, intéressée par les possibilités offertes par le Web. D'un point de vue pratique, il m'est apparu évident qu'Internet p devenir un fabuleux outil d'apprentissage pour les sonnes isolées, préoccupation que je connaissais b. pour être issue moi-même d'un milieu rural. Le sou dépendait de l'implantation de ma société et les fonds d'investissement se sont découragés à l'idée de s'engager en Haute-Saône. Si nous avons réussi, c'est parce que l'équipe qui m'entoure a voulu prouver la faisabilité du projet dans ce terroir. Nous avons fait des efforts financiers d'autant que le haut débit n'existait pas à Vesoul et nous avons pris à notre charge son installation. J'ai trouvé ensuite deux investisseurs locaux et une banque implantée dans la région. L'idée était pour eux de nous soutenir pendant deux ou trois ans, le temps selon eux de choisir de déplacer la société vers un espace plus attractif. Finalement, des clients tels que la Société générale, Leroy Merlin et des entreprises étrangères ont fini de convaincre les partenaires du capital que Vesoul ne nuirait jamais à la viabilité de notre société. La qualité pédagogique et la variété des 500 modules de formation ont favorisé le développement de notre projet. Si nous couvrons les domaines de la bureautique, de la gestion, du management et des langues, nous mettons à disposition des clients un panel de métiers très étendu. »

OnlineFormapro, espace de la Motte, 70000 Vesoul.
*www.onlineformapro.com*

### Octonome : la maison bioclimatique du futur proche

L'Hexagone bouge, vous l'aurez remarqué. En Haute-Saône, il est même octogonal. Drôle d'idée que ce concept de maison en paille imaginée et conçue par Jean-Michel Biancamaria. Jean-Michel est d'abord le créateur d'une association, « La Vie naturellement », de promotion et d'application des alternatives de vie. Comprenez qu'il s'agit d'une structure d'aide et d'information qui couvre tous les domaines du mieux-vivre : habitat, habillement, alimentation, agriculture, santé ou éducation. L'association dispense des conseils, organise des chantiers et des ateliers de construction de ces maisons révolutionnaires. L'habitat étant une question majeure au sein de cette structure, Jean-Michel a créé sa propre entreprise de conseil et de construction de maisons en paille octogonales : « Octonome ». Si les concepteurs d'un nouvel éco-habitat sont de plus en pus nombreux en France, il faut ajouter avec cette maison octogonale une donnée symbolique et quasi sacrée à notre prochain cadre de vie. La forme présente une dynamique intérieure et est configurée selon les principes bioclimatiques. « L'harmonie volumétrique, précise le site du constructeur, provient de son dimensionnement calculé avec le nombre d'or, chiffre universel que l'on retrouve dans les proportions de la nature comme dans les pyramides. » Ce concept est apparemment simple à mettre en chantier et permet au propriétaire de participer lui-même à la construction. Concernant les matériaux, le bois est le seul ingrédient de l'armature principale de la maison. Elle ressemble, à cette étape de la construction, à un immense squelette avant la pose des bottes de paille. Celles-ci seront recouvertes d'un enduit à la chaux. Les parois sont dites « respirantes » et ne bloquent pas l'humidité tout en préservant une hygrométrie équilibrée. Pas de composants organo-volatiles non plus, entendez tout ce qui s'accroche aux meubles, aux peintures et aux moquettes. Le chauffage se fait par rayonnement et non par convection. Le solaire sera donc un des premiers agents du fonctionnement de l'ensemble. L'octonome possède aussi un système de chauffage à bois ou granulés de bois grâce à un poêle à masse qui assure une température constante. Si paille et chaux constituent les murs, les enduits sont souvent préparés à base d'un mélange chaux-chanvre qui garantit une excellente isolation. Le site référent fait apparaître les photos des différentes étapes du montage et on peut visiter l'une des réalisations si on le désire. C'est ainsi qu'est née une entreprise des temps modernes. Enfin, non contente de multiplier les stages et les chantiers, l'association « La Vie naturellement » organise une foire en Haute-Saône, « Rencontre des hommes et de la nature », chaque mois de juin au cours de laquelle on parle avenir de la planète et de l'humanité.

*http://octonome.com*
*http://lavienaturellement.free.fr*

# Bourgogne

*Quatre départements pour cette région avec la Côte-d'Or, la Saône-et-Loire, l'Yonne et la Nièvre et une production fameuse de vins dont la variété témoigne des différences de terroirs du nord au sud. L'ensemble couvre 24 000 hectares sur une ossature longue de 250 kilomètres en partant du Chablis, dans l'Yonne, pour rallier la Côte-d'Or avec les côtes de Nuits et de Beaune, puis la Saône-et-Loire avec les vins du Chalonnais et du Mâconnais. Un total de 150 millions de bouteilles produites par an, dont une moitié destinée à l'exportation vers 140 pays. Même si ces proportions semblent importantes, elles ne peuvent rivaliser avec les caves du Bordelais, qui sortent six fois plus de bouteilles chaque année, soit plus de 900 millions d'unités.*

*Nous commençons ce chapitre par la Nièvre. La Nièvre et un premier réflexe : Château-Chinon et François Mitterrand, dont il sera maire à partir de 1959. C'est l'image de l'hôtel du Vieux Morvan à la terrasse duquel Mitterrand savoure son élection à la tête de la République en 1981. Second réflexe : le circuit de Magny-Cours. Pollution et gâchis pour les uns, génie de la vitesse et de la technologie accroché aux bocages environnants pour les autres. La formule 1 abandonne les paddocks nivernais pour s'orienter vers l'Île-de-France. Une page se tourne, mais il restera toujours un héros de la voiture et de la course automobile : Guy*

*Ligier qui, bientôt octogénaire, continue à construire des voitures.*

### Le Téatr'éprouvète, laboratoire théâtral rural nivernais

Il faut s'exercer pour citer sans l'écorcher le nom de cette équipe artistique hors normes. Dites « théâtre éprouvette » et vous aurez dit juste. Cette compagnie est d'abord l'œuvre de Jean Bojko, metteur en scène lui-même inclassable, mais connu comme le loup blanc dans le bocage nivernais et bien au-delà. Pourquoi cette orthographe ? La réponse est inscrite dans le cahier des missions du groupe : « Faire un théâtre sans "h" c'est-à-dire un théâtre qui redescendrait de sa hauteur pour prendre en compte le quotidien et la proximité ». Cela donne des créations qui tiennent compte de la pauvreté, de la vieillesse, des petites communes rurales, des jardins potagers ou des petites rivières. Toutes les créations associent des personnes concernées par les sujets, dont des personnes pauvres, des personnes âgées, des villageois ou des jardiniers. Autant de spectacles et d'inventions que de catégories de personnes, à l'image des « Jardins d'Étonnants » mettant en relation des jardiniers professionnels du département et des photographes, plasticiens ou musiciens. Preuve encore avec l'intégration de chômeurs à la compagnie. Les travaux d'écriture et les montages des créations se font en commun. Les personnes âgées ont, quant à elles, été intégrées à une exposition photographique très originale mettant en scène le troisième âge de façon décalée, poétique et tendre. L'exposition avait pris pour titre « On a (bien) le temps ». Jean Bojko interroge, intrigue et sollicite par tous les moyens les lieux d'exercice de sa compagnie : « La ruralité est notre axe de travail car nous avons décidé de vivre et de travailler à Corbigny. Nous avons investi une ancienne abbaye, que j'ai appelée l'abbaye du Jouïr en référence à l'abbaye de Thélème de Rabelais ou à la maison du Jouir de Gauguin, et je voulais montrer simplement qu'un lieu de culture est un lieu où l'on jouit et non un endroit où l'on s'emmerde. Notre travail correspond à des mises en scène dans l'espace social et nous reprenons les fondamentaux du théâtre : nous sommes dans le jeu, la société est notre espace et le temps est celui du déroulement du spectacle. L'espace en l'occurrence est celui de la Nièvre et du Morvan et nous ne jouons que sur ce territoire. Nous impliquons systématiquement les populations en fonction d'un fait de société bien particulier. »

Si Jean Bojko a une âme de militant social, son histoire personnelle explique beaucoup de choses. Fils d'ouvriers ukrainiens, il n'a rien oublié de ses origines, pas plus qu'il n'ignore que l'accès à la culture s'apparente parfois à un chemin de croix. À l'école, un de ses professeurs lui avait conseillé d'abandonner les études eu égard à son milieu social. Obéissant, il a passé un CAP pour mieux revenir dans le circuit des lettres qu'il a étudiées puis enseignées. « Pour moi, la culture est un service social, même si le nom de "social" est un peu gênant de par la compassion qu'il pourrait sous-entendre. Au contraire de cela, nous essayons de bousculer ou titiller les esprits et de rendre les gens acteurs. Donc nous cherchons d'autres modalités de circulation de la culture. Vous avez les ruraux qui désirent, en règle générale, les mêmes choses que les citadins, mais seulement il n'y a rien de plus ridicule que de construire un théâtre en pleine campagne. Ça peut se faire, mais il y a des espaces singuliers dans les campagnes et des personnes qui peuvent recevoir autre chose malgré le tabassage télévisuel. Et je me demande toujours si le lieu où on a les pieds nous permet de penser et d'accéder à l'universel et je dis "oui". » Le programme du TÉATR'ÉPROUVÈTE est parfois déroutant d'inventivité, telle cette bière virtuelle qui serait produite à l'abbaye. L'idée était de communiquer sur des rencontres entre observateurs du monde social et le public local dans des bistrots nivernais. Ici, pas de bière mais un brassage d'idées. Ainsi ont pris naissance des universités de bistrot : chaque vendredi soir, un rendez-vous est fixé autour d'un sujet d'actualité débattu, présenté en conférence ou en projection. À tour de rôle, des psychiatres, philosophes, journalistes, sociologues ou réalisateurs de documentaires viennent échanger avec les auditeurs du bistrot. Seize intervenants ont été convoqués dans la Nièvre lors de la première saison 2007-2008 et 1 500 spectateurs ont répondu présent. Le journaliste Ignacio Ramonet, le philosophe Bertrand Méheust et le paysagiste Gilles Clément ont pratiqué ces universités rurales. Le nom du programme est lui-même un détournement de la boisson mousseuse : « Alors ? On s'en brasse ! » La dernière interrogation concerne le financement de ces initiatives surprenantes et toujours innovantes, d'autant que toutes les propositions de TÉATR'ÉPROUVÈTE sont gratuites, y compris « pour les riches » comme le précisent les programmes de la compagnie. « Nous faisons le même travail que n'importe quelle troupe de théâtre avec des démarches auprès des institutions qui, comparées à l'Opéra Bastille, correspondent au beurre sur une biscotte. » Très engagé dans la réalité sociale comme outil culturel anti-crise, le théâtre a même inventé des soirées chansons sous le titre : « Il ne reste plus qu'à chanter ». Ces soirées gratuites se déroulent chez les particuliers en présence d'un musicien interprète. Les amis et voisins sont invités et, en général, tout le monde donne de la voix.

L'abbaye du Jouïr, 58800 Corbigny.
Tél. : 03 86 20 05 17.
*www.theatreprouvette.com*

### Le plus petit festival de cinéma de France ou presque…

L'histoire qui suit est la parfaite illustration des conséquences engendrées par le travail de Jean Bojko. Nous sommes à Nannay, une petite commune de la Nièvre qui ne compte que 121 habitants. C'est un plasticien, François Davin, qui est envoyé en résidence de travail dans ce village à l'initiative de l'équipe de Jean Bojko. Il met en place avec les habitants des actions artistiques telles que la vie du village s'en trouve bouleversée : un mariage civil est célébré par un adjoint du conseil municipal entre le maire de la commune et l'artiste à l'hôtel de ville. La tradition du mariage est respectée avec fête populaire et banquet. Des sculptures et des installations plastiques réalisées avec les habitants scelleront définitivement cette union ! Le souhait de prolonger cette expérience culturelle ne va pas tarder à émerger. Or, par chance, la minuscule commune possède une salle de cinéma depuis 1972. Une association d'une trentaine de bénévoles se crée dans le prolongement et réhabilite cette ancienne salle dont la capacité d'accueil culmine à 63 places ! En 2001, l'association des « Conviviales Art, Cinéma et Ruralité » voit le jour. Un festival est mis sur pied. Il s'appellera « Ni vu, ni connu » (titre du film d'Yves Robert tourné en 1958 en Côte-d'Or). 42 films sont projetés, 10 réalisateurs répondent à l'invitation avec une soirée spéciale animée par le Centre d'art contemporain de Pougues-les-Eaux, 3 artistes prennent résidence dans le village et des projections sont même organisées directement chez l'habitant. Le premier festival enregistre tout de même 1 000 spectateurs. Le nombre a doublé depuis ce lancement. Une des chevilles ouvrières, selon l'expression communément utilisée par la presse locale, est Bernard Seutin, président du festival et retraité de la SNCF. « C'était la volonté des bénévoles de préserver le cinéma car le village n'a plus aucun commerce ni de café, donc il nous fallait conserver un lieu de rencontre au cœur du village. Le cinéma nous a permis aussi d'amener la population à être un peu plus exigeante en matière de films parce que nous avons programmé des longs métrages qui passent rarement dans les salles commerciales. Pour aller plus loin dans la découverte de cet art, nous invitons des réalisateurs, plus particulièrement de documentaires. Malgré le caractère rural de notre cadre de vie, les propositions culturelles hors des villes comme Nevers ou Auxerre sont nombreuses et ce n'est pas parce que la population est sensiblement âgée que les actions sont impossibles. Parmi nos bénévoles, certaines personnes ont de plus de 80 ans et elles participent pleinement aux activités. D'autre part, pendant le festival, nous projetons des films dans des villages voisins ou chez l'habitant en faisant du "ciné-jardin". En parallèle du festival, nous invitons en résidence de jeunes artistes souvent fraîchement diplômés des Beaux-Arts et il leur est demandé de créer une œuvre en lien avec les habitants. » Non content de cette entreprise, le festival échange avec d'autres manifestations du même type, comme le festival « Caméra des champs » consacré aux documentaires et à la ruralité, organisé chaque année à Ville-sur-Yvron en Meurthe-et-Moselle, ou encore avec le Festival du film agricole et de la pêche de Tunis. Et ce n'est pas tout, puisqu'un concours de scénarios de courts-métrages a été lancé en 2007 et le film primé a été tourné à Nannay et dans ses environs. Plus globalement, l'association des Conviviales parvient à instaurer un esprit festif peu ordinaire dans le village. Généralement, tous les habitants y concourent, que ce soit à l'occasion d'un spectacle de rue, d'un concert ou encore d'une animation orchestrée par un plasticien invité par la commune. Pour l'anecdote, les réalisateurs invités du festival se voient attribuer un aller-retour en train en seconde classe, mais chacun repart avec son carton de 12 bouteilles de bourgogne…

*www.nannay.com*

### Le Festival international des arts visuels : le créatif à la rencontre des vieilles pierres

Nous sommes en Côte-d'Or, si célèbre pour ses vins de Bourgogne dont les vignes s'étendent de Dijon, Marsannay-la-Côte pour être plus précis, jusqu'à Beaune. Sans ces coteaux dorés, le département semblerait aux abois. Pourtant, un patrimoine architectural riche mais épars ouvre des voies de développement aux porteurs de bonnes idées, dont Jean Voguet fait partie. Directeur artistique du Festival international des arts visuels, Jean Voguet initie depuis une demi-douzaine d'années un « été des arts en Auxois-Morvan », deux appellations de pays qui couvrent la moitié ouest du département. C'est l'Auxois, pays d'art et d'histoire, qui reste le principal territoire d'action de notre interlocuteur. « Nous avons la chance d'avoir un patrimoine énorme avec le site d'Alésia, l'abbaye de Fontenay enregistrée au patrimoine mondial de l'Unesco et d'innombrables châteaux, dont celui de Bussy-Rabutin. Notre idée était de travailler avec ce patrimoine par l'intermédiaire de la création d'aujourd'hui, qui sera elle-même le patrimoine de demain. Le pays était d'emblée très actif en matière d'arts visuels, il restait à développer une véritable synergie entre ses acteurs en réponse au cadre architectural. Plus récemment, nous avons choisi d'aller davantage vers des œuvres pérennes. Nous avons réalisé en 2008 une installation parcours d'un artiste qui s'appelle Hervé Péchoux sur le sentier culturel Bibracte-Alésia. [Ce dispositif intitulé « Géographie d'un multivers » consistait à baliser le sentier d'épigraphes proposant des définitions issues de l'encyclopédie intime de l'artiste, le souhait étant de cheminer dans la nature comme on chemine dans un dictionnaire à la découverte d'étranges définitions.] Des sculptures ont été réalisées aussi à Avallon, Saulieu ou Montbard et elles restent désormais à demeure. Les œuvres deviennent propriété des écomusées locaux ou des municipalités lorsqu'elles en ont émis le désir. Pour sortir du seul champ patrimonial, nous avons créé une exposition itinérante d'art "cars". Ce dispositif qui fait fureur aux États-Unis correspondait ici à six voitures customisées par des artistes. Vous aviez ainsi une voiture paysage, une voiture nounours ou une voiture pour la paix qui sillonnaient les rues des bourgs de l'Auxois durant le mois de juillet. Un des véhicules a été préparé avec les enfants des centres de loisirs du pays et il a été exposé au même titre que ceux réalisés par les artistes professionnels. Ces interventions prennent place au milieu de fêtes populaires et permettent de surprendre un public qui ne se déplacerait pas pour l'art contemporain. La particularité de notre festival est d'être un des rares événements d'arts visuels à se dérouler en milieu rural avec une portée internationale, puisque nous travaillons avec des musées et centres d'art de Hanovre, de Tokyo ou de New York par exemple et c'est d'autant plus remarquable que nous enregistrons une moyenne de 36 000 personnes par édition. Notre pari sur une longue échéance est de devenir une référence dans notre domaine à l'image de ce qu'est Angoulême pour la bande dessinée ou Arles pour la photographie. L'ambition est grande, mais nous avons obtenu dès le départ le soutien des décideurs politiques et ils nous aident très concrètement en passant des commandes d'œuvres. » Le dernier festival a réuni trente-sept artistes provenant d'Europe, d'Afrique, d'Asie et des États-Unis pour une trentaine d'expositions, installations et performances qui se sont déployées sur huit cantons du pays d'Auxois.

*www.etedesarts-auxoismorvan.info*

### … ET À DEUX PAS DE LÀ, UN CENTRE EUROPÉEN DE RENCONTRE AUTOUR DES MÉTIERS D'ART ET DU DESIGN

Nous parvenons au détour d'une route départementale dans la plus petite capitale d'une culture contemporaine : Sainte-Colombe-en-Auxois, 50 habitants. Ici se pressent depuis deux ans les designers les plus performants du moment. Pourtant l'historique du centre prend racine en 1986 lorsque s'est constituée l'association Arcade, association de restauration du château du village. Vingt ans plus tard, Arcade s'est transformée en Atelier de recherche en création artistique et en design. Le maître d'œuvre en est Alain Gislot, inspecteur d'académie, débarqué de Paris un beau jour de l'année 1986. L'aventure démarre par un coup de cœur pour l'édifice principal du village, malheureusement en triste état. Il s'agit d'un château du XVIIe siècle composé de trois corps de bâtiments autour d'une cour carrée. L'ensemble menace ruine, et en accord avec les propriétaires, Alain Gislot lance un projet de restauration afin de sauver l'édifice. Dès les premiers travaux, Arcade organise des manifestations ponctuelles à caractère culturel. « C'était un travail de titan, car le bâtiment menaçait de s'effondrer. Nous avons réhabilité l'ensemble avec des bénévoles et quelques salariés, et ce grâce à des subventions publiques. En parallèle des chantiers de reconstruction, il y a toujours eu des événements de type concerts ou expositions au château et, depuis sept ou huit ans, nous avons caractérisé notre activité culturelle autour des métiers d'art et du design. Même si le terme de design fait encore un peu peur, il correspond néanmoins à tout ce qui nous entoure, que ce soit du graphisme, de l'espace construit, des vêtements ou des objets de tous les jours. Et nous avons voulu à l'occasion de trois expositions annuelles faire se rencontrer les habitants de la région, des designers qui nous prêtent des pièces magnifiques et des scolaires. Nous choisissons un thème chaque année : la légèreté il y a deux ans, le design sous influence l'année dernière, et cela nous permet de croiser les plus créatifs et les plus importants comme Matali Crasset. Pour faciliter les rencontres, nous invitons les gens du village, quelques mois avant l'exposition, à réfléchir au thème de l'année. Nous allons donc chez eux et nous faisons de très belles photos sur le thème. Cela peut être, pour le thème de la légèreté, la photographie de la fumée d'une pipe ou un pan de voile de mariée, et ces photos sont exposées. Évidemment, les gens viennent se voir d'abord et, du même coup, ils croisent nos designers. Les enfants sont également grandement impliqués dans cette aventure puisque nous avons des parcours pédagogiques, ce qui fait que nous avons maintenant un public converti à l'intérêt de notre travail. » Les actions menées par l'Arcade sont d'autant plus convaincantes qu'elles s'inscrivent durablement dans le paysage local et régional. La meilleure illustration en a été donnée en avril 2008 avec une exposition de quarante-cinq tabourets de vacher conçus par des architectes designers sous le titre « Botte-cul », sujet relevant d'une tradition locale d'élevage laitier, de même que la dernière manifestation de l'année en septembre, « Made in Bourgogne », a été consacrée en grande partie à des objets réalisés par des entreprises de Bourgogne.

*www.arcadeweb.fr*

### Le CAUE, Conseil d'architecture, d'urbanisme et d'environnement : un service gratuit

La gratuité d'un service est toujours un bon argument, mais cela ne rend pas pour autant ce service indispensable. Pourtant, ce que proposent les CAUE, puisqu'ils existent dans quasiment tous les départements depuis près de trente ans, est d'une grande utilité. En effet, aucune commune, aucune collectivité et aucun particulier amoureux du bâti n'échappe à des règles de restauration, à des questions d'aménagement ou à des matériaux respectueux de l'environnement, quand il s'agit de réhabiliter un bâtiment ou une habitation. En accord avec la loi sur l'architecture du 3 janvier 1977 qui stipule que l'architecture est une expression de la culture, des bureaux de conseil ont été constitués dans les départements français. Pour exemple, celui que dirige Félicien Carli à Dijon en Côte-d'Or a déposé ses statuts à l'initiative du conseil général en 1979. Sa mission, comme pour les autres antennes départementales, est ainsi définie : il conseille, informe, sensibilise et forme aux domaines de l'architecture, du patrimoine, de l'urbanisme, du paysage et de tout ce qui touche au cadre bâti. « Les conseils sont des équipes pluridisciplinaires composées d'architectes, d'urbanistes et de paysagistes dont le rôle est d'encourager la qualité de vie dans leurs domaines respectifs. En Côte-d'Or, il y a 707 communes majoritairement rurales et dont le patrimoine est souvent menacé ou endommagé. Nous intervenons autant auprès des collectivités qui en émettent le souhait qu'auprès des particuliers désireux d'être guidés et orientés. Nous sommes financés par une taxe sur les permis de construire, ce qui permet la gratuité de nos services. Nous avons aussi pour tâche de faire reconnaître un patrimoine de proximité aux habitants, ce qui signifie que nous aidons à lire ce cadre de vie, par l'intermédiaire de visites de villages. Nous commentons ce cadre aux villageois en nous arrêtant sur les erreurs de conception, sur tel enduit ou sur tel choix de tuiles qui jurent avec la construction. Nous encourageons à gommer les verrues ou les points noirs qui déséquilibrent les façades en sachant que certains accidents dans les constructions sont hélas ! définitifs. Nous intervenons aussi dans le choix des matériaux de réhabilitation et vous apprendrez, par exemple, que la Bourgogne était le premier producteur d'ocre au monde au XIXᵉ siècle. » De façon à sensibiliser la population à ce produit, le CAUE a lancé une opération « couleurs locales » en juin 2008 en partenariat avec l'association Terres et Couleurs. Il s'agissait de distribuer gratuitement aux intéressés des peintures réalisées à base d'huile de lin et d'ocres naturelles et de suggérer des mises en œuvre avec le concours de professionnels. Une opération plus ciblée a été réalisée dans la belle ville fortifiée de Semur-en-Auxois. Durant deux jours, quarante professionnels ont aidé les habitants d'un quartier à repeindre portes et fenêtres. Outre le pari fou de repeindre un quartier entier en deux jours, l'enjeu était de responsabiliser les habitants à la qualité du cadre de vie et des matériaux employés.

Terres et Couleurs est une association créée en 1995 dans le but de promouvoir les terres colorantes en France et à l'étranger. Elle regroupe les principaux producteurs des pays adhérents. Son site est *www.terresetcouleurs.com*.

Quant au CAUE, les informations sont visibles sur le portail national à *www.caue.org* alors que l'antenne de Côte-d'Or est à *www.caue21.asso.fr*.

### POUR RELEVER MON VILLAGE, JE RELÈVE SES REMPARTS

Alain Houpert est un enfant de la campagne bourguignonne désertifiée et le fils de l'épicier d'un village gros comme une tête d'épingle sur la carte. L'adolescent poursuit ses études à Dijon, soit à une quarantaine de kilomètres de là, avant de faire médecine, comme le disent les parents fiers de savoir leur fils porter ultérieurement la blouse blanche qui témoignera de l'ascension sociale. Alain sera radiologue. Il l'est toujours, dans un cabinet d'associés de la ville de ses études. Aujourd'hui, il est maire de son village : Salives, 290 habitants alors que, dix ans plus tôt, la population avait fondu au point d'atteindre péniblement 180 personnes. Entre les deux dates, Alain, qui était resté attaché à sa terre natale, avait pris fait et cause pour un ancien donjon du XIe siècle qui menaçait ruine au cœur de la localité. En 1986, l'édifice se désarticule, perd la moitié de ses murs et se répand au sol dans une montagne de poussière. Étonnamment, il est seul à réagir. La municipalité de l'époque pense raser les vestiges qui tiennent encore debout pour en faire un parking. Le jeune médecin crée une association de sauvegarde et parvient à obtenir une somme de trois cent mille francs du ministère de la Culture pour consolider les restes du donjon. Alain songe à une réhabilitation de ce patrimoine. Il passe deux ans à convaincre les habitants et prend le fauteuil de premier magistrat. C'est à nouveau le ministère de la Culture qui lui accorde l'enveloppe nécessaire à la restauration. « L'effet de ce succès a permis à la population de prendre conscience que ne pas avoir d'argent en poche n'était pas une raison pour perdre tout espoir. » La deuxième étape consista à restaurer les remparts du village, soit un kilomètre et demi de vieilles pierres épaulées par une dizaine de tours. Les murs s'affaissent et leur restauration nécessite des fonds importants. Alain frappe à toutes les portes : département, région, État, Europe. Il conservera la même stratégie opiniâtre par la suite. Il obtient à nouveau gain de cause et la dernière phase de reconstruction est en cours. La population est définitivement convaincue et les visiteurs se multiplient. Au cours de ces années de restauration de l'enceinte, Alain Houpert mène d'autres opérations de restructuration, à commencer par un groupe de granges qu'il reconditionne en centre culturel. Le théâtre au cœur du dispositif est une magnifique salle de 250 places, parrainée par Hubert-Félix Thiéfaine, qui reçoit 25 spectacles par an, sans compter des journées scolaires et des séances proposées aux hôpitaux et maisons de retraite. Le centre est géré par un directeur, un régisseur et deux intermittents du spectacle. Un office de tourisme ouvre ses portes, des logements communaux rénovés sont mis en location. Les loyers couvrent les emprunts contractés et les premiers néoruraux investissent le village. Pendant ce temps, Alain, monsieur le Maire, poursuit sa tournée des soutiens publics. Pire, il s'attaque aux services fiscaux de l'État qui n'ont jamais honoré les taxes locales depuis cinquante ans qu'est implanté sur un terrain communal un établissement du CEA (Commissariat à l'énergie atomique). Il remporte une nouvelle victoire contre le géant nucléaire. Le village récupère une petite partie des taxes, le reste allant au canton et au département. Aujourd'hui, la vie se reconstruit et les projets prennent de l'essor. Salives compte huit employés communaux à temps plein et Alain rêve encore. Cette fois, il s'agit d'un centre médical pour malades d'Alzheimer avec un potentiel d'accueil de soixante-dix personnes. Plus récemment, Alain Houpert a été élu sénateur et il assure que son nouveau mandat lui permettra de répandre les bonnes idées à sa circonscription.

*www.salives.com*

### Un ovni musical dans un pays improbable : le Kikiristan

Tournus, 6000 habitants, haut lieu de la gastronomie bourguignonne à la renommée nationale, si ce n'est plus. Ici sévit un collectif d'étranges musiciens réunis sous le nom de « Fanfare impériale du Kikiristan ». Ces six musiciens, qui ne manquent pas d'imagination, ont inventé un pays improbable, le Kikiristan, qui serait une enclave de l'ancien bloc soviétique, mais rejetée par ce dernier parce que jugée trop banale. La musique qui émane du collectif est aussi improbable que cet État fictif puisque les influences sont si nombreuses qu'elles tiendraient à peine dans un répertoire épais comme un annuaire téléphonique. Les biographies avancées par chacun des membres sont toutes aussi étourdissantes les unes que les autres. Exemple avec le saxophone soprano tenu par un dénommé Kot Kikilör, ancien agent double du Kikigb ; il serait recherché pour tentative d'introduction de tabac gris et d'herbe à chat dans des coquilles d'escargots entre le Trankilistan et le Kikiristan. Ou Shtiv Bülafaçüt, batteur et ancien cuisinier dans le sous-marin atomique de la Marina Kikiristana ; il est recherché pour avoir fait la vaisselle au plutonium dégriffé. J'arrête là l'énoncé des turpitudes de cette compagnie musicale désopilante. Quant au site de la formation, il est tout aussi désopilant avec de faux annonceurs tels que ce voyagiste qui propose des vacances dans les montagnes de Jakiki à partir de 22,54 euros seulement ! Colin Bosio est un des six extraterrestres de la formation : « Au départ de notre histoire, nous participions à un orchestre formé d'étudiants dont la vocation était de jouer partout et pour tous. Nous sommes partis donner des concerts dans sept pays d'Amérique du Sud pendant trois mois et c'est de cette expérience qu'est née la vocation de musique de rue que nous défendons aujourd'hui. Nous donnons à entendre la musique de différentes façons : bals, spectacles de rue ou concerts. Le spectacle en lui-même, que nous avons appelé "l'Empire du Kikiristan", a une forme pédagogique puisque nous y racontons la naissance de cet univers et aussi son déclin. En 2006, nous avons créé un convoi musical itinérant dans le but d'atteindre la Palestine et une école de Ramallah avec laquelle nous étions en contact. Les événements du Liban nous ont conduits à modifier notre feuille de route et c'est pourquoi nous nous sommes rendus en Turquie et c'est au retour de ce périple que nous avons décidé de nous professionnaliser. Le projet n'aurait pas pu être élaboré sans le soutien moral, logistique et financier des personnes que nous côtoyons en Bourgogne, voisins ou amis, et un organisme associatif baptisé le Galpon. »

*www.kikiristan.com*

### Les régies de quartier : la solidarité et la responsabilité

Les régies de quartier correspondent à un mouvement associatif créé au profit d'habitants de quartiers sensibles et destiné à mobiliser et responsabiliser cette population en l'impliquant dans diverses activités liées à la gestion de leur quartier.

Chaque régie est en relation avec les entreprises locales et le tissu associatif. En Saône-et-Loire, celles-ci sont au nombre de sept, dont la régie de Torcy dirigée par Bruno Dal : « Pour qu'il y ait une régie de quartier, il faut d'abord des habitants qui le veuillent. Ensuite, il faut que des élus de la municipalité concernée souhaitent que cela se fasse. Enfin, il faut qu'un bailleur soit prêt à donner des travaux à faire à ces mêmes habitants. Et toutes les régies de France fonctionnent selon ces principes. Elles sont au nombre de 130. Torcy, près du Creusot, c'est 600 logements collectifs. Il y a encore deux tours et on se demande si, pour ramasser les détritus au pied des tours, il ne faut pas porter des casques tellement c'est dangereux. En dehors de cela, il y a à cet endroit une population qui fait vivre la régie et d'autres associations. Dans notre département, l'histoire de la naissance de la régie est un peu particulière : c'est une personne qui travaillait au sein de l'OPAC de Saône-et-Loire qui a suscité une réflexion commune entre élus et habitants afin que la régie existe. La naissance de la régie de Torcy en 1997 correspond à peu près à la naissance des six autres régies du département. Dans d'autres départements, les collègues des régies sont obligés de répondre à des appels d'offres des marchés publics pour fournir du travail et des responsabilités aux habitants des quartiers. Chez nous, c'est toujours l'OPAC, notre principal bailleur, qui réserve un certain nombre de travaux aux personnes en recherche d'emploi. Nous avons différents partenaires, à commencer par les missions locales, les plans d'insertion locaux par l'économie, et nous suivons une quinzaine de personnes qui œuvrent dans le bâtiment. Les personnes restent en moyenne vingt-quatre mois dans une régie de quartier et apprennent divers métiers. Sur le territoire national, des régies ont des charges très particulières. Exemple, à Strasbourg, la régie fait fonctionner la déchetterie municipale, celle d'Arles participe à l'entretien et à la restauration des monuments historiques. » Les prestations assurées par la régie de Torcy sont multiples, à l'image du réseau. Elles concernent les bâtiments et les travaux publics (maçonnerie, revêtement, peinture, voirie, assainissement), l'environnement (collecte des déchets et leur traitement, entretien des espaces verts), les services aux collectivités et aux entreprises (nettoyage, réparation, maintenance) et les services aux personnes (aide à domicile, transport, déménagement). Depuis sa création en 1997, 67 personnes ont bénéficié d'un contrat de travail et la régie compte aujourd'hui 20 salariés.

Régie de quartier des habitants de Torcy, BP 103,
Tour d'Azur, 71210 Torcy.
Tél. : 03 85 56 30 27.
*Regie.quartier.torcy@wanadoo.fr*

# *Sud-Est*

# Rhône-Alpes

*Une région massive avec son relief élevé et ses huit départements qui font d'elle la deuxième de France en superficie après celle de Midi-Pyrénées, et la deuxième en population après l'Île-de-France, soit 6 millions d'habitants dont le 5e est concentré dans la communauté urbaine de Lyon. L'ensemble régional est composé de trois aires urbaines principales avec Lyon, Grenoble et Saint-Étienne. Cette dernière est particulièrement intéressante parce qu'elle fait parfois l'objet d'idées préconçues ou dépassées, même si elle conserve son accent traditionnel qui traîne sur les syllabes à l'instar d'Aimé Jacquet, enfant de la Loire et ex-Stéphanois du Geoffroy-Guichard, mythique stade chauffé non à blanc mais au vert. Le Chaudron, selon son surnom, fut conçu en 1931 à l'anglaise, c'est-à-dire sans virages. Il doit son nom à un petit épicier stéphanois qui commença bien bas avant de devenir un des leaders de la grande distribution avec le groupe Casino. Mais Saint-Étienne est étonnante à plus d'un titre. D'abord par sa physionomie : elle est la deuxième plus grande ville d'altitude d'Europe avec ses 180 000 habitants et certains quartiers juchés à 1117 mètres d'altitude. Ensuite, elle a su se reconstruire après la crise industrielle en développant différents pôles de compétence comme celui des technologies médicales ou encore son Centre européen des biens d'équipement industriels qui regroupe 1 300 entreprises. Enfin, elle est parvenue à se refaire une beauté et sa Cité du design en atteste. Cette cité qui abrite l'École supérieure d'art et de design, nationalement réputée.*

### De la démocratie participative au... budget participatif : l'exemple unique de Grigny

Si l'expression de démocratie participative a fait son chemin depuis l'élection présidentielle de 2007, certaines communes n'avaient pas attendu cette mode pour instaurer des conseils de quartier très performants. C'est le cas de Grigny, localité rhodanienne de 9 000 habitants dont le tissu associatif dense a sans aucun doute joué un rôle prépondérant dans l'édification d'une démocratie participative, il y a déjà plus de dix ans. Le principe est d'établir un lien étroit entre les habitants de la commune et la mairie. Il faut ensuite un moteur qui passe par des conseils de quartier, au nombre de six, créés au milieu des années 1990. Fonctionnant en assemblées générales de quartier, ces conseils invitaient les habitants à des réunions publiques au cours desquelles chacun pouvait intervenir librement sur des questions touchant la vie sociale. En outre, un conseil municipal des jeunes a été également créé en 1995 et est composé de 29 collégiens élus par leurs pairs afin de travailler comme leurs aînés à l'amélioration du cadre de vie. Des réunions de riverains ont été établies en plus des conseils. Elles se déroulent sur le terrain et elles ont donné l'habitude aux Grignerots de rencontrer leurs élus dans la rue, fabriquant de la sorte un nouveau lien de proximité. Un nouveau cap a été franchi en 2005 avec la constitution cette fois d'un conseil associatif, dont la vocation est de voter le budget d'investissement communal. Deux cents habitants sont ainsi appelés à travailler sur l'enveloppe budgétaire et un service de démocratie participative assure l'interface entre ce pouvoir populaire de décision et les élus. Ce service est dirigé par Estelle Charpenay : « Le budget participatif était le prolongement logique de cette dynamique. La particularité du principe ne s'appuie pas sur la représentativité, mais sur le même mode que celui pratiqué à Porto Alegre : une personne égale une voix. Chaque habitant participe directement au vote du budget via des réunions, des forums ou des questionnaires. Seulement il est impossible de tenir compte de toutes les propositions sur la base du budget communal qui est fixé à 1,5 millions d'euros. C'est donc aux habitants, soucieux de faire entrer leurs choix dans l'enveloppe communale, de sélectionner les priorités. » Tous les secteurs de la vie locale peuvent entrer dans le programme de ce budget participatif. La lecture d'un bilan annuel fait apparaître des aménagements de bâtiments publics, l'adaptation des véhicules municipaux au biocarburant ou la création d'un parc de jeux pour les enfants d'une cité de la ville. Même si le maire de Grigny, René Balme, est apparenté PCF, les conseils de quartier réunissent toutes les orientations politiques de gauche comme de droite. Néanmoins, les réunions se veulent apolitiques et exclusivement démocratiques en l'absence du maire et des conseillers élus, puisque les choix budgétaires sont entre les mains des habitants et d'eux seuls. Le cas de Grigny intéresse de plus en plus de villes de France et une quarantaine d'entre elles s'est déjà dit intéressée par de telles initiatives à l'image de Lille ou de Roubaix.

*www.grigny69.com*

### Le ministère des rapports humains à la Croix-Rousse

Décidément, le souhait d'un mieux-vivre ensemble enfante de drôles d'initiatives. Celle développée au cœur du quartier de la Croix-Rousse à Lyon depuis 2004 émane d'un étrange personnage, Gérald Rigaud, comédien de rue reconverti en crieur public. Il faudrait feuilleter un roman de Fred Vargas (*Pars vite et reviens tard*) pour trouver une éventuelle genèse à cette profession unique en son genre. Le rôle *a priori* élémentaire du crieur public est de lire sur la place centrale du quartier les messages des habitants collectés dans des urnes disposées chez les commerçants. Ainsi, chaque dimanche à 11 heures, Gérald officie sur son podium et transmet les messages aux spectateurs de cette étrange messe démocratique laïque. Notre crieur a reçu le soutien des citoyens croix-roussiens pour créer officiellement son Ministère des rapports humains. Chacun peut adhérer à l'association moyennant une cotisation annuelle de 5 euros, en échange de quoi les recettes servent à organiser des événements festifs et gratuits sur l'espace public. Pour preuve, le Ministère organise un Noël solidaire ouvert aux personnes réveillonnant seules. De même que des cafés chantants se tiennent régulièrement dans des espaces publics du quartier. Au-delà de l'anecdote, Gérald investit avec les habitants le débat municipal, car les réunions orchestrées par le comédien ne passent pas inaperçues. « Le 1er mai 2004, jour de la fête du Travail, j'ai décidé de me lancer sur la place publique en bas de chez moi afin de mettre mes compétences de comédien au service du quartier. J'ai une douzaine de boîtes à messages à la

Croix-Rousse. Ces messages, que les gens rédigent la semaine et que je vais crier le dimanche, parlent beaucoup de lien social et du besoin d'inventer de nouvelles formes de vivre ensemble. Il y a évidemment aussi des critiques, des coups de gueule, mais surtout beaucoup de déclarations d'amour. Parfois, les messages criés frottent un peu l'espace politique. Je me souviens d'une affaire de parcmètres sur le quartier et la plupart des messages reflétaient la contestation à leur égard lors des législatives et de la présidentielle. De mon côté, je suis assez content d'être sorti des théâtres et des compagnies pour inventer une forme théâtrale qui ait vraiment à voir avec le réel. » Lors des dernières municipales, les criées de Gérald Rigaud ont doublé de volume en abordant les thèmes qui fâchent, tels le logement et la démocratie participative, et le but final de l'opération était d'inviter les candidats à participer à ces forums publics. « Le souhait dans ma démarche, qui consiste à me mettre au service du quartier, est d'inviter la population à en faire de même. Si je suis le seul à expérimenter de cette manière la parole publique, je sais que dans d'autres villes de France, des actions similaires sont engagées. » Gérald, qui n'en est plus à une invention près, a créé au nom des adhérents du quartier un « Secrétariat d'État au bon vouloir des gens ». Mais surtout les occasions de fabriquer un lien nouveau foisonnent, pour preuve encore l'opération « Vogue la galère » qui se veut une foire foraine « décalée » en complément de la Vogue des Marrons, fête foraine traditionnelle du quartier. Des ateliers de préparation des festivités sont mis en place un mois et demi avant l'événement qui a lieu au début du mois d'octobre, et l'équipe organisatrice composée de professionnels du spectacle s'investit complètement. En 2007,

Vogue la galère a réuni 12 000 visiteurs, 100 artistes du cirque, du cabaret et du théâtre de rue ainsi que 100 bénévoles.

Gérald Rigaud : *gerigaud@hotmail.com*

Ministère des Rapports humains, 13 rue du Chariot d'Or, 69004 Lyon.
Tél. : 04 78 28 17 04, 06 99 92 97 28.

## Plein les yeux à… Meyzieu

C'est dans le grand Lyon, à Meyzieu, que nous attend Gilles Lemounaud pour un festival peu ordinaire puisqu'il s'agit d'un rendez-vous international du film d'école. Si les festivals de cinéma déclinés sous toutes les configurations existent partout en France, celui-ci présente la particularité de s'adresser à un public très jeune, en partant de la maternelle jusqu'au public qui garnit les bancs de l'université. On connaissait le cas d'école, mais pas encore les films d'école : « Ce sont des films qui sont réalisés dans des ateliers de pratique artistique ou par des élèves individuellement et dans tout type d'école. En France, il existe des dispositifs qui associent ministère de la Culture et ministère de l'Éducation nationale, parfois déclinés dans des initiatives locales dans lesquelles des instituteurs ou des professeurs ont choisi de faire de l'éducation à l'image. On parle encore très peu de ce type d'éducation et pourtant j'interviens depuis une quinzaine d'années dans ce milieu. À cette époque, on m'avait proposé d'intervenir dans des ateliers scolaires de pratique artistique et j'avoue qu'il est pertinent d'apprendre aux enfants à décoder l'image de cinéma dont ils seront très friands par la suite. Ces ateliers ont très bien fonctionné et l'idée du festival est venue par la logique du processus, car en général l'année scolaire se conclut par un film réalisé à l'issue des ateliers. Le programme du festival est composé de films d'animation réalisés avec des objets de bric et de broc, de la pâte à modeler et des jouets. Et on est étonné par la capacité des enfants à raconter des histoires à partir du moment où on leur met entre les mains un outil qui permet d'animer une image. Ils ne sont pas formatés et ont beaucoup de facilité à utiliser ces matériaux. On a remarqué que dès qu'ils peuvent utiliser une caméra ou un appareil photo numérique, ils sont rapidement aptes à décoder le visuel. En début d'année, vous pouvez visionner un film sous-titré en noir et blanc auquel ils n'accrochent pas et, en fin d'année, ils le regardent dans son intégralité sans aucun souci. » C'est donc sur cette expérience que s'est bâti le principe du festival, Festimaj, qui comprend notamment un concours. Pour ce faire, les films sont classés en catégories scolaires, primaires, collèges, lycées et enseignement supérieur, et chaque section est jugée par les élèves de la section correspondante. Une sélection est effectuée à partir de ce premier tri et les films retenus sont ensuite projetés devant des professionnels de l'audiovisuel et du cinéma, y compris des jurés issus de l'international. Festimaj se tient à la fin du mois de mai et dure cinq jours. Gilles n'en reste pas là, puisqu'il propose des sessions de formation à l'image en France mais aussi à l'étranger avec ses APA, ateliers de pratique artistique, qui se déclinent en sessions d'histoire et d'approche des techniques du cinéma, en apprentissage des règles de base des techniques de prise de vue, en écriture d'un scénario, en tournage et en montage.

*www.festimaj.com*

### Un empereur romain au secours des étrangers : Tiberius Claudius

Il faut rendre à César ce qui lui appartient. Ici, il s'agit plus précisément de Tiberius Claudius ou Claudius Ier, empereur romain né à Lyon et dont le souci fut de « voir en toge les Grecs, les Gaulois, les Espagnols et les Bretons ». Autrement dit, le brave Claude avait à cœur de reconnaître une égalité de droit pour tous les habitants de l'Empire. C'est dans cette optique qu'en l'an 1994 de notre ère furent déposés à la préfecture du Rhône les statuts du réseau Tiberius Claudius. Son objectif clairement énoncé apparaît en sous-titre du petit journal qu'édite l'association : « Agir en justice pour défendre le droit des étrangers ». À l'origine du projet un particulier, Éric Gerbe, soucieux de partager les mêmes droits, et donc les mêmes devoirs, avec ses contemporains quels que soient leurs origines. « À Lyon, cette histoire est marquée dans le paysage puisque nous possédons les fameuses tables claudiennes, qui correspondent au discours que Claude avait prononcé devant le Sénat romain et dans lequel il émettait le souhait que les Gaulois deviennent citoyens romains. Antérieurement à la création de l'association, des manifestations de jeunes dits de banlieue avaient été organisées et elles s'étaient soldées par des vitrines cassées et du mobilier urbain dégradé. La décision avait été prise de condamner certains jeunes et de les expulser du territoire. Seulement, grâce au soutien d'un cabinet d'avocats et à une forte mobilisation de la population, ces jeunes avaient pu être rapatriés en France. C'est là qu'est apparue la force de persuasion des avocats, à la seule condition de pouvoir financer leur démarche. L'enjeu était donc de créer un réseau de souscription capable de supporter les frais de justice. C'est ainsi que s'est constitué le réseau. À l'égard des étrangers dont nous nous occupons, nous intervenons à toutes les étapes, c'est-à-dire d'abord au tribunal administratif et, si cela ne suffit pas, nous allons en appel et jusqu'à l'Europe en dernier recours. Nous voulons obtenir des jugements qui rendent le droit français conforme au droit européen. Notre principe est la rencontre entre des citoyens ordinaires comme vous et moi qui sont sensibles à la situation inhumaine parfois réservée aux étrangers et de soumettre nos points de vue à des juristes concernés par le sort des étrangers. » Depuis la création du réseau Tiberius Claudius, 140 dossiers ont été défendus par des avocats mandatés par le groupement, et certains cas ont fait jurisprudence : « Je vous donne l'exemple d'une mère de famille guinéenne qui a obtenu un titre de séjour, alors que ses enfants encouraient un risque d'excision en retournant dans leur pays d'origine. Depuis, d'autres cas d'excision ont pu être évités. Notre force dépend du nombre d'adhérents et donc de personnes qui donnent un peu de leur temps et acceptent la cotisation à notre réseau. Ces personnes sont réparties sur toute la France, mais ce sont les plus proches adhérents qui participent aux assemblées générales qui se tiennent à Lyon. En dehors du financement, nous tenons vraiment à la relation entre non-initiés et juristes, qui est fondamentale. » Dans la brochure de présentation du réseau, les termes de l'engagement sont énoncés en deux points : 1. La qualité d'un État démocratique se mesure à sa capacité à faire entrer tous les habitants nationaux et étrangers dans un système de droit simplement conforme à tous les principes de la Déclaration universelle des droits de l'homme ; 2. Si l'État français est loin du compte en cette matière, la voie judiciaire mérite d'être utilisée avec constance et rigueur pour l'amener à se conformer aux grands textes internationaux qu'il a ratifiés, et à faire usage de son pouvoir régalien dans l'esprit de ces textes.

La même brochure répond à cette question que nous sommes censés nous poser à l'issue de cette rencontre avec Éric Gerbe : pourquoi parle-t-on si peu de ce réseau aux vertus humaines si fondamentales ? L'action de Tiberius Claudius est peu médiatisée car elle intervient après l'émotion, mais aussi par la difficulté à traduire en langage commun les attendus et les conclusions d'un jugement sans les distordre. » Sans commentaire.

Tiberius Claudius, 9 rue Bouteille, 69001 Lyon.
*Tiberius.claudius@laposte.net*

## Émile Zeizig, le théâtre, tout le théâtre

Jeune sexagénaire, taillé dans le roc, une montagne d'humanité qui lâche d'emblée un grand sourire, Émile Zeizig est certainement la plus grande mémoire du théâtre de France animée d'une passion indéfectible. Auteur d'une encyclopédie numérique du théâtre éditée en CD-Rom, *Mascarille*, forte de 37 000 entrées qui couvre l'ensemble du théâtre français ou traduit en langue française, Émile a aussi photographié tout ce qui peut se mettre en scène depuis quarante ans. Certes c'est un touche-à-tout, puisqu'il anime une compagnie théâtrale de Sainte-Foy-lès-Lyon ainsi que la maison de la culture de la même ville, mais il le fait sans compter. Enfin, ce n'est pas tout puisque, dans une vie parallèle à ses passions, Émile est directeur général du lycée professionnel de la SEPR à Lyon qui forme pas moins de 4 000 jeunes et adultes chaque année. Selon les rumeurs amicales qui circulent autour de lui, Émile dormirait très peu. « J'ai découvert le théâtre à l'école primaire avec mon maître d'école qui s'appelait Paul Favre et dont le nom a été conservé au fronton de l'école. Il avait réuni un certain nombre de ses élèves pour créer une troupe de théâtre qui s'est appelée, il y a maintenant un peu plus de cinquante ans, le théâtre de la Colline. Ce qui est devenu une passion a trouvé un écho supplémentaire en 1966 lorsque j'ai découvert l'informatique. Les deux mêlés m'ont permis de réaliser un début de base de données dans laquelle j'ai fait entrer des descriptions de pièces et j'assurais à la fois la programmation et le contenu. Depuis, je continue à alimenter cette base de connaissances qui est utilisée essentiellement par les médiathèques, les bibliothèques et aussi la BNF. Cet outil n'a pas beaucoup de concurrence car, pour vous dire la vérité, ce travail n'est pas vraiment rentable. Ce logiciel vous donne tous les détails des créations, distribution comprise, et vous renseigne sur les textes édités. Les quelques revenus que je peux percevoir sont reversés dans la trésorerie de ma troupe amateur, car j'ai toujours participé au travail théâtral amateur, au sein d'une fédération, la FNCTA, qui vient de fêter ses cent ans. En revanche, le logiciel *Mascarille* m'a ouvert au théâtre professionnel et j'ai en particulier travaillé avec la maison Jean-Vilar à Avignon, et comme je me suis toujours plu à photographier le théâtre, je suis devenu photographe de cette maison. »

Autre approche du théâtre, le costume. Émile Zeizig préside la maison de la culture Marcel-Achard de Sainte-Foy et celle-ci dispose d'un fonds de costumes de scène absolument prodigieux. « La MJC a été créée elle aussi par une troupe de théâtre, et il y a une quinzaine d'années, j'ai eu l'opportunité de racheter le fonds d'un costumier installé à Lyon depuis 1840. Nous avons trouvé beaucoup de poussière, mais surtout d'innombrables costumes de théâtre, dont des chefs-d'œuvre, et désormais une personne employée à temps complet assure l'entretien et la location des 5 000 costumes que nous possédons. » Il n'est pas étonnant, non plus, que notre homme figure au comité de pilotage des « Journées de Lyon des auteurs de théâtre », grand rendez-vous annuel qui permet de repérer les nouveaux auteurs dramatiques.

L'autre vie d'Émile Zeizig est tournée vers l'enseignement professionnel avec la SEPR, Société d'enseignement professionnel du Rhône. L'édifice devait être à la hauteur de notre interlocuteur, c'est-à-dire immense, inventif et généreux dans sa conception. Les chiffres en attestent et cet établissement est le premier centre de formation professionnelle initiale de la région Rhône-Alpes. 120 diplômes sont assurés dans 65 métiers. Trois statuts lui sont attribués en tant que centre de formation d'apprentis, lycée professionnel et comme structure de formation continue. 330 professeurs animent les formations pour un total de 375 salariés. Seulement cette SEPR ne se limite pas à l'intégration professionnelle, mais ouvre ses élèves à d'autres horizons en particulier culturels et, il fallait s'en douter, propose des ateliers théâtre. Sa notoriété est telle que cette association reconnue d'utilité publique, puisque tel était son statut à l'origine de sa création, apporte son assistance pédagogique à des fondations du Liban, d'Arménie et du Maroc. Juste avant de prendre congé, Émile Zeizig s'honore d'avoir limité les rapports violents au sein de son établissement en évitant de séparer les sections professionnelles masculines des sections féminines, et puis surtout l'aménagement de ses nouveaux espaces a été mûrement réfléchi. Les couloirs sont peints de couleurs vives et aucun mur ne présente d'angle droit mais des arrondis qui adoucissent l'espace. « Moins d'arêtes, moins de violences », me confie-t-il l'œil réjoui.

Le logiciel est accessible en présentation à *www.mjcstefoy.org* et la société d'éducation professionnelle du Rhône à *www.sepr.edu*

### Une AMAP performante : entrePOTE

C'est à Roanne que s'est constituée cette AMAP, ou Association pour le maintien d'une agriculture paysanne. C'est l'histoire de cinq amis de longue date qui passent de nombreuses soirées à refaire le monde et à imaginer un autre mode de vie et de consommation. On joue avec les utopies d'un monde non violent et alternatif. Le rêve devient pourtant réalité en 2006 et tout démarre entre potes pour devenir le nom définitif de l'association qui voit le jour. EntrePOTE, Entreprise Paysans Ouvriers Travailleurs Équitables, et on comprend d'emblée que l'AMAP ne sera qu'une activité parmi d'autres. Les potes ouvrent un compte au Crédit coopératif et décident de donner à leur structure un rôle de couveuse d'activités, ce qu'ils réaliseront récemment en ouvrant une SCOP afin de soutenir des projets qui touchent aussi bien aux énergies douces qu'à l'autoconstruction ou qu'à une agriculture de proximité. Pour ce faire, ils communiquent à destination des réseaux de personnes susceptibles d'entrer dans ce projet à mi-chemin entre l'association et l'entreprise. Artisans, acteurs de la culture, producteurs bio, passionnés de l'écohabitat se réunissent pour imaginer la meilleure stratégie à adopter : plan de communication, modes d'adhésion des futurs clients, repérage des producteurs potentiels et financement de l'ensemble. Un local est loué à Roanne et désormais entrePOTE a son siège officiel, mais pas de hiérarchie pyramidale dans l'organisation. Tout se décide entre les membres dans un esprit d'échange, au même titre que tous les outils de travail sont mutualisés. Exemple avec Didier, membre du conseil d'administration de l'entreprise. Didier est soudeur ferronnier qualifié. Longtemps autonome, il décide dès le départ de participer au projet entrePOTE pour appartenir à un réseau qui va lui ouvrir une perspective de développement plus rapide. Par ce choix, il diversifie ses activités en donnant du temps au jardin biologique que l'entreprise a ouvert ou au bureau d'étude entrePOTE afin d'imaginer de nouveaux produits à fabriquer, et il participe quand il le faut aux festivités qui entretiennent le ciment de l'ensemble. Au sein de l'entreprise, Didier a trouvé des partenaires indispensables à la réalisation de ses projets puisque, outre la ferronnerie d'art, il réalise des produits dessinés au bureau d'étude comme des outils facilitant le jardinage biologique ainsi qu'un dépollueur adaptable aux véhicules de série. Enfin, Didier a mis son matériel de travail en commun, soit un ensemble technique évalué à 23 000 euros.

Dès l'ouverture du local, la convivialité a joué en faveur de la création d'un café associatif qui n'était pas inscrit au programme. L'AMAP, quant à elle, assure une vente directe de légumes, de pain et de viande bio. EntrePOTE a ouvert un groupement d'achats, possède son espace d'information et de culture. Plus récemment, l'association, qui ne cesse de se développer, a mis en place un SEL (Système d'échange local) pour favoriser l'échange gratuit entre ses membres et commence à essaimer son projet dans d'autres villes du nord de la Loire.

EntrePOTE, 99 rue de Clermont, 42300 Roanne.
Tél. : 04 77 71 60 92.
*www.entrepote.org*

### Une usine de lacets et de câbles devenue espace branché : la Fabrique

Nous sommes à Andrézieux-Bouthéon aux portes de l'aéroport régional de Saint-Étienne et ce qui sort de cette Fabrique est justement de haute volée. Philippe Chappat est conseiller artistique du collectif constitué en 1994. Ce Dijonnais de naissance doit son installation dans la Loire à un mouvement de délocalisation d'une société de haute technologie pour laquelle il travaillait. À son arrivée, Saint-Étienne entamait sa reconversion industrielle, mais surtout c'est la rencontre avec une troupe de théâtre amateur qui va décider du nouveau destin de Philippe. « Nous cherchions un lieu de travail et nous avons rencontré à l'époque un maire, à Andrézieux, qui menait une politique intelligente pour une petite ville comme celle-ci, et très rapidement il nous a orientés sur une ancienne usine de lacets. Nous nous inscrivions dans un mouvement d'occupation de friches industrielles, dans le prolongement de la friche de la Belle de Mai à Marseille, des usines LU à Nantes ou du Confort moderne à Poitiers. Ici nous faisons ce que l'institution ne fait pas, c'est-à-dire que c'est un endroit où les artistes peuvent travailler avant de se poser la question du marché. Nous ne sommes pas dans un principe de production où l'on gagne à tous les coups, mais nous laissons le temps à des processus de création, qui sont au cœur des écritures contemporaines, d'exister. Nous parlons en ce sens de laboratoire, d'expérimentation, voire de bricolage. Nous proposons pendant ce temps de création une veille administrative et logistique de façon à accueillir dans les meilleures conditions les équipes artistiques, et nous leur offrons l'opportunité de travailler en interdisciplinarité. Il peut s'agir de théâtre et de vidéo, de musique et d'arts plastiques. » Nous avons écouté entre autres ce que réalisait un jeune compositeur, Mickaël Mottet, qui a profité d'une résidence à la Fabrique pour réaliser son deuxième disque en tirant parti de la diversité sonore de cette ancienne usine et le résultat est d'une qualité rare, ce qui n'étonne pas notre interlocuteur : « L'agglomération a toujours été un lieu de cultures alternatives avec beaucoup d'endroits improbables où se déroulent des concerts. À Saint-Étienne, deux à trois concerts ont lieu chaque semaine avec des esthétiques très particulières, comme Mickaël qui se balade de la pop à l'électro en passant par la vidéo. Pour résumer, notre Fabrique est une sorte de respiration entourée d'un collectif artistique de 300 à 400 personnes venant de toutes les disciplines et puis nous travaillons avec des partenaires plus institutionnels comme la Comédie de Saint-Étienne. »

La Fabrique, 23 rue de la Fabrique,
42160 Andrézieux-Bouthéon.
Tél. : 04 77 55 82 11.
*bienvenue@la-fabrique.org*
*www.la-fabrique.org*

## Le tramway aérien à Grenoble

Ne cherchez pas une faute d'impression dans ce titre. Il est bien question d'un tramway aérien. Tout commence par une association grenobloise, « Le Chaînon manquant ». Par chance, il ne s'agit pas d'une émission télévisée débilitante, mais d'une nouvelle réflexion sur les transports publics urbains d'avenir. Pierre Jaussaud n'a rien laissé au hasard dans sa démarche, puisque son travail porté par une recherche universitaire met en avant l'intérêt d'un nouveau type de transport public par câble. Nous pourrions l'appeler « télécabine urbaine ». Les Anglo-Saxons préfèrent parler de tramway aérien, même si le seul exemple connu en Amérique du Nord demeure celui de Roosevelt Island à New York. La ville de Caracas possède un même genre de transport au Venezuela. Comme personne ne semble curieux de ce principe en France, Pierre décide de fonder le Chaînon manquant, seule et unique association qui réclame une étude sur les transports par câble dans le cadre de la loi d'orientation des transports intérieurs. Les avantages d'un tel système défendu par Pierre et ses adhérents sont la faible consommation énergétique, un coût d'installation et de fonctionnement plus économique, la place dégagée au sol, une vitesse constante assurée, une sécurité maximale et même des formalités administratives simplifiées car il n'est plus question de multiplier les expropriations pour ouvrir des lignes. Aux derniers sceptiques, l'association donne l'exemple des transports collectifs par câble des stations de sport d'hiver. La Suisse compte 308 appareils qui figurent au catalogue officiel des Chemins de fer fédéraux, et leur capacité de desserte peut atteindre un million de passagers par heure. Mieux encore, l'agglomération grenobloise compte un important constructeur de transport par câble. Et pourtant quelques « obscurantistes » bloquent le projet comme ce fut le cas en d'autres temps avec le tram, comme l'explique le livre blanc de l'association. Enfin, si le tramway aérien présente de nombreux avantages, à commencer par une consommation énergétique réduite, il peut assurer une vitesse de transport supérieure aux autres modes traditionnels avec une sécurité largement garantie.

*http://telepherix.free.fr*

## LAURA : LA PLUS GRANDE FRESQUE COLLECTIVE DU MONDE

Laura n'est pas une personne. Disons qu'elle en représente 42 000. 42 000 comme le nombre d'habitants de la vallée de la Maurienne et autant de raisons d'espérer, puisque Laura est d'abord une œuvre collective unique au monde. Laura comme une aura et 42 000 pièces d'aluminium gravées d'après des motifs dessinés par les habitants. Le projet démarre sa gestation en 1994. Une association se constitue à cet effet, Solid'Art. Quelque temps après, un atelier de fonderie d'aluminium est constitué sur la base d'une unité d'insertion professionnelle. Des chantiers internationaux de jeunes sont organisés en renfort. En septembre 2006, le cinquième chantier accueille des participants russes, tchèques, polonais, japonais et français dans l'objectif de la préparation du socle de réception de l'immense mosaïque qui sera accrochée au flanc de la montagne. Les chantiers d'insertion et les ateliers de gravure se multiplient afin d'installer Laura à la date prévue du 22 septembre 2007. Ce jour-là, toute la vallée est en fête. On compte 20 000 spectateurs devant l'espace mis en scène par Yves Pépin, qui sera le scénographe des grandes cérémonies d'ouverture et de clôture des Jeux olympiques de Pékin l'année suivante. Même symbolique, l'opération monumentale est une totale réussite. L'atelier d'aluminium fonctionne toujours et joue un même rôle d'insertion. Et les 5 000 mètres carrés de Laura n'échappent à personne et surtout pas à Yves Pasquier qui préside aux destinées de Solid'Art. En 2009, l'association poursuit son travail social et économique sur ce morceau de Savoie et projette de réimplanter du vignoble là où il avait disparu. En revanche, il faudra attendre 2012 pour profiter de la première cuvée.

*www.solidart.net*

## Une ville « écomobile » : Chambéry

L'agence « Écomobilité » a maintenant pignon sur rue à Chambéry, et pour cause, celle-ci a promu le vélo et les circulations douces bien avant que d'autres villes ne s'y emploient. L'histoire de cette agence trouve ses origines dans une association locale, « Roue Libre », qui militait à la fin des années 1990 pour la création d'une station de vélos à la gare de Chambéry. La nouvelle équipe municipale élue en 2002 prolongea l'idée et permit la naissance de cette agence. Depuis cette date, un « vélostation » est mise en service sur le parvis de la gare avec un gardiennage de l'ensemble, un atelier d'entretien et de réparation, et un centre d'information sur les multiples formules de déplacements alternatifs. Vous comprendrez que l'agence de Chambéry ne gère pas seulement un parc de deux-roues, mais propose aussi des modules variés train + vélo, bus + vélo et covoiturage. Parmi les innovations d'Écomobilité figure un plan de déplacement d'établissements scolaires. Selon des enquêtes récentes menées sur l'acheminement des enfants vers leur école, 60 % des parents utilisent la voiture pour une distance qui excède rarement le kilomètre, avec des pointes à 80 % certaines journées. Des propositions ont donc été faites aux parents via la mise en place de « piédibus » symbolisés par un logo spécifique et désignant le lieu où le complément marche + bus est réalisable. Des combinaisons vélo + bus sont également instaurées. Enfin, une directive a circulé auprès des enseignants afin qu'ils sensibilisent leurs élèves aux règles de sécurité routière. Il va de soi que l'agence intervient avec la même efficacité auprès des entreprises dans le but d'alléger le réseau de circulation. Vingt-quatre communes de l'agglomération chambérienne bénéficient de ces plans d'action et l'agence peut se vanter de posséder treize salariés.

*www.agence-ecomobilite.fr*

## Des moines fromagers de Savoie au sommet... des nouvelles énergies

Nous sommes dans le parc des Bauges à 15 kilomètres d'Albertville, l'abbaye de Tamié abrite une communauté de moines cisterciens trappistes. Située à 900 mètres d'altitude à la frontière de la Savoie et de la Haute-Savoie, l'abbaye possède sa propre fromagerie et écoule sa production principalement en région Rhône-Alpes. Dans la chaîne de production ressort un effluent, le lactosérum ou petit-lait, jadis distribué aux éleveurs voisins. Au début des années 2000, la fromagerie dut faire face à la hausse du prix des transports et songea à une autre utilisation de ce petit-lait, d'autant que cet effluent polluant nécessite un traitement avant un éventuel rejet dans le milieu naturel. L'abbaye va mener une réflexion avec le département, la région, l'Ademe et l'ITFF (l'Institut technique français du fromage) afin d'envisager une solution économiquement viable. L'idée de transformer ce résidu en source d'énergie émerge en fin de concertation. Pour ce faire, une unité de méthanisation activant la fermentation de ce petit-lait et génèrant un biogaz est construite en 2003 au cœur de l'abbaye. Mis en service la même année, ce biogaz valorisé par une chaudière fournit l'eau chaude à l'ensemble de la communauté. Frère Nathanël, moine fromager et responsable de cette unité, a été fromager avant d'entrer dans la communauté : « Nous sommes une trentaine de moines à l'abbaye et nous accueillons autant d'hôtes en permanence pour la fabrication du fromage. Nous fabriquons entre 130 et 150 tonnes de fromage par an. La méthanisation est un procédé assez simple, dans la mesure où l'on fait travailler, comme dans le fromage, des microbes et ce sont des bactéries qui vont transformer ce sous-produit du fromage. Il en résultera un mélange de méthane et de gaz carbonique donc un biogaz, et ce biogaz est combustible dans une chaudière, en sachant que 1 000 litres de petit-lait donnent l'équivalent de 30 litres de fioul. » Cette réalisation a été primée en 2005 au concours « Énergies d'aujourd'hui Rhône-Alpes » organisé par la région et l'Agence de l'environnement et de la maîtrise de l'énergie. Et le fromage de Tamié est toujours aussi bon.

*www.abbaye-tamie.com*

## La librairie mobile de Xavier Delhert

Beau décor que celui du Vercors, à cheval sur le département de l'Isère et celui de la Drôme. D'ailleurs parfois le cheval, principalement en hiver, serait le meilleur moyen de locomotion pour aller d'un village de montagne à un autre. Xavier a choisi la camionnette pour transporter sa passion des livres après avoir abandonné sa librairie en dur à Bordeaux. « L'Appel de la forêt » est le nom de cette librairie pas comme les autres, une librairie peu orthodoxe de par les choix que propose Xavier Delhert loin des « têtes de gondole » et héros de la littérature médiatisée : « Les livres que je propose sont plus en rapport avec le cadre qu'avec les gens. Tous les ouvrages du dehors, du Montana et des écrivains des grands espaces constituent le fonds de ma librairie. Avant que je crée cette librairie itinérante, les habitants achetaient leurs livres lorsqu'ils descendaient de leur montagne pour faire leurs provisions en centre commercial et j'ai voulu me démarquer de cette offre parce que j'en avais ras le bol de ce marché. Les libraires ne doivent pas s'endormir et doivent continuer à aller vers le lecteur. Des libraires itinérants, il y en a eu avant moi et c'est d'ailleurs en rencontrant l'un d'entre eux que j'ai eu l'idée de me lancer dans cette activité. L'idée était donc de proposer au lecteur les livres qui ressortiraient de mon choix propre en direct sur les marchés. Cela a pris du temps pour que je sois accepté dans ce contexte, mais maintenant je suis admis comme libraire au sein des marchés au point que les villageois prennent le temps de discuter. J'ai tenté une fois d'organiser une signature comme le font les confrères. C'était assez cocasse avec un auteur de polars qui avait joué le jeu et s'était installé comme les marchands de légumes derrière le stand. Je voulais dédramatiser le lieu qu'est la librairie et privilégier la relation avec la personne. Et puis le cadre est exceptionnel, comme les conditions : je peux vous assurer que le livre résiste franchement au grand froid. Un matin, à 7 heures, j'ouvrais le marché de Méaudre et le thermomètre affichait -28 degrés, seulement tous les forains étaient au café. Le froid était tel qu'une feuille de glace recouvrait les livres. »

*www.appeldelaforet.com*

### De l'appel de la forêt aux femmes qui écrivent avec les loups

C'est une association de femmes installées dans le même parc du Vercors qui est à l'origine d'étranges pratiques autour du livre. Elles sont journalistes, écrivains, conteuses et illustratrices, et elles ont décidé de défendre le livre et la littérature à cor et à cri, comme le cri du loup qui serait censé hanter les vallées de la région. Ainsi est née l'association « Femmes qui écrivent avec les loups » à Saint-Jean-en-Royans dans le but d'inviter des écrivains à travailler en résidence sur ce territoire, à créer des opérations autour du livre et de l'écriture et donc à promouvoir la lecture en zone rurale et montagneuse. Quelques semaines après la création du collectif en 2006, une première action était mise en place : « Bancs du parc ». Inspiré d'un principe anglo-saxon, le *book-crossing*, terme pas très heureux quand il est question de littérature française, consiste à essaimer dans la nature, au détour d'un sentier de randonnée ou sous un arbre à l'abri du mauvais temps, des livres offerts aux passants curieux. Il suffit de se pencher pour les cueillir et chaque ouvrage contient le message suivant imprimé sur son marque-page : « Bonjour. Je vous attendais, déposé là par quelques sauvageonnes. Vous pouvez choisir de me prendre, de me lire, de me garder dans votre bibliothèque ou de me redéposer ailleurs, loin. » Lancé en un temps record, l'essaimage de 250 livres a vu tous les objets de lecture trouver un acquéreur. Parfois ils sont redéposés et recueillis par un autre passant, parfois ils transitent de mains en mains. L'année suivante, ce furent 1 000 livres qui furent abandonnés à la nature mobilisant les gardes de l'ONF, ceux du parc et les accompagnateurs nature. En parallèle, ces femmes de lettres accueillent des écrivains du monde en résidence. Trois journalistes et écrivaines marocaines séjournèrent en 2007 pendant neuf jours dans le parc avant de rencontrer le public local et les collégiens. Cet accueil s'est reproduit en 2008 avec trois femmes argentines en partenariat avec l'Alliance française, le Parc du Vercors et la médiathèque de Pont-en-Royans. L'association rend compte de ces résidences dans la revue littéraire qu'elle fait paraître chaque trimestre.

*www.femmesavecloups.com*

### Valentine Compagnie : un théâtre rural réfléchi

Installée à Sauzet près de Montélimar, Valentine n'est pas vraiment une compagnie de théâtre et de musique comme les autres, puisqu'elle met en scène les paroles des habitants. Ces derniers, au-delà des confidences, participent aux spectacles qui sillonnent ensuite le département de la Drôme. En mai 2008, la compagnie avait choisi pour thème d'échange la rurbanisation, autrement dit la modification du cadre de vie en milieu rural, après avoir planché les années précédentes sur l'identité des villages et l'agriculture moderne. À chaque création, le matériau récolté est mis en forme par les membres de la troupe sous la direction de Philippe Guyomard : « D'abord, le nom de Valentine était un clin d'œil à la ville de Valence où la compagnie avait été fondée en 96 avant de partir s'installer à la campagne, en Drôme provençale. C'est assez extraordinaire de voir que la population de ce territoire nous sollicite directement pour travailler avec elle sur des problématiques très locales, mais qui ont toujours un caractère très universel. Notre travail est perpétuellement remis en question et soumis aux regards des habitants et c'est essentiel pour nous, car nous nous sentons, dans tous les sens du terme, "acteurs du territoire". Nous sommes enchantés à chaque fois de répondre à l'invitation d'habitants ou d'associations qui nous alertent sur un sujet. Nous faisons d'une certaine manière de la politique de terrain, puisque nous travaillons avec notre outil afin d'aborder de façon ludique des thèmes rarement développés par le théâtre et la musique. Pour élaborer un spectacle, nous organisons des soirées où les habitants racontent leur vécu à la campagne par différents moyens, soit par des exercices d'écriture, soit par des petits jeux théâtraux et le tout dans une parfaite liberté d'expression. » Reste ensuite la note artistique par la mise en forme des textes et leur mise en scène. Le thème de la rurbanité a donné naissance à « Changement de décor », une création interprétée par quatorze comédiens amateurs originaires du département encadrés par les professionnels de la compagnie dans le cadre d'une tournée dans huit villages drômois en mai 2008.

*www.valentine-compagnie.fr*

## L'EMBALLAGE BIO OU L'ÉCODESIGN PACKAGIN

« Écodesign packaging » : les termes sont barbare Bien que récent, le concept d'écodesign existe pourtant depuis trente ans. Quant au packaging, presque commun maintenant, il désigne souvent l'emballage destiné au consommateur. Parti de ces bases, certes ici résumées, Samuel Cattiau a eu l'idée de créer un cabinet de consultants en stratégie commerciale à Valence. Ce cabinet baptisé « l'Étoile Azélie » emploie cinq personnes partagées entre Valence et Lyon, et promeut une activité promise à un bel avenir : le design et l'emballage responsables. Cette démarche nécessite quelques explications : « C'est une histoire qui a démarré à Étoile-sur-Rhône, petit village proche de Valence. Très tôt, j'ai voulu impliquer dans ma démarche la notion de développement durable, sachant que dans celle-ci il y avait une dimension écologique, mais aussi une dimension sociale et une autre, économique. Cela passe par les matériaux utilisés, mais pas uniquement. Nous intervenons auprès de sociétés pour des produits "bio" alimentaires, mais aussi pour des cosmétiques ou des produits pharmaceutiques. L'emballage ne concerne pas seulement le visuel. Il ne s'agit pas seulement d'une couche de peinture verte sur la boîte que nous allons conseiller, c'est aussi l'accompagnement de l'entreprise dans les matières qu'elle se procure et dans ce qu'elle va pouvoir en faire, car aujourd'hui l'entreprise perd la main dès que ces matières partent en grande distribution. Nous, nous proposons d'abord de nouveaux scénarios de vie de l'emballage et donc du produit. » Concrètement, cela donne un design graphique de plans de piste d'une station de sports d'hiver, en l'occurrence la station de ski des Arcs à Bourg-Saint-Maurice. Ici, le cabinet a réalisé une carte tirée à 500 000 exemplaires avec un autre système de pliage afin d'améliorer la vie du dépliant en format de poche. Du point de vue environnemental, le gain de surface dans ce format a permis d'épargner une énorme quantité de papier et donc de bois. Autre illustration avec la conception d'une borne de collecte de cordes de montagne. L'exemple semble anecdotique, et pourtant ces bornes placées en magasin dans 400 points de collecte en Europe ont permis de récupérer 9 tonnes de cordes destinées normalement à l'enfouissement ou à l'incinération. Ces cordes d'escalade étaient déposées dans des bornes ornées du logo de la société Millet et portaient des slogans dont le principal en façade de la borne était : « Grimpez gagnant ».

*www.etoile-azelie.com*

## Bizz'Art Nomade : un cabaret nomade en roulotte

Des verdines tractées par des chevaux en pleine campagne drômoise, telle est l'image insolite que renvoie le cabaret mobile de la « Bizz'art Nomade ». Depuis 2003, il part à l'aventure dans les villages de la Drôme et annonçait au bout de cinq ans de nomadisme artistique 35 000 spectateurs pour 258 spectacles proposés et 115 ateliers qui auront touché 1 750 enfants. Basée entre Montélimar et Dieulefit, la compagnie, créée en 1991, a pour adresse la ferme des Dames dans le village de Salettes. Pas étonnant dès lors qu'une femme soit chargée de la communication de l'association « Bizz'art Nomade », Christina Bellagamba-Guerry : « Les spectacles que nous emportons dans nos roulottes correspondent à d'autres cultures, avec des concerts aux étapes de musiques du monde associées chaque soir à un thème qui passe par la cuisine, car nous avons une roulotte cuisine. Nous préparons une décoration adéquate dans un esprit de guinguette avec les "Jardiniers de l'imaginaire". [Ce collectif d'artistes décorateurs utilise exclusivement des matériaux naturels et tente de sensibiliser le public à sa relation à l'environnement.] Tous les espaces dans lesquels nous donnons les spectacles sont investis par des décors appropriés. Nous installons les roulottes en cercle et les chevaux évoluent à l'intérieur de ce cercle au cours de soirées dites soirées cabaret. Pour la partie musicale, les groupes invités nous rejoignent directement sur les sites. [En 2008, les musiciens invités ont été la Compagnie Lubat, Urs Karpatz et sa musique tsigane, Lo'Jo, Nilda Fernandez, Orange Blossom, groupe nantais de musique électronique, Lhassa, Boubacar Traoré et son « blues » malien ou encore Marcel et son orchestre pour un rock alternatif.] Sur certaines étapes, d'autres associations locales se joignent à nous et participent à des forums citoyens. » Enfin, à d'autres endroits, des plasticiens interviennent *in situ* en marge de la caravane et un espace d'ateliers d'arts plastiques, de voltige équestre et de cirque est ouvert aux habitants de la localité et principalement aux plus jeunes. Même si la tournée ne dure que quatre jours, elle nécessite d'importants moyens logistiques, la présence de bénévoles et de nombreux soutiens de partenaires publics et privés, des communes, du département et du programme européen Leader +.

Association la Bizz'art Nomade, La ferme des Dames,
26160 Salettes.
Tél. : 04 75 90 45 71.
*www.bizzartnomade.com*

# Provence-Alpes-Côte-d'Azur

*On conserve une certaine fierté à la nommer dans son intitulé intégral afin d'éviter cette abréviation malheureuse de PACA. La PACA, comme une vieille fille qui aurait sali l'image de la Canebière et de ses quartiers marseillais refaits à neuf. Forte de 6 départements, la région regroupe les Alpes de Haute-Provence, les Hautes-Alpes, les Alpes-Maritimes, les Bouches-du-Rhône, le Var et le Vaucluse, soit 31 400 kilomètres carrés ce qui place la région au 7e rang national. Si les atouts de la région sont nombreux, nous nous arrêterons aux Alpes-Maritimes, dont le centre névralgique est la ville de Nice. Le chiffre d'affaires du tourisme dans cette ville représente à lui seul 13 % de parts du marché du tourisme en France. Nice est encore la deuxième ville hôtelière de France et la seconde en trafic passagers sur son aéroport, avec 10 millions de voyageurs annuels. Soleil, palmiers et Négresco. L'autre ville phare est, bien sûr, Marseille que l'on attend au tournant de la culture et de l'économie avec son prochain rôle de capitale européenne de la culture en 2013.*

## Des jeunes qui font place nette

L'histoire des « Rikikibians » est quasiment anecdotique. Un groupe de jeunes des Alpes-Maritimes a pris l'habitude de se réunir pour des sorties nature où l'on emporte pique-nique et djembés. Sam Cordy, président de l'association, est scandalisé comme ses amis par l'amoncellement des ordures balancées dans les fossés, les vallons ou en bordure de rivière. Les carcasses de voiture sont légion. Devant le constat, la bande d'amis constitue une association dont l'objectif est d'organiser les plus grands nettoyages de sites et de lieux naturels. Ils sont ainsi plusieurs centaines à œuvrer plusieurs fois par an à ces opérations place nette. Les Rikikibians travaillent le reste du temps à informer la population locale et à mettre au point des événements chocs comme l'exposition au public des tonnes de ferraille qu'ils sortent des vallons. Ils s'emploient à associer des manifestations de cultures alternatives à une sensibilisation écologique grand public.

*http://rikikibeach.free.fr*

### Carcès : une cité médiévale de logements sociaux

Nous sommes à Carcès entre Brignoles et Draguignan. Ce bourg de 2700 habitants possédait un patrimoine médiéval somptueux jadis ruiné. Aujourd'hui restauré, ce cœur historique accueille des logements sociaux grâce à un plan d'aménagement conçu par Jean-Louis Aléna, maire UMP de Carcès : « Le projet de restauration date de 1986. À l'origine, la cité médiévale était envahie par les ronces et totalement ignorée des habitants, malgré les vestiges d'un château fort du XII^e^ siècle. Nous avons réuni les entreprises de la commune et un opérateur de travaux, qui s'est retiré d'ailleurs très vite du projet devant l'immensité des ouvrages à réaliser. Je ne me suis pas découragé pour autant et je pense que quand on veut, on peut toujours parvenir à ses fins. Le département, la région et, en partie, l'État nous ont soutenus dans ce projet, à plus forte raison dans le cadre des qualifications et des contrats jeunes que nous avons mis en place. L'idée était de travailler à l'intérieur de la cité tout en préservant l'impact extérieur sur l'esthétique de la ville. Donc, à l'intérieur, nous avons construit des logements sociaux avant d'aborder les aménagements extérieurs. Au départ, nous avions prévu d'y loger des personnes âgées, mais nos jeunes en contrat de formation qui se sont tellement attachés à ces pierres durant les travaux de restauration, ont émis le souhait d'y habiter. Ils ont eu gain de cause et ce sont eux qui animent maintenant le cœur de notre ville. Les loyers sont équivalents à n'importe quel autre type de logement social à la condition que la commune investisse en foncier à hauteur de 50 000 euros par logement. C'est ainsi que nos "seigneurs" de Carcès sont des jeunes qui fondent des familles ou des RMistes qui vivent dans ce que j'appelle des logements conventionnés, car le terme de logement social est encore redouté par certains. Non seulement le projet a apporté à ces personnes un logement, mais aussi un travail, puisque j'avais mis un point d'honneur à ce que les entreprises de maçonnerie employées sur les travaux de restauration garantissent des contrats d'embauche pour cette population. Je tiens à signaler qu'il ne s'agissait pas de contrats aidés mais de véritables embauches pérennes. » Est-ce bien utile de préciser que Jean-Louis Aléna et son équipe ont été réélus lors des dernières municipales ?

*www.ville-carces.fr*

## Le Thor, première ville de France sans OGM

C'est en date du 5 décembre 2008 qu'un jugement prononcé par le tribunal administratif de Nîmes a autorisé pour la première fois un conseil municipal à s'opposer aux cultures d'OGM sur son territoire. Même si la bataille menée par Jacques Olivier, maire de cette commune de 7600 habitants, n'est pas récente, force est de constater que ce Provençal fraîchement élu à la tête de la ville a rondement mené son dossier: « C'est le résultat d'un travail militant vieux de vingt ans et de mes origines de fils d'agriculteurs. Le bon sens est de soutenir une agriculture de qualité et de proximité et c'est ce que je fais en tant que conseiller régional et président de la commission agriculture. Déjà en 2004 nous avions déclaré la région Provence-Alpes-Côte-d'Azur hors OGM, ce qui veut dire qu'elle ne financerait aucun projet de production de plantes transgéniques modifiées. Nous avons pris le parti de soutenir uniquement les signes de qualité, c'est-à-dire les AOC comme les AB, produits labellisés "agriculture biologique". Au Thor, c'est une délibération du conseil municipal en mai 2008 qui a officialisé ce que nous avons nommé "OGM protection de la santé publique et de l'environnement" suivi d'un arrêté que j'ai pris en juin 2008 afin de rendre cet acte définitif. Plus récemment, en décembre 2008, nous avons pris une nouvelle délibération en faveur des semences paysannes afin d'interpeller l'État sur la transcription dans le droit français du TIRPAA, le Traité international sur les ressources phytogénétiques pour l'agriculture et l'alimentation. Cette transcription permettra aux agriculteurs comme aux jardiniers de conserver, d'utiliser et d'échanger des semences produites à la ferme et non pas seulement les semences inscrites au catalogue. » Mieux produire pour mieux vivre et mieux consommer, ce credo trouve des échos partout en France et, depuis l'officialisation du rejet de toute production d'OGM au Thor, des dizaines de demandes et d'encouragements affluent d'autres communes sur le bureau de Jacques Olivier. Ce maire engagé jusqu'au bout dans cette démarche a lancé un appel à tous les maires du département en vue de se regrouper au sein d'un club des villes propres.

Mairie du Thor, 84250 Le Thor.

### Un jardin tinctorial et un centre de ressources à Lauris

Encore une exception, ou presque, des savoir-faire avec ce jardin consacré aux couleurs végétales. Jadis utilisé dans la confection et dépassé depuis par les couleurs synthétiques, le végétal renaît grâce à des passionnés qui ont créé ce jardin ouvert au public par leur association « Couleur Garance ». Jean Dufour, ancien chef d'atelier à la manufacture des Gobelins et spécialiste des couleurs naturelles, préside ce groupement qui a choisi le magnifique cadre des terrasses du château de Lauris pour semer ses graines. « Nous sommes à Lauris depuis dix ans car c'est un lieu privilégié pour mettre en valeur les couleurs et il fait partie du parc du Lubéron. Nous y cultivons quelque trois cents plantes tinctoriales et arbustes du monde entier. La palette des couleurs est très large et nous obtenons toutes les nuances possibles sauf le vert, mais nous privilégions des plantes dont les couleurs sont très résistantes à la lumière et au lavage. La culture de la garance était jadis très intense dans cette partie de la Provence, tout comme les pastels dont la production était riche dans le Languedoc et dont nous avons conservé quelques spécimens dans notre jardin. C'est toutefois plus qu'un jardin, puisque nous défendons un centre de sensibilisation de tous les publics qui procède de l'information et de la formation avec des cours et des rencontres de professionnels. » Couleur Garance est une association internationale avec ses 350 membres représentant une quinzaine de pays, dont certains viennent chercher dans ce petit village du Vaucluse les règles de l'alchimie des couleurs végétales à des fins professionnelles.

*www.couleurgarance.com*

## L'intégration du handicap par les défis et records sportifs

Je me méfie toujours des tentatives de records qui me paraissent inutiles et dangereuses. Il existe toutefois une catégorie d'exploits qui mérite d'être mentionnée ici parce qu'elle est le signe d'une bataille de personnes méritantes contre l'adversité de la vie et parce qu'elle provoque un autre regard sur le monde des handicapés. Malgré les aménagements d'espaces publics ou les initiatives qui favorisent l'intégration professionnelle des personnes handicapées, il y aura toujours ce clivage entre valides et non-valides avec soit une sorte de compassion de circonstance, soit un rejet pur et simple. Il y a donc un homme à l'origine de cette aventure, Luc Costermans. Luc a franchi la frontière du monde des valides et du monde des handicapés qui dérangent, en perdant la vue en 2004. Jusqu'à cette date, il était responsable national des clients de la société Mars, celle qui prône « un coup de barre et ça repart ». Luc, aveugle, n'est pas reparti, malgré le bon génie de la barre chocolatée. Il lui a fallu admettre son nouveau statut et penser à se reconstruire, ce qu'il a fait un an après son accident en choisissant d'apprendre à piloter un avion. Au bout de quelques mois, Luc avait acquis les bases du vol aérien avec l'aide d'un instructeur et de quelques membres de son aéro-club du Vaucluse. En juin 2006, il passe à l'action et se lance un défi, le premier d'une longue liste : réaliser un tour de France aérien afin de récolter des fonds pour financer un chien guide d'aveugle. Opiniâtre, Luc décroche deux records inédits : le plus grand nombre de kilomètres parcourus par un non-voyant en une journée ainsi que le plus grand nombre d'heures volées par un aveugle. Homologués par un huissier de justice, les records furent refusés par le célèbre *Guiness Book.* Apparemment, entre le record de lancer de crêpes et le plus gros mangeur de grenouilles, un aveugle n'a pas le droit de cité dans ce Bottin des incongruités humaines. Finalement, on fera sans et c'est bien ainsi. En mai 2008, soutenu par cet huissier de justice, maître Jean-Yves Borel, et Benjamin Blanc, directeur de la station du Mont-Ventoux, Luc inaugure le premier site mondial des records réalisés par des personnes handicapées afin de promouvoir ces héros de l'ombre, *ehandicapworldrecords.org.* Dès l'ouverture du site, des messages affluent du Japon, du Brésil, du Mali, des États-Unis, d'Europe et de Russie. Le dépassement de soi est enfin reconnu. Les records sont préparés par une équipe d'experts et l'enregistrement officiel des défis favorise un nouveau regard sur le handicap en passant de la bienveillance à

l'admiration. En octobre 2008, Luc Cos
vérisait le record mondial de vitesse autom
aveugle au volant en poussant une Lambo
lardo à 308 km/h sur la piste de la base
d'Istres dans les Bouches-du-Rhône. Luc est
réaliste et reconnaît que cette piste a une largeur de 75 mètres, ce qui limite les sorties de route.

*www.ehandicapworlrecords.org*

### Soliane : accompagner les familles d'enfants handicapés

Cette association créée à Marseille en 2003 apporte une aide là où peu d'acteurs sociaux pensent à intervenir. En effet, Soliane épaule les parents d'enfants handicapés. Si son action reposait jusqu'à présent sur la défense des droits des enfants présentant un trouble du comportement en secondant les parents dans la prise en charge des situations délicates, elle franchit un nouveau seuil d'investissement. Fréquemment, les parents réintègrent difficilement le monde du travail après avoir consacré leur temps à leur enfant. Ainsi, l'association a mis au point des « ateliers d'accompagnement ». Ceux-ci, au nombre de trois, s'échelonnent sur un programme d'une durée de six mois. Le premier atelier a pour objet l'accompagnement administratif, qui consiste à identifier un projet professionnel pour la personne qui désire reprendre une activité. Bilan de compétences, parcours de formation en accord avec le Greta de Marseille et validation des acquis agrémentent cette première étape. La seconde peut se résumer à une reprise de confiance en soi. Cet atelier d'aide psychologique prépare le candidat à ses futurs entretiens d'embauche. Le dernier atelier relève de l'organisation logistique à établir avec une prise en charge de l'enfant en périscolaire. Une association d'étudiants qui propose ce type de service a signé un partenariat décisif avec Soliane.

Soliane avait obtenu un prix régional « S'unir pour agir » de la Fondation de France en 2006. Plus récemment, elle a reçu à Paris le coup de cœur du jury à l'occasion du premier prix Ocirp « Acteurs économiques et handicap ». L'Ocirp, Organisme commun des institutions de rente et de prévoyance, a décidé en 2008 d'inaugurer ce prix afin de médiatiser les exemples à suivre dans la lutte contre le handicap. Dix projets sur 249 présentés ont été récompensés, dont celui de Soliane.

Soliane, 44 boulevard Rabatau, 13008 Marseille.
Tél. : 04 91 29 39 40.
*http://associationsoliane.site.voila.fr*

## Josette Baiz, la fée dansante des banlieues

Le Sud-Est est très « danse » avec Montpellier, Châteauvallon à la belle époque du Théâtre national de la danse et de l'image, Marseille et Aix-en-Provence, ville investie par Angelin Preljocaj. C'est dans ce contexte chorégraphique que s'est constituée en 1989, une école de danse exemplaire dans les quartiers nord de Marseille et d'Aix grâce à une personne aussi discrète que talentueuse : Josette Baiz. Danseuse professionnelle chez Jean-Claude Galotta, Josette est missionnée par le ministre de la Culture de l'époque pour expérimenter des ateliers de danse dans ces quartiers très populaires. La rencontre avec ces jeunes d'origines très diverses va bouleverser la démarche de la chorégraphe. La résidence qui n'était qu'éphémère se prolonge au-delà de la première mission et, en 1992, Josette Baiz crée avec ses élèves issus des immigrations un groupe de danse : Grenade. Grenade comme le fruit juteux du travail accompli, Grenade comme l'objet explosif qui repousse les frontières de la création chorégraphique. Un style Grenade est né introduisant du métissage dans un noyau de danse contemporaine mâtiné de danse classique. Le résultat est unique. Au moment de la création, ils sont une trentaine d'élèves âgés de 8 à 18 ans. Le groupe comprend maintenant 70 danseurs qui pérennisent le travail de création et poursuit les spectacles. À la limite du professionnalisme, le groupe donnera naissance en 1998 à une vraie compagnie professionnelle. La compagnie Grenade engage cinq danseuses issues du groupe avant d'être renforcée par la venue de cinq autres danseurs. Ainsi depuis dix ans la compagnie invente et joue ses créations sur les plus grandes scènes internationales de l'Italie au Moyen-Orient. Rares sont ceux qui auraient pensé que ces enfants des cités deviendraient un jour des artistes à part entière sans jamais renier leurs cultures d'origine.

*www.josette-baiz.com*

### Les bistrots de pays, un label de survie

L'idée de départ en revient à un Corrézien, aujourd'hui président de la Fédération nationale des bistrots de pays, Bernard Reynal. Le bistrot de pays correspond à un plan de promotion et de requalification des cafés ruraux par une charte de qualité. Là encore, le constat est que les communes de moins de 2000 habitants doivent préserver ces espaces, à la condition que soient privilégiés un accueil redoublé et une information touristique, une restauration locale, une fonction multiservices et des initiatives en faveur de l'animation culturelle. La première opération, qui consiste à regrouper les cafés dans un même réseau, voit le jour en 1992 sous l'impulsion du SIVOM du pays de Forcalquier et de la montagne de Lure dans les Alpes-de-Haute-Provence. En 1993, un label « Bistrot de Pays » est lancé en région PACA. Le concept fait des émules et sept autres régions vont adhérer au label né en Provence et le premier prix de l'Initiative territoriale est décerné en 2000 à la Fédération. Les clés du succès résident, dit-on, dans le contrat original qui lie la profession au pays, et surtout certaines communes ont recréé ou racheté un établissement grâce à ce mouvement. Les conditions d'adhésion au réseau impliquent que le bistrot de pays assure des services de base qui font défaut, tels un dépôt de pain et de journaux et une fonction de petite épicerie. Le bistrot s'engage à promouvoir les produits du terroir, à disposer de documents d'information touristique et à organiser un minimum de trois rendez-vous festifs et culturels par an.

Fédération nationale des bistrots de pays, Le Grand Carré,
13 boulevard des Martyrs, 04300 Forcalquier.
*www.bistrotdepays.com*

## Max Sauze, artiste gardien des arbres et du livre

Max Sauze est un artiste plasticien installé à Éguilles aux portes d'Aix-en-Provence depuis 1963. À cette époque, le village très modeste accueille ce personnage hors normes car inclassable dans une maison qui fait fonction à la fois de lieu de vie, de bureau et d'atelier. Un petit jardin potager sans âme jouxte la maison. Max fera de celui-ci non seulement un terrain d'expérimentation de son travail mais aussi un espace végétal et artistique unique. Max sculpte, invente, expose et entre dans les collections. Ses luminaires en acier et inox se vendent encore de nos jours comme des pièces historiques d'un temps révolu. Sa vraie gamme de jeu naît pourtant à une période ultérieure dans le végétal et le livre. Il récupère les livres sous toutes leurs formes, les solidifie dans des mixtures de plâtre et de colle. Il les découpe et les ferme souvent, non pour faire taire une culture prétentieuse mais pour rendre cet objet à l'état brut et naturel dont il est issu et permettre à la parole de reprendre ses droits. Le livre redevient végétal et organique. Il nous interroge aussi sur les vertus et les limites de la communication tout en témoignant des plaisirs de la lecture et de la manipulation des livres. Le jardin prend tournure en même temps que les livres passent par la recomposition de l'artiste. Le petit potager grandit sous les assauts de la profusion végétale. Les arbres se multiplient, pins d'Alep, pins noirs d'Autriche, érables, cyprès, bouleaux, micocouliers ou cèdres bleus, le jardin se densifie et s'organise de façon sauvage ou presque. Entre certaines espèces se nouent d'étranges sculptures de papier et s'érigent un mur de livres solidifiés. Des briques d'écrits comme des pierres testamentaires renfermant leurs textes. Le lieu est renversant. Rien n'oblige, en visitant le jardin de l'artiste, de passer par son atelier boutique où se vendent des inventions plus communes. L'essentiel réside ailleurs, et aujourd'hui cet essentiel se concrétise par des bornes qui renferment quelques livres enchâssés dans un lit de béton. Sur chacune d'entre elles, on peut lire gravé sur une plaque un numéro accompagnant le titre générique du travail : *L'homme qui marche, qui lit.* Autre facétie poétique de Max Sauze : depuis 10 ans, l'artiste dépose officiellement ou non ses bornes sur un parcours qui, projeté sur la carte de France, représente la silhouette d'un homme qui lit en marchant, ultime dessin d'une réunion de la culture et de la nature. La modernité ferait dire de Max Sauze qu'il est un artiste écologique. Ce qu'il n'a jamais avoué lui-même.

Le jardin d'Éguilles est inscrit sur la liste des jardins remarquables de France et il se visite sur rendez-vous.

Max Sauze, 7 rue Saint-Roch, 13510 Éguilles.
Tél. : 04 42 92 51 80.
*http://max-sauze. com*
*www.parcsetjardins.fr*

# *Sud-Ouest*

# Midi-Pyrénées

*La région la plus étendue de France avec ses 8 départements qui s'étendent sur plus de 45 000 kilomètres carrés. La région se situe au 8e rang national pour sa population et au 9e pour son PIB. Grande région agricole et important centre de production agroalimentaire, Midi-Pyrénées a connu les aléas de la crise industrielle avant de se restructurer autour de l'aire toulousaine, principal acteur du développement économique régional. La ville de Toulouse se réveille en parallèle au point d'attirer de plus en plus de nouveaux venus. La ville gagnerait 15 000 habitants chaque année, un record ! Elle retient en son centre universitaire 140 000 étudiants et prévoit une foison de projets au point qu'une édition du magazine* Newsweek *consacrée aux dix métropoles les plus avant-gardistes du monde a sélectionné la Ville rose.*

## LE BOIS RAMÉAL FRAGMENTÉ : CULTIVER SANS EAU

Nous sommes à Livernon dans les causses du Quercy, plus précisément à la ferme du Pouzat. Une belle ossature de pierre flanquée d'une tour carrée qui lui donne une allure seigneuriale, le tout planté au milieu d'un espace arboré dont les limites sont dessinées par des murets de pierres sèches. Nous sommes plongés dans un autre temps, tandis que Jacky Dupéty, agriculteur de ce coin sauvage du Lot, affronte la réalité du temps présent. Ce temps est daté d'un été 2003 où la sécheresse est à son comble. Les productions de Jacky sont menacées tout autant que sa carrière de jeune agriculteur. Alors qu'il cherche un moyen d'humidifier le sol, il découvre un document publié par le professeur Lemieux de l'université de Laval au Québec. Ce texte détaille la technique dite du bois raméal fragmenté. Cette formule désigne les branches d'arbres ou de haies qui conservent leur sève après qu'elles sont coupées. Ce bois, principalement de feuillus et à l'exclusion des résineux, est déchiqueté et répandu ensuite sur le sol à cultiver. Ses vertus se résument à nourrir le sol, à l'aérer et à l'enrichir au point de se substituer à l'action de l'eau. Jacky applique aussitôt la technique, malgré les mises en garde des agriculteurs voisins et leur gentille raillerie. Impossible selon eux de faire pousser le moindre plant de tomate sur cette terre aride des causses. Heureusement pour l'agriculteur, non seulement les tomates voient le jour, mais elles développent des arômes et des sucres comme jamais il n'aurait osé l'imaginer. Très vite, l'information circule et Jacky Dupéty ouvre dans sa ferme des formations aux professionnels comme aux amateurs à la technique du BRF, le bois raméal fragmenté. En 2006, il crée l'association AVE-BRF, Association pour la valorisation et l'expérimentation de ce bois, qui essaime en Afrique avec un pôle technique au Togo avant le développement de cette méthode au Burkina Faso. Dans ce cadre de diffusion vers les pays d'Afrique, l'association travaille à la conception d'une machine à fragmenter le bois qui fonctionnera à partir des énergies libres et naturelles.

Pour parvenir à cette fin, des professeurs du lycée Alexis-Monteil de Rodez et un groupe d'étudiants planchent sur la création de cette machine. En attendant, le bois raméal fragmenté fait son chemin et Jacky peut espérer continuer à travailler sur sa terre lotoise. Il a même rédigé un ouvrage intitulé *Le BRF, vous connaissez ?* aux éditions de Terran en 2007.

L'engagement de Jacky et de quelques autres paysans de la nouvelle génération conditionnée par le refus des OGM, des pesticides et du commerce mondialisé est au programme d'un film militant réalisé par une peintre graphiste installée dans le Lot, Stéphanie Muzard Le Moing, et un documentariste, Éric Boutarin. Ce film de 52 minutes a pour titre *Sans terres et sans reproches, voyage chez les paysans résistants du Quercy*. Présenté à la presse en janvier 2009, le documentaire est proposé en DVD par la société audiovisuelle alternative « La Télévision paysanne ».

*http://pouzatbrf.blogspot.com*
*www.latelevisionpaysanne.fr*
*http://atelierdesmuses.blog4ever.com*, blog de Stéphanie Muzard Le Moing.

## La vidéo et la ruralité : la CUMAV

On connaît les CUMA, coopératives d'utilisation du matériel agricole, mais beaucoup moins voire pas du tout les CUMAV, coopératives d'utilisation de matériel audiovisuel. Celle des Hautes-Pyrénées est une résistante. Née en 1985, elle demeure la dernière à fonctionner en région Midi-Pyrénées, alors que chaque département devait comprendre une antenne de ce réseau coopératif. La pérennité de cette CUMAV tient en grande partie à l'opiniâtreté de Jacky Tujague, son fondateur. Le siège de la coopérative est peu ordinaire grâce à la petite commune de Saint-Sever-de-Rustan, village à 20 kilomètres au nord-est de Tarbes, qui a ouvert les portes de son abbaye au collectif. Cette CUMAV 65 a pour objectif de développer l'initiation, l'éducation et le perfectionnement aux langages de l'image et du son dans les secteurs associatifs, institutionnels et professionnels. « Nous sommes loin de la seule idée réductrice d'une mise à disposition de matériel audiovisuel. C'est plus précisément un concept qui a été défini par le conseil régional Midi-Pyrénées avec le ministère de la Culture. L'idée était de fédérer tous les moyens qui existent dans chaque département de la région pour répondre à des besoins de formation, de production et de diffusion audiovisuelles. Nous assurons une initiation aux techniques et un perfectionnement plus sérieux pour les lycéens ou les étudiants. Nous avons aussi décidé de travailler avec les gens de la région de par notre ancrage territorial et nous souhaitons mieux comprendre avec eux l'environnement dans lequel nous vivons. C'est pour cela que nous nous sommes spécialisés dans le documentaire, qui permet un vrai regard sur le monde. » Jacky Tujague est lui-même réalisateur d'un documentaire, *Cette montagne... c'est ma télé*, sur la vallée d'Aure, site naturel prestigieux avec la réserve naturelle du Néouvielle dans le massif du même nom, et un autre, *Peintres du ciel, peintres des utopies*, sur Jacques Brianti, peintre des Pyrénées. C'est pourquoi la CUMAV déborde de compétences avec, hormis la pédagogie, des réalisations, productions et diffusion de films. La coopérative est aussi un acteur central des nombreux festivals qui ont lieu sur le territoire : le principal est « Champs et contrechamp – Cinéma et territoires », qui se tient en mai et juin et qui s'étend sur deux régions et trois départements. Son intérêt est de proposer des films et documentaires qui s'inscrivent complètement dans la ruralité d'ici ou d'ailleurs. Du pastoralisme local à la paysannerie africaine, les séances suscitent réflexions et débats avec le public et des partenaires engagés comme le CRPGE, Centre de ressources du pastoralisme et de la gestion de l'espace, ou l'Association d'enseignants de sciences sociales de Pau. La CUMAV est partenaire des Rencontres lycéennes de vidéo de Bagnères-de-Bigorre au cours desquelles 400 jeunes présentent les courts métrages réalisés au cours d'ateliers et dans le cadre de classes d'option cinéma. Les très sérieux *Cahiers du cinéma* se sont même déjà associés aux rencontres. La coopérative intervient encore auprès de l'association toulousaine Séquence, qui est à l'origine d'un festival annuel de courts métrages. Enfin, elle a instauré depuis 2007 « Les Jeudis du Doc », où le dernier jeudi du mois un réalisateur vient défendre son film dans le village de Saint-Sever-de-Rustan. Si le film documentaire de proximité prend une telle tournure, c'est qu'il correspond à une véritable attente du public : « On invite des réalisateurs pas simplement pour qu'ils montrent leurs films, mais pour établir un échange avec le public et cela donne un rassemblement extraordinaire. Si les films sur les gens de pays rencontrent un évident succès, c'est parce que le public a compris que le film était non seulement un art mais aussi un outil d'apprentissage et de compréhension. »

CUMAV 65 pavillon des Hôtes, abbaye de Saint-Sever-de-Rustan, 65140 Saint-Sever-de-Rustan.
Tél. : 05 62 31 60 50.
*Cumav.65@wanadoo.fr*
*www.cumav65.fr*

## ECOBIAG : PROGRAMME EUROPÉEN LEONARDO DA VINCI DANS L'AVEYRON

Incroyable mais réel : un village de 500 habitants au sud de l'Aveyron, Saint-Sernin-sur-Rance, est porteur d'un projet pilote en Europe. Le promoteur du projet est une maison familiale rurale qui assure une formation aux métiers de la nature. Or, depuis quelques années, une réflexion mûrit sur la complémentarité que peuvent exercer les deux secteurs du tourisme et de l'agriculture. C'est sur ce constat d'un écotourisme associé à un agrotourisme que le programme européen Leonardo da Vinci a vu le jour. Ce programme fédère une vingtaine de partenaires espagnols, hongrois, italiens et français qui ambitionnent de soutenir des jeunes, des agriculteurs et des salariés du milieu rural qui souhaitent favoriser l'accueil touristique en préservant la biodiversité. Il s'agit donc de développer une activité touristique respectueuse de la diversité et de la richesse environnementale. Dans ce cadre, il était nécessaire de proposer une formation adéquate aux acteurs de l'espace rural. Olivier Courant, qui dirige la maison familiale, a accepté de relever le défi : « Les maisons familiales rurales sont des établissements privés de formation sous contrat avec le ministère de l'Agriculture et qui proposent une formation par alternance de 50 % dans l'établissement et 50 % en stage. Notre maison a pris l'option des métiers de la nature et assure une formation du niveau de la quatrième jusqu'au BTS, avec un effectif de plus de 270 élèves. Depuis peu, nous sommes donc porteurs du projet ECOBIAG : écotourisme, biodiversité et agrotourisme. L'agrotourisme, qui se développe de plus en plus, consiste à accueillir et à héberger des touristes dans les exploitations agricoles. Ici, le principal acteur de ce tourisme dans le département est le réseau « Bienvenue à la ferme », qui propose aux visiteurs par exemple de participer à la traite ou de partager des buffets de produits locaux. Nous sommes une quarantaine de partenaires associés à ECOBIAG et nous participons à des séminaires organisés par les pays membres du réseau. La finalité est d'échanger sur les actions que nous avons lancées sur nos territoires respectifs. L'Europe nous subventionne pour faire de l'ingénierie de formation et expérimenter des axes de formation originaux. Ici nous avons réfléchi à plusieurs formes de développement de l'agrotourisme et nous avons établi trois journées de sensibilisation à l'accueil auprès d'agriculteurs en activité, de personnes en insertion et à des porteurs de projets. En l'occurrence, il s'agit de relever le défi d'une nouvelle proposition de séjour dans un département peu actif en matière de tourisme. »

L'expérience ECOBIAG s'inscrit au sein d'un dispositif de plateforme collaborative dont un des partenaires est le programme Vivre. Vivre est développé par le Centre d'expérimentation pédagogique de Florac et les CFPPA, Centres de formation professionnelle et de promotion agricole, de Florac Causses Cévennes en Languedoc-Roussillon. Son dessein est de guider là aussi les projets de vie professionnelle en milieu rural et il se partage entre huit territoires ruraux européens afin de mener une action commune de développement local. Des formations à distance sont assurées par ce programme et il offre aussi des sessions de formation de formateurs.

Maison familiale rurale « Valrance »,
12380 Saint-Sernin-sur-Rance.
Tél. : 05 65 98 18 60.
*www.vivreurope.org*

### Le Mammobile : un service de santé itinérant en milieu rural

En 1994, le département de l'Aveyron s'était porté candidat auprès du ministère de la Santé pour participer à une campagne de dépistage du cancer du sein. Le projet orchestré autour des cabinets de radiologues existants prévoit la création d'une unité mobile de dépistage afin d'aller au-devant de la population rurale. 40 % des femmes concernées résident à plus de 60 kilomètres d'un centre de radiologie. Les femmes au secours des femmes : en 1999, les actions de santé prennent une nouvelle tournure sous l'impulsion d'une assemblée départementale de femmes élues de l'Aveyron. Ainsi se constitue sous forme associative un Comité féminin pour le dépistage du cancer du sein. L'année suivante, le conseil général achète et équipe le Mammobile. Une équipe est formée à cet effet avec un médecin, deux manipulatrices en électroradiologie, une secrétaire qui prend les rendez-vous et un chauffeur chargé des déplacements et de l'entretien du camion. En 2001, le véhicule est présenté à Rodez. Une réunion entre le conseil général et les caisses d'assurance-maladie jettent les bases d'une structure de gestion sous la forme d'une association, l'ADECA, et une première campagne est menée la même année. L'efficacité des campagnes tient aux personnes relais qui se mobilisent dans chaque canton afin de faire circuler les informations et de sensibiliser la population rurale. Une formidable chaîne de solidarité est ainsi créée au point que ce ne sont pas moins de 3 500 personnes qui jouent ce rôle de relais sur le département au cours de la campagne de 2007. Depuis le début de cette initiative, les femmes ayant entre 50 et 74 ans reçoivent systématiquement, tous les deux ans, une invitation envoyée par l'ADECA afin de profiter gratuitement d'un dépistage. Enfin, plus récemment, un pôle de dépistage a été inauguré dans la ville même de Rodez afin de regrouper tous les services administratifs, médicaux et le comité féminin dans une même structure. Le comble du Mammobile est d'obtenir un plus fort taux de participation des femmes en milieu rural qu'en milieu urbain lors des campagnes de dépistage.

Comité féminin pour le dépistage du cancer du sein
en Aveyron, 4 rue François Mazenq, 12000 Rodez.
Tél. : 05 65 73 34 90.
*http://depistage-cancers-aveyron.com*

## *Ici Najac, à vous la terre* : le cinéma humanisé de Jean-Henri Meunier

*Ici Najac, à vous la terre* sera tôt ou tard un classique du film documentaire magistral. Ce film présenté à Cannes en 2006 hors compétition et réalisé avec la complicité des villageois de la paisible bourgade de Najac dans l'Aveyron faisait suite à un premier long-métrage, *La vie comme elle va*, tourné deux ans auparavant avec les mêmes « figurants » et toujours réalisé par Jean-Henri Meunier, qui obtint en 2004 pour ce film le grand prix du Meilleur documentaire de création. Najac, 774 habitants, est un petit théâtre d'humanités diverses à lui seul. Planté sur un piton rocheux et construit autour des vestiges de la forteresse royale du XIIIe siècle, Najac se la coule douce. Des marchés dans les rues en pente l'été avec son lot de visiteurs et de touristes, un chef de gare plus soucieux d'arroser ses géraniums que de siffler un train qui ne vient jamais, un retraité maire débonnaire au parler chantant, saxophoniste éclairé et amateur de bien-vivre, un baba cool guitariste débarqué d'une autre vie, un voisin mécanicien bricoleur et poète, Jean-Henri Meunier possédait avec ces profils un scénario tout écrit. L'histoire de notre réalisateur est à l'image du village : parisien, il fait ses premiers pas dans le cinéma à la Cinémathèque de Paris, celle d'Henri Langlois, puis participe avec Jacques Higelin à l'aventure des concerts du Rex à Paris, qu'il immortalise dans un documentaire. Il récidive par des portraits de musiciens tels Maurice Cullaz ou Ray Lema. Arrive la rupture en 1995. L'envie de se mettre au vert et de quitter Paris. Le point de chute sera Najac, sorte de surface de réparation loin des agitations des scènes et de la ville. Une petite caméra DV lui est prêtée comme une tentation de la cigarette au fumeur repenti. Jean-Henri filme alors pour le plaisir son plus proche voisin, Henri Sauzeau, veuf inconsolable, collectionneur de voitures hors d'usage qui débordent de son entrepôt, mais qu'il vénère comme ses enfants. Il les désosse, les bricole et en sort même un hélicoptère artisanal. Le rotor tourne, mais l'engin ne vole pas. Najac, c'est exactement cela. Rien ne décolle de la réalité, mais cette réalité-là devient fantastique derrière l'objectif de Jean-Henri. Le nouvel enfant du pays ira capter des regards un peu plus loin en passant toujours plus de temps à parler avec ces personnes qu'à les filmer. Pas de doute, ça se voit. « Chaque personnage m'emmène dans son univers. Quand je suis avec Arnaud, le chef de gare, j'ai l'impression d'être dans un film de Tati. Dans mes films, je ne sais jamais où je vais, ce qui m'intéresse c'est le chemin que je parcours. L'important est le temps partagé et non le but à atteindre. Je ne fais qu'accompagner ces personnes, mais je pense qu'il y a des gens comme cela partout, ce n'est ensuite qu'une question de regard qui fait la différence. »

En dix ans, Jean-Henri Meunier aura tourné près de 350 heures d'images. Modeste comme il est, il avoue que cela ne fait que 35 heures par an. Et même s'il prépare un troisième film, l'expérience cannoise aura été un summum avec Henri, Arnaud et les autres descendus de leur promontoire perdu au-dessus des gorges de l'Aveyron pour faire quelques pas sur la Croisette au milieu des stars internationales du cinéma.

*www.jeanhenrimeunier.com*

## Devenir agriculteur par l'épargne solidaire

Le cas d'Adeline Garric et Olivier Joret est un exemple parmi d'autres des jeunes couples qui font le pari de s'investir dans l'agriculture. Leurs études agricoles terminées, Adeline et Olivier ont commencé par prospecter afin de trouver des terres cultivables. C'est sur la commune d'Aynac dans le Lot qu'ils reprennent une ferme dont les bâtiments étaient inutilisés depuis une dizaine d'années. Ils louent l'ensemble en 2006 ainsi que 4 hectares de terre et un four à pain. Depuis juillet 2008, la location de 8 hectares supplémentaires est venue étendre l'exploitation qui était comprimée sur son petit espace, et Adeline et Olivier peuvent débuter un élevage de brebis pour une vente directe d'agneaux et cultiver du blé destiné à la fabrication du pain. En peu de temps, ils ont pu se constituer un premier réseau d'une centaine de clients en vendant leurs produits à la ferme ou sur les marchés du département. Il n'empêche que ce couple ne peut se satisfaire d'une telle superficie pour assurer la viabilité de la ferme. Ils ont donc fait appel à une étonnante association, « Terre de liens », qui depuis dix ans, assure une épargne solidaire au profit d'une agriculture nouvelle telle qu'Adeline et Olivier l'incarnent. Ainsi ont-ils lancé une souscription via l'association et sa société d'investissement solidaire, « la Foncière Terre de liens », afin d'acquérir 7 hectares de terres labourables pour un montant de 43 000 euros. Née en 2006 à la suite de la création à la fin des années 1990 de l'association Terre de liens, la Foncière est une entreprise solidaire agréée par l'État et labellisée « finansol ». Son objet est de collecter de l'épargne sous forme d'actions proposées aux particuliers qui souhaitent investir sur un projet soutenu par Terre de liens et qui peuvent bénéficier par l'agrément « entreprise solidaire » d'une réduction de 25 % du montant imposable. La finalité de cette épargne est d'acheter du bâti et du foncier agricoles mis à disposition des agriculteurs bio qui souhaitent s'installer, cultiver et commercialiser leurs produits localement. Adeline et Olivier ont fait appel à l'antenne régionale de Terre de liens, puisque l'association née à Crest dans la Drôme et qui est désormais nationale possède des délégations départementales.

Terre de liens Midi-Pyrénées.
*mp@terredeliens.org*
*www.terredeliens.org* (cf. détail dans le chapitre Réseaux).

### RÉGATE, LA COOPÉRATIVE D'ACTIVITÉS QUI SURFE SUR LA VAGUE DE L'EMPLOI

Le nom de « RÉGATE » peut prêter à confusion surtout en pleine terre du département du Tarn.

Régate, qui désigne une CAE (coopérative d'activités et d'emploi), procède du constat suivant, établi par des élus locaux en 1977 : de nombreux demandeurs d'emploi porteurs de projets viables n'ont pu aboutir à la création d'entreprises faute de relais intermédiaires. De là est née cette coopérative qui devait permettre à ces mêmes demandeurs d'emploi de créer leur activité et d'en tester la viabilité. Une étude menée sur le terrain a permis en septembre 1998 et juin 1999 d'évaluer la pertinence du dispositif. Les partenaires locaux ont été mobilisés et une équipe de démarrage a été constituée. Cette équipe a pris en juillet 1999 le statut d'entreprise sous la forme de SARL SCOP. Elle s'inscrivait ainsi dans le réseau national « Coopérer pour entreprendre », qui regroupe l'ensemble des coopératives d'activités et d'emploi du territoire. Fort du succès d'une antenne tarnaise, les voisins aveyronnais ont souhaité bénéficier des services de Régate. En 2005, quinze entrepreneurs aveyronnais avaient rejoint les rangs de la coopérative et rapidement une antenne s'est constituée dans ce département pour établir son siège à Onet-le-Château. En deux ans, Régate 12 avait déjà accueilli cinquante porteurs de projets et, plus récemment, elle s'est étoffée avec la création d'un établissement destiné à recevoir et accompagner les projets du bâtiment. C'est ainsi que Régabat a vu le jour dans un premier temps dans le département du Tarn. Félicie Domène dirige la coopérative : « Une fois pris en charge par la coopérative, le porteur de projet est inscrit en CDI. Professionnellement parlant, il est autonome et maître de son destin, car c'est en développant son entreprise qu'il se rémunère, mais il est juridiquement salarié de la SCOP. Donc il est à la fois salarié et entrepreneur. Concrètement, nous lui apportons la posture d'entrepreneur, c'est-à-dire toutes les compétences pour le devenir, car on ne naît pas entrepreneur, mais on le devient. Nous organisons des ateliers d'échanges collectifs dans lesquels les entrepreneurs déjà installés et expérimentés échangent les savoirs avec les nouveaux venus, et l'apprentissage par les pairs est toujours très riche. Le temps de passage chez nous dure au maximum trois ans et parfois les projets n'aboutissent pas ou sont réorientés. Sur cinquante projets, disons que quinze ont vraiment débouché sur une création d'entreprise. Concernant les activités elles-mêmes, les coopératives se consacrent à des métiers dits généralistes. Cela va de la couturière à l'informaticien en passant par l'ébéniste. Depuis quelques années, nous travaillons également sur le bâtiment, branche plus spécifique qui exige le respect de normes de sécurité sur les chantiers. Régabat est dédié aux métiers du bâtiment et des coopératives spécifiques existent dans le Tarn et la Haute-Garonne et prochainement en Aveyron. Cela prend toujours du temps car le principe d'une coopérative d'activités et d'emploi consiste d'abord à élaborer un partenariat sur le territoire avec les instances représentatives comme la fédération du bâtiment et la chambre des métiers. » À Régate 12, l'équipe compte des permanents et un encadrement de onze professionnels qui apportent leurs compétences en action commerciale, en communication et en gestion. Ces domaines correspondent nettement aux projets validés, tels celui d'Isabelle, infographiste, qui destine son savoir-faire aux entreprises, ou encore le travail de Bruno, qui se consacre à la communication d'entreprise. Parfois les services sont créés en faveur des particuliers, à l'image d'Annick qui propose des prestations de coiffure à domicile. Les coopératives

Régate ont depuis 1999 participé à plus de 900 lancements d'activités accompagnées pendant deux ans en moyenne et 130 entreprises ont été créées. Le réseau national « Coopérer pour entreprendre » compte aujourd'hui 102 coopératives en France et en Belgique.

*www.regate.fr*
Tél. : 05 65 42 42 42.

### JEAN-PIERRE MARTY, INFORMATICIEN ÉCOLOGISTE

Jean-Pierre a deux passions : l'informatique et le développement durable, et il est animé par une bonne intention : répondre à la baisse du pouvoir d'achat. Intention et passions mêlées ont poussé cet ancien élève du Conservatoire national des arts et métiers à concevoir une entreprise originale à Cestayrols dans le département du Tarn : Éco-Informatique, dont l'objet est de reconditionner des ordinateurs et de les proposer à la vente à des prix modiques. Prenons l'exemple des composants nécessaires à la fabrication d'un ordinateur : 240 kilogrammes de combustible fossile, près de deux tonnes de matériaux, 22 kilogrammes de produits chimiques et 1 500 litres d'eau auront été nécessaires pour produire l'appareil que vous employez peut-être tous les jours chez vous. Multiplions ensuite cette recette par 5 millions, soit le nombre d'ordinateurs neufs achetés en France en 2007. Ajoutons à cette cuisine que ces ordinateurs seront obsolètes dans les quatre ou cinq années à venir. Jean-Pierre Marty parle à cette échelle de véritable catastrophe écologique. C'est à partir de ces données qu'il a décidé de reconditionner du matériel informatique de récupération. Celui-ci provient principalement de groupes industriels appelés à renouveler régulièrement leur parc de matériel lorsque les ordinateurs arrivent en fin d'amortissement. Le dernier écueil à la réhabilitation de ce matériel dépendait des logiciels Mac et Windows qui alourdissent le prix des outils informatiques et qui verrouillent les marchés à toute autre alternative. Pour contourner ce monopole, Jean-Pierre Marty installe des logiciels libres de droit et gratuitement téléchargeables grâce au système d'exploitation Linux dont les performances sont comparables à celles des logiciels sous licence. Les ordinateurs reconditionnés sont vendus sous garantie à des prix défiant toute concurrence. Exemple avec un ordinateur de bureau avec écran plat, clavier et souris qui est proposé à 199 euros TTC. Ce génial rénovateur compte bien créer des emplois, d'autant que son service de vente en ligne ne désemplit pas. Dernière preuve de sa passion, Jean-Pierre a mis en place des stages informatiques pour enfants et pour adultes.

*www.eco-informatique.com*

## LE HAMEAU AU GRAND CŒUR

Il est préférable de prendre une carte de l'IGN pour localiser ce pâté de maisons situé à l'extrême nord de l'Aveyron. Querbes, hameau d'Asprières, est à 7 kilomètres de Capdenac-Gare, 15 de Figeac et tout de même 60 de Cahors ou de Rodez. Entre causse et rivière, entre champs brûlés et brumes de Toscane d'après le descriptif annoncé par Jean-Paul Oddos sur son site Internet, nous sommes reçus comme à la maison. Jean-Paul est président de l'association « Les Nuits et les jours de Querbes ». Il ne manque plus que le clair de lune pour vous mettre dans l'ambiance, perdu que vous êtes dans ce lieu dessiné par vingt maisons et quelques granges. Pourtant, ici, à Querbes, a lieu chaque année le festival le plus insensé qu'on puisse imaginer. Du jazz de très haute qualité, de la littérature qui se lit en gravissant le causse, des jumelages imaginaires avec l'Afrique du Sud ou l'Ukraine, des fanfares populaires et un feu d'artifice qui embrase les nuits insondables de ce bout du monde. Jean-Paul Oddos est donc à l'origine du plus petit des grands festivals de jazz associé à la littérature et au théâtre dans une sorte de paradis terrestre : « Le hameau est en bordure du causse et domine le Lot. Une vingtaine de personnes y vivent encore à l'année, avec une majorité de retraités de la mine ou du chemin de fer. Il reste un agriculteur en activité et on trouve encore quelques poules et canards. Je suis moi-même un élément rapporté puisque je viens de l'extérieur et ce n'est jamais facile de s'insérer dans une communauté où tout le monde se connaît. Pourtant ici l'accueil a été émouvant. Je tenais à faire un festival ici justement en réponse à cette disponibilité des gens de Querbes. Ce festival a commencé petit par une soirée puis deux en invitant gratuitement le public et grâce à des artistes qui sont venus pour simplement faire la fête avec nous. Progressivement, nous avons gagné un vrai public, les élus ont commencé à s'intéresser à nous. Nous avons tissé des liens avec la municipalité de Capdenac et ensuite avec le département et la région. Et puis ce n'est pas parce que nous sommes un tout petit village que l'offre culturelle ne devrait pas être exceptionnelle. Pour le onzième festival, en 2008, nous avions retenu comme thème “Noir, rouge, arc-en-ciel”. Le noir symbolise la tradition minière, le rouge la tradition ouvrière qui a développé une très forte pratique musicale amateur. Par notre intermédiaire, une fanfare, qui avait été formée avec les anciens cheminots, voyage. Nous l’avions transformée en 2007, pour le dixième festival, en big band oriental et notre souhait serait de la transporter jusqu’aux mines d’Afrique du Sud. Nous organisons aussi des débats pendant le festival. Ils peuvent porter sur le conflit israélo-palestinien avec des journalistes comme Marc Kravetz. L’année dernière, le festival s’est achevé par un bal sous les lampions et parmi les musiciens figurait un batteur jamaïquain qui m’a dit retrouver ici l’esprit de son île trente ou quarante ans plus tôt. Chacun a des images de son enfance qui ressurgissent dans notre hameau en fête et dans une vie où tout va très vite, je peux vous assurer que pendant trois jours et trois nuits certaines personnes ne se couchent pas. » Quant à l’arc-en-ciel, il est incarné par les nationalités invitées au festival avec des écrivains israéliens, libanais, des musiciens français, syriens ou algériens. Bref, Querbes : une microscopique capitale internationale. Jean-Paul déborde de projets insolites pour son hameau avec la création d’un orchestre national de Querbes, rien que cela, et il prévoit la création d’une route du jazz qui traversera les villages du Nord aveyronnais.

Les Nuits et les jours de Querbes, Querbes, 12700 Asprières.
Tél. : 05 65 64 69 56.
*www.les-nuits-et-les-jours-de-querbes.com*
*festival.querbes@free.fr*

## Le restaurant des femmes immigrées

Nous sommes à Foix dans l'Ariège. Roselyne Latrille est une secrétaire médicale retraitée qui fut également vacataire de l'Éducation nationale pendant six ans. Cette dernière activité a apparemment laissé des traces dans le parcours de Roselyne pour qu'elle décide, une fois venu le temps du repos mérité, de faire profiter de son savoir. La concrétisation de ce souhait s'appelle « Ariège Alpha », dont l'objet principal est de donner des cours d'alphabétisation à des femmes immigrées installées dans la région. Pour certaines, marocaines, l'arrivée en France remonte au début des années 1980. Elles n'avaient pour la plupart jamais travaillé auparavant, ni suivi de scolarité dans leurs pays. Elles avaient, en revanche, en commun de vouloir sortir de chez elles et de leur isolement. L'association a permis de les mettre en relation. Devenir autonome financièrement et rencontrer du monde faisaient aussi partie de leur envie de vivre autrement. « J'ai vécu trois ans en Algérie et cela m'avait donné envie de travailler avec des femmes maghrébines. Ce n'est pas cette seule immigration qui m'a intéressée puisque nous avons douze nations représentées par les populations étrangères installées en Ariège et les cours ont commencé avec 110 stagiaires. Les bénéfices des séances d'alphabétisation ont été remarquables tant sur l'expression et l'ouverture des femmes à une culture qui leur était inaccessible qu'à l'échange avec d'autres cultures. Par exemple, nous organisons des expositions sur la Maroc, l'Algérie et le Laos. La suite procède de confections et de ventes de nems pour les unes et de pâtisseries pour les autres. Un projet de plats à emporter a mûri et le petit groupe a émis le souhait de trouver un local pour vendre ces produits. »

L'association a pris le relais et a conduit ces femmes à créer une société coopérative d'intérêt collectif (SCIC) dont elles sont salariées à mi-temps. Ainsi est née en 2001 la société « Saveurs d'ailleurs » et des plats à emporter, le projet est devenu espace de restauration. La cuisine du monde est assurée par trois femmes marocaines, deux Laotiennes et une Kurde. Les institutions ont soutenu le projet de restaurant techniquement et financièrement, et les fondations Vivendi et Caisse d'Épargne ont décerné des prix à cette réalisation. Une jeune professionnelle de la restauration a été également employée en contrat emploi jeune pour coordonner le travail tandis que les six cuisinières suivaient un stage de trois mois à l'Institut régional de formation des adultes (IRFA) afin d'acquérir des notions d'hygiène, de diététique, de commerce et de comptabilité.

Aujourd'hui, ces femmes détiennent des parts sur cette société en complément de la ville de Foix et de la communauté de communes. Et la réussite passe par les demandes de personnes de la région intéressées par une telle action et qui envisagent de l'appliquer en d'autres endroits. « Rien n'est pourtant évident et des dons nous ont permis au départ d'acheter le matériel car l'association seule aurait été bien incapable d'assumer les coûts d'installation. »

*dlatrille@télé2.fr74*

### Les Soho-solos au secours du Gers

Le Gers est un département dépourvu d'industries et d'entreprises. Comme d'autres, sa rusticité saine et sa spécificité paysagère ne suffisent pas à développer une entière activité touristique. En revanche, comme d'autres, il possède pour les mêmes raisons son espace vital et un potentiel d'accueil remarquable. C'est pour cette raison qu'est né, le 1er avril 1997, le CEEI Gers Gascogne, autrement dit le Centre européen d'entreprise et d'innovation, à partir d'un projet de développement territorial lancé par l'Union européenne treize ans plus tôt. Ce CEEI est le premier en France à être implanté sur un territoire à forte dominante rurale, et il fait partie aujourd'hui d'un réseau européen, EBN, qui compte près de 160 CEEI. Le principe commun à tous ces centres est de faciliter la création d'entreprises ou d'activités innovantes sur un territoire donné. Le CEEI Gers Gascogne réunit différents partenaires : CCI, département ou communautés de communes. Son fonctionnement est assuré par plusieurs types de ressources financières comme les cotisations des membres, les prestations facturées aux collectivités et aux entreprises ou les contributions des entreprises hébergées en pépinière. La particularité de ce CEEI est d'avoir créé un espace Soho/Solo. Ce terme désigne les télétravailleurs qui dépendent uniquement d'un réseau informatique d'échange et de correspondance sans subir des impératifs de lieux de travail. « Au départ, il s'agissait de renforcer l'économie gersoise en vantant les ressources locales, à commencer par la qualité de vie. Même si ce n'est pas un argument économique central, nous nous sommes rendu compte que ce cadre de vie attirait dans le département une nouvelle catégorie d'actifs pouvant travailler depuis chez eux grâce à Internet. Ces soho-solos (soho est la contraction de *small office, home office*), ou net-entrepreneurs, qui sont plus de 12 millions en Europe, Europe du Nord principalement, cherchent à venir s'installer dans les régions du Sud européen. Notre mission est donc de capter ces personnes et de les inciter à résider chez nous », annonce Jean-Michel Justumus, directeur du CEEI. Beaucoup de ces soho-solos cherchent à s'installer avec leur famille loin des agitations des grandes agglomérations. Les petites localités sont les plus prédisposées à accueillir ces nouveaux venus. Leur présence garantit la sauvegarde des services et des écoles de village, et en échange le département leur assure de bonnes conditions de travail via le développement des réseaux de communication à haut débit, dont les populations locales peuvent profiter à leur tour. Depuis la création de ce centre, ce sont déjà plus de 300 télétravailleurs qui ont pris racine dans le département. « Sur les 300 personnes répertoriées dans notre annuaire, les deux tiers sont françaises et les autres proviennent de Grande-Bretagne, d'Allemagne, des Pays-Bas ou de Belgique. Côté français, certains candidats viennent de la proximité, c'est-à-dire de Bordeaux ou de Toulouse. En revanche, Paris, le Grand Est et la Bretagne sont de grands pourvoyeurs de soho-solos. Ces implantations nécessitent non seulement un cadre de vie précis, mais aussi des services que nous leur fournissons avec un accompagnement professionnel et une mise en place de partenariats. Il faut évidemment que chaque commune rurale désireuse de prendre une place dans le dispositif, joue le jeu de cette dynamique. » Plus récemment, une trentaine de villages ont adhéré directement au projet et ont constitué une offre d'accueil complète en recensant les logements vacants et les services de proximité. Les cas de figure des arrivants sont variés, mais néanmoins beaucoup se consacrent à la création et à la gestion de sites web des PME. Illustration plus particulière avec Suzie, originaire d'Écosse et installée avec son mari depuis cinq ans dans le département. À tous deux, ils ont développé une activité de marketing d'entreprises et complètent leur emploi du temps en pratiquant la vente de cashmere d'Écosse et en accueillant les visiteurs dans leur maison gîte.

*www.soho-solo-gers.com*
Franck Cazalas, chef de projet Soho-Solo.

# Languedoc-Roussillon

*Aude, Gard, Hérault, Lozère et Pyrénées-Orientales. La région épouse la courbe du golfe du Lion et s'étend entre deux extrêmes montagneux : les Pyrénées au sud et les portes du Massif central au nord. Grande productrice de vins de pays perpétuellement en crise sous le coup de la concurrence des pays d'Europe du Sud et de l'Espagne en premier lieu, la région assure 40 % de la production nationale malgré les 200 000 hectares de vigne qui furent arrachés dans le cadre de la politique européenne et de la reconversion en vins de qualité. Le tourisme est devenu un complément économique essentiel, au point de faire du Languedoc-Roussillon la troisième région d'accueil de France. Reste l'industrie des nouvelles technologies qui fait les beaux jours de la capitale régionale, Montpellier. Les clichés sont nombreux sur ses beaux décors et je ne peux que vous renvoyer à cette magnifique plage de Gruissan qui servit de décor au film de Jean-Jacques Beineix,* 37°2 le matin. *L'image est tentante comme le bain de pieds avec Béatrice Dalle.*

## Le conte au service de la maladie d'Alzheimer

C'est dans le département du Gard qu'il faut chercher Véronique Aguilar. Cette comédienne qui a longtemps vécu et travaillé aux États-Unis, fera la découverte du conte et de ses vertus à son retour en France. Il aura suffi de la lecture d'un livre sur les contes algonquins pour que le destin prenne tournure. Après quinze ans de pratique à Uzès où elle réside et dans la région, Véronique coordonne un projet de recherche scientifique sur les effets des ateliers sur les personnes touchées par la maladie d'Alzheimer. Le parcours de notre conteuse est atypique, avec une première formation dans une école supérieure de l'audiovisuel puis des études de littérature anglaise suivies d'un master pro de direction artistique avant d'aborder l'écriture de contes et de découvrir la vertu thérapeutique de ceux-ci. « Je dirais plutôt une vertu de sens, parce que ces textes appartiennent pour la plupart au patrimoine de l'humanité. On crée du rêve quand on raconte une histoire. C'est le facteur premier. Quant aux facteurs positifs sur la maladie d'Alzheimer, la recherche est en cours et les premiers résultats ne sont pas encore publiés. Toutefois, il s'avère que le temps du conte est un temps, celui de l'atelier, où tout le monde rêve ensemble. Les ateliers sont structurés par un rituel d'ouverture et un rituel de fermeture. Donc on ouvre un temps particulier au cours duquel je vais stimuler par cet effet de rêve éveillé qu'est le conte, tout un pan de l'imaginaire de la personne qui n'est pas mis en éveil d'habitude. D'une certaine manière, la stimulation par l'imaginaire ramène plus facilement ces personnes à la réalité ou, en tout cas, réduit leur état dépressif en améliorant leurs sensations. Cela améliore aussi leur qualité de vie et surtout leur usage de la parole. J'observe les modifications de la relation à l'autre avec ces personnes qui gagnent en expression verbale et en gestes de reconnaissance à l'égard des autres. » Les résultats sont suffisamment éloquents pour que le département d'anthropologie de l'université de Lyon 2 organise une journée en mai 2009 autour des contes soumis à l'analyse scientifique.

*www.veronique-aguilar.com*

### Albatros au secours des jeunes délinquants

Yves Férès est avocat au barreau de Carcassonne depuis plus de vingt ans et membre du Rotary Club de la ville. Si j'insiste sur cette participation, c'est parce que des rotariens du club ont créé en 1997, sous l'impulsion de Me Férès, une structure baptisée l'Albatros et entièrement dévolue au sort des jeunes délinquants. Pour parfaire l'image, je dirai que ce ténor du barreau a choisi de scier ceux qui retiennent ces jeunes justiciables en prison. Cette association vise à apporter une réelle solution à cette dramatique question de la délinquance juvénile après une expérience d'incarcération. « Nous avons mis en œuvre un processus global de réinsertion qui, grâce à l'implication de la société civile, va offrir à un moindre coût une alternative innovante. J'ai été suffisamment confronté à ce problème dans les prétoires où l'on entend dire à ces jeunes qu'une chance leur avait été donnée et qu'ils n'avaient pas prise pour que je désire agir. On sait pertinemment que cette chance n'existe pas, lorsqu'on n'a pas d'argent, pas de famille, pas de logement et pas de formation. C'est en cela que l'association donne à ces jeunes une vraie chance. Le processus mis en place est d'abord de déterminer avec le jeune son projet de vie qu'il soit familial, professionnel, sportif ou associatif. Ce projet n'est pas conclu sous forme d'assistanat, mais dans le cadre d'un contrat moral que l'on passe avec lui. Ce contrat est soutenu par les réseaux que nous avons repérés en amont et qui sont mis à la disposition du jeune. Ensuite, il est important d'assurer un suivi dans le temps, ce qui fait souvent défaut, et ce jeune aura un parrain au sein de l'association, très impliqué dans la vie civile. Toute sa vie durant, le jeune pourra revenir vers l'association si besoin par le biais de ce parrain afin de bénéficier de nouveaux conseils. Lorsque la démarche est lancée, nous impliquons tous les partenaires, entreprises, clubs sportifs ou associatifs, pour conduire ce jeune vers une insertion réussie. Depuis 2005, un espace Albatros a été ouvert, le premier du genre en France, que le jeune intègre une fois son admission enregistrée. Cette première phase qui inclut les étapes de dessin du projet et d'alerte des réseaux partenaires s'étend sur huit mois ou un an. La seconde phase est la sortie du jeune de notre centre et son installation dans la cité avec les partenaires référencés. Il bénéficie donc d'une insertion par le logement, d'une insertion professionnelle par l'entreprise et d'une insertion culturelle et sociale par les activités proposées par l'association. Le nouvel épanouissement qui en ressort se consolide par un nouveau tissu relationnel gagné au cours de ces étapes. Nous proposons aussi une participation à des actions bénévoles où le jeune pourra s'occuper des autres et se rendre compte qu'il peut être utile à la société. Depuis la création d'Albatros, aucun jeune n'est tombé dans la récidive et la réussite de réinsertion avoisine les 85 % et cela pour un coût de 70 euros par jour et par jeune contre 700 euros pour une journée en centre fermé ou 350 dans un centre d'éducation renforcée. Désormais existe une fédération nationale Albatros qui regroupe huit villes, comme Bordeaux, Montpellier, Perpignan, Castres, Toulouse ou encore Saint-Denis en région parisienne. » La force et l'intelligence du procédé mis au point par Albatros repose sur l'échange réciproque et la responsabilisation. Yves Férès résume cette attitude par cette phrase qui entre dans les préambules de contrat de projet avec le jeune : « Si ton projet de vie ne t'intéresse pas, il ne m'intéresse pas non plus. »

Albatros, 75-77 rue Albert Tomé, 11000 Carcassonne.
*yferes@cabinetferes.com*

### Une culture de qualité pour tous en milieu rural

Les initiatives de désenclavement des zones rurales par la culture sont nombreuses, mais celle entreprise par la communauté de communes Piémont d'Alaric est exemplaire. Nous sommes à 15 kilomètres de Carcassonne, à Capendu, en plein cœur de l'Aude. Nous sommes en 1987 et, hormis les offres culturelles de la préfecture, ce chapelet de villages de quelques centaines d'habitants a peu de moyens de souder ses populations par les loisirs. Ce pays du Piémont d'Alaric part de cinq termes fédérateurs : découvrir, connaître, participer, vivre et entreprendre. La gageure est de tenter de faire rimer en particulier culture et ruralité. Même la prose l'interdit. Pourtant naît une première saison culturelle où la communauté de communes joue en force. Aucune municipalité ne possède les structures d'accueil exigées par les grands spectacles, mais les terrains communaux font l'affaire lorsque les quelques salles du pays ne suffisent plus. De plus, le pays crée non pas un énième festival, mais une véritable saison. Cric et Crac voit ainsi le jour pour s'étendre d'octobre à juillet avec une programmation éclectique et ouverte à la chanson, à la musique, au théâtre et à l'humour. Lo'Jo, Rufus, Idir, Jehro, Didier Porte se retrouvent ainsi à l'affiche de la 20e édition. Chaque artiste invité est le garant de l'engagement culturel local. Il ne vient pas en sauveur d'une campagne perdue chercher un cachet de plus, mais participe à un processus d'implantation élaboré et déjà éprouvé. D'autre part, la mutualisation des moyens permet aux communes d'accueillir les spectacles dans des conditions professionnelles et ce à tout moment de l'année. On comprend à cet égard que la saison se démarque des festivals qui s'empilent en France chaque été avec pour premier souci de retenir sur place les touristes et visiteurs occasionnels. Ici on se déplace de Narbonne ou de Carcassonne pour assister à des spectacles dont le tarif le plus élevé est de 13 euros. Ces tarifs garantissent une accessibilité du grand public aux rendez-vous, des spectacles jeune public sont assurés de la crèche au collège, et des rendez-vous culturels variés jalonnent la saison en y associant la tradition populaire : la Nuit de la poésie, la Fête de la Tolérance, la Faîtes de l'Art ou le Festivoix. L'exemplarité de ces actions est de garantir la saison par un plan intercommunal d'éducation artistique. Ainsi, de la maternelle au collège, des ateliers de danse, théâtre, photo ou écriture sont assurés par des artistes intervenant en classe en collaboration avec les enseignants. D'autre part, une opération Paroles d'artistes-Paroles d'élèves est menée sur l'année. Les enfants sont appelés à travailler par la lecture et l'écriture des textes de la chanson française. Les écrits des élèves sont présentés en fin de parcours sur une scène qui leur est réservée. Enfin, la communauté confirme sa légitimité culturelle en devenant en 2008 le relais audois des découvertes du Printemps de Bourges.

*www.piemont-alaric.fr*

### Le handicap au travail : les Micocouliers à Sorède...

Les Pyrénées-Orientales ou la Catalogne du Nord, comme on se complaît à le dire et pour cause : 42 % de la population départementale, estimée à 410 000 personnes, déclarent parler couramment le catalan. Sorède donc, à 10 minutes d'Argelès-sur-Mer et à 12 kilomètres de Perpignan, célèbre pour ses micocouliers, un bois tendre qui est aussi le nom d'un centre de fabrication hors normes de cravaches et de fouets d'équitation vendus dans le monde entier. Outre la notoriété des produits issus de cet endroit, la société des Micocouliers présente la particularité d'avoir été relancée, il y a près d'un quart de siècle, par l'APAJH, Association pour adultes et jeunes handicapés. Devenu centre d'aide par le travail, l'établissement prolonge une grande tradition patrimoniale locale. Mais rien ne s'est fait sans effort, comme le précise Jean-Marc Perriot, chef de service aux Micocouliers : « Le premier challenge à relever consistait à reprendre un matériel très artisanal, puis d'acquérir d'anciennes coupes de micocouliers et enfin de relancer la production dans un cadre médico-social. Ce n'est plus la seule activité, mais ce suivi avec les handicapés est désormais central. Certaines personnes ne sont uniquement chez nous que de passage tandis que d'autres vivent une véritable insertion professionnelle durable. Le micocoulier est un bois qui existe de façon endémique autour de la Méditerranée et qui fut planté dans cet espace des Pyrénées-Orientales au début du XIX^e^ siècle dans le cadre d'un projet d'utilisation industrielle. Auparavant, la confection des fouets était réalisée par des bâtonniers, profession très largement répandue à Sorède puisqu'on en dénombrait encore près de 300 à la veille de la Première Guerre mondiale. C'est un bois très souple de la famille de l'orme et qui obtient sa meilleure croissance dans des régions très ensoleillées, et son utilisation dans la confection des cravaches et fouets est notre activité principale. Malheureusement, sans l'idée de génie de l'APAJH, ce savoir-faire serait sans aucun doute tombé dans l'oubli. En effet, l'entreprise ne comptait plus que sept employés en 1977, alors qu'aujourd'hui le public vient visiter notre établissement tous les jours. Et c'est une victoire pour tout le monde, à l'opposé de ce regard qui stigmatise souvent les personnes fortement handicapées. »

ESAT les Micocouliers, 4 rue des Fabriques, 66690 Sorede.
Tél. : 04 68 89 04 50.
*http://pagesperso-orange.fr/catlesmicocouliers/atelier.htm*

# Aquitaine

*Des monts du Limousin aux Pyrénées-Atlantiques, cette région correspond à une vaste étendue de terre à l'image du plus grand des départements de l'Hexagone qu'est la Gironde, 10 000 kilomètres carrés, et en son sein Bordeaux dont l'aire urbaine atteint quasiment le million d'habitants. Outre les évidentes productions viticoles et ses AOC réputées ou les activités aérospatiales et informatiques, la région présente des particularismes locaux très prononcés, telles les Pyrénées-Atlantiques où deux cultures se font face : basque d'une part et béarnaise de l'autre. Autre exemple avec la Dordogne, terre de villégiature des voisins britanniques. Sur 400 000 habitants, on recense près de 20 000 Britanniques, ce qui justifie une édition anglaise du journal* Sud-Ouest *: « Dordogne English News. ». La Dordogne, c'est encore en son cœur l'inévitable Périgord, cible touristique et culturelle absolue.*

## AGRN : un Atelier de géographie rurale numérique en Dordogne

À l'heure des NTIC, des nouvelles techniques d'information et communication, la géographie rurale numérique risque de prendre une place prépondérante. De quoi s'agit-il ? Disons rapidement qu'il s'agit d'un moyen de cartographier numériquement, donc avec une très grande précision, un territoire donné. Destiné aux collectivités locales et aux acteurs du développement territorial, cet outil représente un coût conséquent qu'un groupement local seul ou une commune ne pourrait supporter sans la création de cet atelier. En effet, celui-ci propose cet outil à l'ensemble des usagers d'une communauté de communes. En l'occurrence, il s'agit de 90 communes situées en vallée de l'Isle, en plein cœur de la Dordogne, au sud de Périgueux. L'initiative provient d'une réflexion menée par des responsables de l'office de tourisme de la petite ville de Saint-Astier, de passionnés de cartographie numérique et d'élus des communes du pays. Ainsi est né l'AGRN sous forme associative en 2003. Les premières années ont été consacrées à des actions de sensibilisation et d'information auprès des collectivités, une démarche qui ne fut « pas des plus simples » comme l'affirme Cécile Verducci qui dirige cet atelier depuis 2005 en tant que salariée. L'outil était nouveau et la mobilisation en fut plus ardue. Si l'objectif général de l'association est de privilégier la connaissance du territoire auprès de ses acteurs et décideurs, l'outil présente de multiples avantages. D'abord, cette cartographie s'attache aux détails de l'espace couvert en réalisant même l'inventaire du petit patrimoine. Ensuite, il peut être utilisé dans le cadre de travaux d'aménagement très courants dans les communes et il donne une photographie très détaillée des réseaux d'eau, d'électricité et des plans successifs d'urbanisation. Les associations peuvent appliquer les données rapportées par cet outil pour tracer, par exemple, des chemins de randonnée équestre. Épaulée dans son travail par un technicien géomaticien, Cécile Verducci a signé en 2008 une convention avec un lycée agricole et l'université Michel-de-Montaigne de Bordeaux III dans le but de créer une médiathèque complète sur le territoire à partir d'études, de photos, de cartographies et de sons. Des actions pédagogiques sont prévues, ainsi des événements liés au développement durable. Devant les résultats positifs et le nombre croissant d'étudiants portés à découvrir sur le terrain cet outil numérique, l'atelier devrait étendre sa couverture à l'ensemble du département. On peut rêver qu'ensuite il soit adopté par l'ensemble des pays en mal de développement et d'aménagement.

*http://ww2.agrn.fr*

### Un garage associatif à Bordeaux

Béatrice Aspard est présidente et cofondatrice avec Boufeldja Labri, mécanicien professionnel, d'une association pas comme les autres : « Le garage moderne ». Nous sommes dans le quartier de Bacalan, jadis riche en ateliers de construction mécanique dont certains sont abandonnés en friches industrielles. Béatrice et Boufeldja avaient déjà fait l'expérience d'un garage associatif à Toulouse pour elle et à Paris pour lui. Seulement, le garage bordelais représentait un défi supplémentaire puisque Boufeldja Labri, ressortissant algérien, séjournait en France sans papiers. Voué aux petits boulots et à la clandestinité, Boufeldja peut bénéficier dans le projet de garage d'une protection provisoire le temps de se faire un nom et une réputation. Après enquête s'offre à l'association un entrepôt sans âme, à l'image du quartier qui a perdu une partie de sa mémoire et de sa vie. Le local qui est proposé aux associatifs est une ancienne raffinerie d'huiles du quartier des Docks. De ce lieu jaillit en 2000 un garage de mécanique auto où chaque adhérent pourra réparer son véhicule avec l'aide de notre professionnel sans papiers. Sept ans plus tard, la situation de Boufeldja est régularisée et il gère la clientèle de l'association qui bénéficie ainsi de son savoir-faire et de l'outillage sur place. L'atelier associatif du garage est bien autre chose qu'une grosse boîte, puisque la « cathédrale » ainsi surnommée par les adhérents se transforme régulièrement en lieu de rencontres, de soirées festives, de concerts et d'expositions où artistes et étudiants des Beaux-Arts présentent leurs créations à cette grande famille des clients du garage. Les braseros de bidons d'huile et les phares de voiture illuminent l'entrepôt. L'ensemble se fait sans protocole face aux voitures, capot à l'air et non loin du bureau du garage installé dans un autobus Saviem reconditionné. Depuis cet édifice très convivial, même la vie de quartier retrouve peu à peu son âme. Un film documentaire sur le garage a été réalisé par Loïc Balarac et diffusé en partenariat avec France 3 Aquitaine qui résumait ainsi l'histoire du garage : « Ce garage est une sorte de passerelle entre un type d'économie militant (l'accès aux soins automobiles pour tous) et un lieu de rencontres ouvert à toutes les propositions artistiques. » Dernier service du garage : un atelier vélo, qui répond au développement écologique de cet incontournable moyen de locomotion. Aux dernières nouvelles, le quartier de Bacalan au nord de Bordeaux fait peau neuve après plusieurs années d'oubli et les promoteurs immobiliers s'y rencontrent volontiers.

Le garage moderne, 1 rue des Étrangers, 33000 Bordeaux.
Tél. : 05 56 50 91 33.
*legaragemoderne2@wanadoo.fr*
*www.legaragemoderne.org*

# Réseaux

Les réseaux qui fédèrent les associations en France sont innombrables. Ils consolident l'action des groupements associatifs et sont garants de la solidarité et de la pérennité de ceux-ci. Les exemples donnés ici se rapportent pour la plupart aux associations locales présentées dans ce volume et parfois ils sont cités à titre d'exemple de la dynamique en marche dans certaines régions.

***Les régies de quartier***

Les régies de quartier, appelées parfois maisons de quartier, sont nées d'impulsions locales de mouvements associatifs. Ainsi, des dizaines d'associations se sont constituées dans les quartiers dits sensibles des villes. Leurs objectifs étaient de responsabiliser les habitants sur leur cadre de vie, d'inventer une forme de citoyenneté où priment le bien-vivre-ensemble et une démocratie participative, et enfin de développer des activités économiques et des services facilitant l'insertion de chacun. Regroupées en réseau, ces maisons labellisées « régies de quartier » sont portées par un comité national de liaison à Paris qui entretient la dynamique des antennes locales sans exercer pour autant d'autorité sur elles. Il est surprenant de découvrir une telle dynamique réalisée loin des médias dans une sorte de confidentialité paisible alors que les 130 régies de France représentent 7 800 emplois par an, à l'image de la régie de Marseille, la plus importante de France, qui gère 170 salariés.

Comité national de liaison des régies de quartier,
54, avenue Philippe-Auguste, 75011 Paris.
Tél. : 01 48 05 67 58.
*www.regiedequartier.org*

***Familles rurales***

Ce mouvement familial créé en 1943 n'en finit pas de rebondir. Depuis 2005 et la loi de cohésion qui a institué un fonds doté par l'État pour développer les actions de microcrédit, la fédération Familles rurales s'est engagée dans l'attribution de crédits accompagnés en faveur des personnes en situation précaire. C'est la première structure familiale à intégrer ce type de service, qui est mis au point dans neuf départements expérimentaux : les Côtes-d'Armor, le Maine-et-Loire, le Maine, la Meuse, le Morbihan, le Tarn, les Pyrénées-Atlantiques, la Sarthe et la Vendée. Que la demande émane d'une famille, d'une personne isolée, d'un étudiant, de demandeurs d'emploi ou d'intérimaires, qu'ils soient en quête d'un financement de formation, d'un permis de conduire, d'une caution pour un appartement ou qu'ils soient simplement dans le besoin de remplacer une machine à laver qui a rendu l'âme, ils peuvent faire appel aux microcrédits accordés par Familles rurales. Dans les neuf départements, des délégués locaux de la fédération détectent les personnes en recherche d'un soutien et ils instruisent les dossiers auprès de l'une des deux banques partenaires que sont le Crédit mutuel et le

Crédit coopératif. Le prêt peut porter jusqu'à 3 000 euros et les emprunteurs sont ensuite suivis par des bénévoles afin de gérer aux mieux ce petit portefeuille et éviter les risques de surendettement. Œuvrant dans la discrétion, le mouvement mérite vraiment d'être connu et reconnu.

*www.famillesrurales.org*

### *AFIP*

C'est un réseau associatif de formation et d'information au service des initiatives rurales. Il est constitué de six associations régionales et d'une coordination nationale. L'AFIP a des agréments attribués au titre de l'éducation populaire, de la formation professionnelle, de la formation des responsables associatifs et de la formation des élus, et ses financements sont négociés avec plusieurs ministères dont ceux de l'Agriculture et de la Jeunesse et des Sports, et il bénéficie des soutiens de l'Union européenne et des collectivités territoriales. Les équipes et administrateurs de l'AFIP sont impliqués dans les évolutions du milieu agricole et rural, et interviennent comme médiateurs entre les acteurs locaux. Des sessions de formations liées aux politiques agricoles, à l'aménagement du territoire ou à la création d'activités sont proposées aux publics concernés. Un appui méthodologique est également soumis aux porteurs de projets et les informations sont publiées par le bimensuel *TransRural Initiatives*. Les principaux partenaires de l'AFIP sont les associations, les coopératives, les syndicats, les collectivités locales et les organismes publics.

L'AFIP est membre adhérent du CELAVAR (Comité de liaison des associations à vocation agricole et rurale. *www.celavar.org*) et membre du RAADIS (Réseau pour une agriculture et une alimentation rurables, inventives et solidaires. *www.reseau-radis.org*).

Contact AFIP, 2 rue Paul Escudier, 75009 Paris.
Tél. : 01 48 74 52 88.
*contact@afip.asso.fr*

### *FNFR*

La Fédération nationale des foyers ruraux est un des plus anciens réseaux encore en activité en France. Il est né en 1946. Il regroupe 3 000 foyers ruraux et associations d'animation et de développement rural. Il est divisé en 19 unions régionales et 70 fédérations départementales. Trop souvent considéré comme obsolète, il entre parfaitement dans la dynamique actuelle de développement des territoires. Néanmoins, cette image passéiste nuit sensiblement à l'ensemble dont les moyens ont tendance à être réduits à tort en ce moment. Ainsi, la ligne animation rurale a été retirée du budget 2009 du ministère de l'Agriculture. La FNFR est forte de 300 000 adhérents et de 2 000 professionnels. Elle agit principalement dans le cadre d'actions culturelles, sociales et économiques à travers des universités rurales ou des échanges internationaux. Elle participe aux projets environnementaux et touristiques des départements ainsi qu'aux activités sportives et de pleine nature en collaboration avec la FNSMR, Fédération nationale du sport en milieu rural.

FNFR. 1 rue Sainte-Lucie, 75015 Paris.
Tél. : 01 45 78 01 78.
*www.mouvement-rural.org*

***CAE***

Le réseau national des CAE, Coopératives d'activités et d'emploi, est né en France en 1995. Deux ans auparavant, la Caisse des dépôts et consignations avaient réalisé une étude qui révélait que, malgré des structures d'aide à la création d'entreprises, nombreuses étaient les entreprises à disparaître au bout de trois ans d'existence. Plusieurs explications à cela. La première est que les aides financières s'amenuisent au fur et à mesure de la vie de l'entreprise et celle-ci ne produit pas toujours un chiffre d'affaires suffisamment important pour relayer la disparition des aides. La seconde est la crainte de certains candidats de ne pas pouvoir assumer les responsabilités de chef d'entreprise. C'est dans ce contexte que vit le jour une première coopérative, Cap services à Lyon. La CAE permet ainsi au candidat de développer un projet sans être contraint de créer sa structure. Le futur entrepreneur est juridiquement hébergé par la SCOP, Société coopérative de production. Salarié de celle-ci, il est payé au prorata du chiffre d'affaires réalisé après déduction des cotisations sociales et des frais de participation, soit en tout 10 % du chiffre d'affaires.

Site national de Coopérer pour entreprendre :
*www.cooperer.coop*
Adresse : 37 rue Jean Leclaire, 75017 Paris.
Tél. : 01 42 63 47 71.
*info@cooperer.coop*

***Maisons paysannes de France***

Jamais cette association nationale de sauvegarde du patrimoine rural bâti et paysager n'a été autant d'actualité. L'association voit le jour en 1965 dans un contexte de mutation économique et sociale. Cette période connaît une vague d'exode rural avec son lot de maisons rurales abandonnées. Elle se distingue aussi par une urgence de reconstruction. Les matériaux traditionnels sont délaissés au profit du béton et de pratiques qui cassent l'harmonie du bâti ancien. Partant de ce constat se constitue le premier noyau de l'association. D'abord parisiennes, les Maisons paysannes se structurent en comités départementaux. À la fin de l'année 1966, 22 délégations départementales ont déjà vu le jour. Reconnue d'utilité publique en 1985, l'association compte de nos jours 90 délégations et 10 300 adhérents, autant dire qu'elle couvre quasiment l'intégralité du territoire. En 1995, les Maisons paysannes ouvrent un centre de documentation et participent en 1999 à la création d'un centre de formation et de perfectionnement. Il s'agit de former des artisans à la restauration des maisons anciennes. Chaque délégation dispense des services et conseils gratuits, organise des démonstrations de savoir-faire locaux et est sollicitée lors de la mise en place des politiques départementales du patrimoine.

*www.maisons-paysannes.org*

### *Accueil paysan*

Ce réseau associatif souhaité par des paysans a pour objectif de favoriser un accueil touristique et social en relation avec leur milieu de vie et de travail. Le paysan propose aux intéressés gîte et table, et fait partager ses connaissances du monde rural, ses compétences sur la vie des sols, des plantes et des animaux ainsi que son savoir-faire professionnel. Retraités, artisans, acteurs locaux et paysans de la mer participent à ce dispositif qui vise à maintenir la vie en milieu rural. Le réseau s'étend à tous les départements français et à deux départements d'outre-mer et est désormais présent dans 22 pays étrangers d'Europe occidentale et de l'Est, ainsi qu'en Afrique et en Amérique du Sud. La fédération nationale regroupe plus de 700 adhérents en France et 150 dans les autres pays.

*www.accueil-paysan.com*

### *APCE*

Agence pour la création d'entreprises : association de loi 1901, l'APCE a été créée en 1996 à l'initiative des pouvoirs publics et intervient dans le processus d'aide à la création d'entreprise. 5 000 experts de terrain sont partenaires de cette agence, qu'ils soient issus des chambres de commerce ou de métiers, de groupements d'initiative locale, de réseaux privés, d'associations ou de clubs d'entrepreneurs. Le principe premier est d'orienter les créateurs d'entreprise dans leurs démarches vers des réseaux d'appui et d'aide au financement. Elle accompagne de la même manière les repreneurs et met les uns et les autres en relation avec des professionnels de l'économie. Elle répond enfin aux demandes des enseignants qui cherchent des outils pour sensibiliser leurs élèves au monde de l'entreprise.

APCE, 14 rue Delambre, 75682 Paris Cedex 14.
Tél. : 01 42 18 58 58.
*www.apce.com*

### *Jardins de cocagne*

Jardins maraîchers biologiques à vocation d'insertion sociale et professionnelle. Inspiré d'un modèle suisse, le premier jardin de cocagne fait son apparition en France en 1991 dans le département du Doubs. Le souhait, qui a trouvé sa permanence, était de créer une activité économique permettant l'insertion ou la remise au travail de publics en difficulté au moyen de jardins collectifs. Devant le succès remporté par cette expérience, une stratégie d'essaimage est mise en place en 1994. En 1999, 50 jardins sont ouverts et un réseau est fondé la même année. Depuis, le réseau Cocagne mutualise les moyens, promeut les jardins et professionnalise les équipes d'encadrement. Bien que débordant sur plusieurs pays d'Europe, le réseau français compte 80 jardins, 2 700 jardiniers, 450 encadrants et 1 200 bénévoles. À cela, il faut ajouter les 12 000 familles adhérentes, puisque les jardins vendent leurs produits sous forme d'abonnements en paniers hebdomadaires aux adhérents-consommateurs.

*www.reseaucocagne.asso.fr*

***AMAP***

Association pour le maintien d'une agriculture paysanne. Les premières formes d'AMAP seraient apparues au Japon dans les années 1960-1970, puis en Suisse et en Allemagne. Le principe, exporté aux États-Unis dans les années 1980 puis au Canada, n'arrive en France qu'en 2001. Le fonctionnement d'une AMAP repose sur la relation privilégiée entre le consommateur et l'agriculture. Le choix se porte autant sur le type de légumes à cultiver que sur le tarif et la fréquence de distribution. Le consommateur achète à l'avance sa part de récolte et peut prendre en charge la distribution des produits auprès des autres adhérents. Ainsi les AMAP veulent-elles se différencier des autres formules de livraison de paniers bio ou de paniers paysans en engageant la responsabilité de l'adhérent dans l'organisation. En échange, le producteur s'engage à fournir des produits de haute qualité et à assurer la transparence de fonctionnement de son exploitation. Le lien social est un facteur clé des AMAP, qui participent à une éducation au goût et à l'environnement par des animations régulières tels des ateliers cuisine ou des ouvertures de jardins d'enfants.

*http://alliancepec.free.fr*

***Savoir-faire et découverte***

Cette association créée dans l'Orne a pour objet de proposer des stages de découverte de l'artisanat aux débutants et aux amateurs passionnés. Développée sous forme de réseau grâce à la multiplication des artisans dits maîtres de stage, elle offre un catalogue impressionnant de formules de découverte des savoir-faire. Habitat écologique, artisanat et métiers d'art, cuisine et produits naturels, vie au naturel, bien-être et santé sont les principales catégories proposées aux personnes intéressées. Les stages sont écologiquement responsables en accord avec la charte édictée par l'association. Ce sont cent cinquante maîtres de stage qui adhérent à ce réseau en évolution permanente, et le programme « Les gestes partagés » recense les régions et catégories de savoir-faire. Le réseau s'ouvre à toute nouvelle adhésion de professionnels à partir d'un principe inconditionnel de départ : avoir envie de faire partager ses connaissances.

Tél. : 02 33 66 74 67.
*www.lesavoirfaire.fr*

***Les Cigales***

Les Cigales sont des clubs d'investisseurs qui apportent un soutien financier aux petites entreprises proposant des projets alternatifs de création. Ils participent au capital de celles-ci, mais peuvent aussi soutenir des associations dont l'activité va dans le sens de « l'esprit cigale », à savoir privilégier l'esprit social, les valeurs culturelles et écologiques. Nés en 1983, les clubs d'investisseurs se sont organisés en réseau deux ans plus tard, mais ne sont pas présents dans chaque région. Les durées de vie des clubs sont courtes, cinq ans en moyenne, et ce mandat n'est renouvelable qu'une seule fois. Si elles le peuvent, les entreprises rachètent les parts et chaque membre du club d'investisseurs récupère sa mise de départ. Il s'agit donc d'un mouvement éphémère qui participe au développement de petites entreprises qui n'intéressent pas toujours les financeurs, et il participe à une épargne de proximité, éthique et solidaire. En prenant part au capital d'une société, le club Cigale peut servir d'amorce afin que cette société trouve des soutiens complémentaires auprès d'autres organismes financiers.

Fédération des Cigales, 61 rue Victor-Hugo, 93500 Pantin.
Tél. : 01 49 91 90 91.
*www. cigales.asso.fr*
*http://www.globenet.org/diane*

### *France initiative*

Réseau d'associations de prêts d'honneur. Constituées en 1986, ces plates-formes d'initiatives locales sont composées d'associations locales, d'entreprises ou de banques nationales. En 2008, le réseau fédérait 242 organismes locaux.

*www.france-initiative.fr*

***FEMS***

Fédération des écomusées et des musées de société. Le concept d'écomusée né dans les années 1970 instaurait une nouvelle formule de relation de l'homme à son milieu de vie, résumé ainsi par l'article premier des statuts de création : « L'écomusée est une institution culturelle assurant, d'une manière permanente, sur un territoire donné, avec la participation de la population, les fonctions de recherche, conservation, présentation, mise en valeur d'un ensemble de biens naturels et culturels, représentatifs d'un milieu et des modes de vie qui s'y succèdent. » Loin d'être des espaces d'exposition et de mémoire d'un patrimoine local, ces musées sont des lieux animés par des thématiques, des rencontres ou ateliers. Les expositions ne se résument pas à des parcours conceptuels, mais utilisent différentes médiations audiovisuelles ou manipulations techniques lorsqu'il s'agit de démonstrations de savoir-faire. Les rendez-vous soulèvent de nombreuses questions d'actualité sur notre relation à l'environnement et au cadre de vie. Cette formule d'écomusée a séduit d'autres pays et on les retrouve dans environ 25 pays différents. Depuis 2008, la fédération organise les Trophées de l'innovation patrimoniale avec la Fondation du Crédit coopératif déjà présente à la création de ce réseau en 1989. Ce réseau unique en Europe est constitué par 210 établissements muséographiques et représente 1 500 salariés et 3 000 bénévoles. Il enregistre annuellement une moyenne de 4 millions de visiteurs, soit le dixième de l'ensemble des fréquentations des musées français. Contrairement à ce que disent les chiffres, les pouvoirs publics et, en premier, l'État ont tendance actuellement à bouder ces viviers de connaissances et d'actions.

*www.fems.asso.fr*

### *Les compagnons du tour de France*

La présence du compagnonnage peut éventuellement étonner, alors que cette tradition de formation et d'emploi fait un retour en force auprès des jeunes. Les compagnons du tour de France ne sont qu'une des branches du mouvement compagnonnique et concerne spécifiquement les métiers du bâtiment. À une époque où le travail manuel de qualité est appelé à se développer, la Fédération reconnaît être débordée par les candidatures. Pour postuler, un niveau CAP est exigé. Lorsque celui-ci fait défaut, les compagnons peuvent assurer une formation. Une fois intégré, l'Aspirant, premier titre du Compagnon, est appelé à effectuer son tour de France. Hébergé par un des nombreux sièges qui parsèment la carte de France, le jeune artisan est placé sur des chantiers par les aînés et apprend autant le métier que l'autonomie. Suivront des étapes successives : celle de Compagnon proprement dit jusqu'à celle de Compagnon Fini, ultime marche du parcours. Entre les deux, le candidat sera promu Compagnon Reçu et pourra dispenser des cours, diriger des équipes et réaliser des ouvrages complexes. La parfaite réussite de la formation trouve des illustrations dans ces jeunes jugés perdus pour le système scolaire conventionnel et qui sont aujourd'hui considérés comme des maîtres d'œuvre d'exception dont le savoir-faire est demandé partout en France et en Europe.

*www.compagnons.org*

### *CPIE*

Centres permanents d'initiatives pour l'environnement. Les premiers CPIE ont été créés en 1973 à l'initiative de différents ministères. Environnement, Éducation nationale, Jeunesse et Sports, et Agriculture. Portés par un projet d'éducation à l'environnement, les centres ont toujours entretenu des activités de loisir et de découverte de la nature, des animations scolaires, et ils assurent des actions de formation. Ils jouent un rôle de médiation sur leur territoire auprès des associations, des collectivités, des établissements publics et, bien entendu, auprès des parcs naturels nationaux. Une union nationale des CPIE a été constituée en 1977 et les centres sont désormais au nombre de 82, répartis dans une soixantaine de départements.

*www.cpie.fr*

***Terre de liens***

Terres de liens est avant tout une association née à la fin des années 1990 sous l'impulsion de mouvements d'éducation populaire, de la finance solidaire, d'agriculteurs biologiques et de mouvements de protection de l'environnement. Le premier constat a été la nécessité de lutter contre la disparition des espaces cultivables et contre une urbanisation menaçant notre environnement : 60 000 hectares sont artificialisés chaque année en France, soit l'équivalent de la superficie moyenne d'un département au bout de dix ans ! Le second temps a consisté à favoriser une agriculture respectueuse de cet environnement et à faciliter l'accès à la terre des jeunes candidats à une nouvelle agriculture locale. La charte édictée par l'association définit les grandes lignes de ses objectifs : « Permettre l'installation ou le maintien de lieux agricoles biologiques ou biodynamiques. Donner la chance aux porteurs de projets d'accéder au bâti et au foncier. Favoriser la création d'activités rurales pluriactives et privilégier les initiatives qui s'appuient sur des savoir-faire locaux». C'est ainsi qu'a été constituée en 2006 une «Foncière Terre de liens» afin d'encourager une épargne solidaire au profit d'un retour à la terre. Solliciter l'épargne des particuliers n'est pas chose facile aujourd'hui, c'est pourquoi la Foncière organise un système d'épargne tournante dans lequel chaque actionnaire investit temporairement avant d'être relayé par un nouvel épargnant. Constituée en SARL, la Foncière se partage majoritairement entre la Nef, société coopérative financière, et l'association elle-même par un des fondateurs, René Becker, agriculteur converti au conseil en épargne rurale. Tout récemment, Terre de liens s'est dotée d'une Fondation afin de recueillir des donations. Devant l'ampleur des demandes et des besoins, l'association a pris une vocation nationale et possède des délégués régionaux. Son siège demeure néanmoins à son lieu de création initial.

Terre de liens, 10 rue Archinard, 26400 Crest.
*www.terredeliens.org*

***Comité 21***

Le Comité 21, association née en 1995, est la mise en application de l'Agenda 21, soit l'ensemble des directives pour le XXI^e^ siècle ratifiées par le sommet de la Terre à Rio. Il s'agit d'un programme d'actions en faveur du développement durable assuré par quatre collèges réunis au sein de l'association. Ces collèges représentent les entreprises, les collectivités locales, les associations et les établissements publics et médias. Plusieurs étapes ont été respectées par les régions sous la forme d'un calendrier évolutif qui procédait de la sensibilisation et de l'information à la formation, puis à l'action. Exemple d'une campagne menée à grande échelle, de 2002 à 2006, par Lille Métropole et le conseil régional du Nord-Pas-de-Calais : « Acheter malin, c'est jeter moins » fut le slogan d'une opération transfrontalière de prévention des déchets ménagers. 375 000 habitants de Belgique et 300 000 Lillois ont été invités à modifier leurs comportements d'achat en prévision d'une réduction du volume des déchets. Une politique d'achats responsables est également appliquée par les collectivités engagées dans le processus, à l'image de la Haute-Normandie qui s'implique dans une stratégie d'achats écologiques. Cela concerne le mobilier scolaire, les marchés de construction de bâtiments à « très haute performance énergétique » ou la restauration scolaire en intégrant des produits issus de l'agriculture biologique. Dernière illustration en région Rhône-Alpes avec l'accompagnement de PME et PMI par la création de clusters : des regroupements d'entreprises dont les productions ou objectifs participent au développement durable. Deux clusters sont soutenus par cette région : le cluster « énergies renouvelables et maîtrise de l'énergie », qui concerne principalement le marché de l'écobâtiment, et le cluster « produits biologiques et naturels » lié aux secteurs de l'agroalimentaire, du textile et des cosmétiques. Un dossier complet de ce principal réseau d'acteurs français pour le développement durable est consultable à : *www.comite21.org*.

# Bibliographie et sites

***Village magazine***, bimestriel pour construire sa vie à la campagne. Il assume parfaitement son sous-titre « Mille façons de bien vivre ici ». Au milieu d'informations pratiques, le magazine présente des dossiers très fouillés et réalise des portraits documentés d'acteurs locaux. Il répond aux différentes questions que soulèvent l'installation et la vie en région. Des annonces d'emplois et de reprise ou de création d'entreprises bouclent chaque édition. Dans notre perspective, sa lecture est incontournable.

*www.village.tm.fr*

***www.ruralinfos.org***: site qui rassemble la presse des associations et autres organisations à vocation rurale et agricole.

***www.installation-campagne.fr***: portail national de l'installation en milieu rural. Une mine d'informations pour suivre l'actualité des migrations ville-campagne et obtenir tous les conseils et contacts utiles lorsqu'on souhaite s'installer à la campagne ou y développer une activité.

***www.demain.fr***: Demain TV est la seule chaîne de télévision dédiée à l'emploi avec une ouverture sur chaque région de France. Lancée en 1997 sous l'impulsion de Martine Mauléon, Demain TV dispose d'un portail qui donne accès aux reportages et informations diffusés à l'écran. Des dossiers consacrés aux régions et départements sont mis en ligne ainsi que différentes rubriques pratiques, dont un « SOS campagne » qui aborde toutes les questions de création et de reprise d'entreprises dans chaque département.

***www.maire-infos.com***: ce site donne accès aux informations que l'AMF, l'Association des maires de France, fait circuler auprès des élus de toutes les communes de France. Le sommaire de la dernière édition du mensuel *Maire de France* s'affiche en première page et donne un avant-goût des questions développées dans le journal. Il est également possible de s'abonner à celui-ci. Sa lecture est d'autant plus précieuse qu'elle suit les débats soulevés par la réforme des collectivités en projet et surtout elle révèle l'inquiétude des collectivités locales face à la disparition de la taxe professionnelle prévue pour 2010. Cette fiscalité locale garantit en grande partie une autonomie des collectivités territoriales puisqu'elle participe majoritairement au fonctionnement des communautés de communes. Cette taxe professionnelle représentait en 2008 29 milliards d'euros !

***Transrural initiatives***: revue bimestrielle d'information agricole et rurale publiée par l'ADIR (Agence de diffusion et d'information rurales), association d'édition de l'AFIP et de la Fédération nationale des CIVAM. Née de ces deux réseaux associatifs, cette revue donne à lire les grandes questions qui agitent le monde agricole et rural en quête de nouveaux développements. Totalement indépendante et réalisée par une équipe rédactionnelle de professionnels, *Transrural* défend les valeurs de solidarité et d'intérêt collectif. Les principaux dossiers relèvent du social, de l'économie, de la culture, du monde associatif et, bien sûr, de l'agriculture.

Transrural initiatives, 2 rue Paul Escudier, 75009 Paris.
Tél. : 01 48 74 52 88.
*www.transrural-initiatives.org*

***Vivre à la campagne*** : un guide pratique de Bernard Farinelli, directeur du développement local au conseil général du Puy-de-Dôme. Éd. Rustica.

***L'avenir est à la campagne***, Bernard Farinelli, Sang de la Terre, 2008.

***La République et ses territoires***, Laurent Davezies, Seuil, 2008.

***Le Développement durable, maintenant ou jamais***, Dominique Bourg et Gilles-Laurent Rayssac, Découvertes Gallimard, 2006.

***Dictionnaire du monde rural***, Marcel Lachiver, Fayard, coll. « Les indispensables de l'histoire », seconde édition, 2006. Énorme mémoire de 55 000 termes propres à un monde rural révolu, avec leurs variantes régionales.

***L'annuaire culturel du Nord, Pas-de-Calais, ouest de la Flandre et du Hainaut belge***, édité par l'association CRIS sous la direction de François Annycke. Certainement le travail le plus monumental en matière de références culturelles sur les régions du Nord. Fruit de deux ans de travail, ce ne sont pas moins de 2 500 structures culturelles des territoires concernés qui ont répondu à la demande de création de cet annuaire. Cet ouvrage est le résultat du travail fourni par des étudiants de la région Nord-Pas-de-Calais et l'association CRIS (Création, recherche et innovation sociale). La première édition parue en 2007 donne lieu chaque année à une nouvelle édition augmentée.

*Respect Mag*, trimestriel né en 2004 dont le cœur de cible est un lectorat urbain âgé entre 18 et 30 ans, apporte un autre regard sur les cités. Porté par un esprit positif, il valorise les initiatives de quartier et souhaite dépassionner les débats sur les quartiers populaires. Il se présente comme le support de la diversité qui « bat si fortement au sein de la jeunesse ». L'équipe rédactionnelle comprend des intervenants issus de tous les milieux, journalistes, entrepreneurs, étudiants, travailleurs sociaux ou chercheurs. Le maître mot de la revue est de dépasser les clivages pour avancer. La présentation très professionnelle de la revue donne à lire des dossiers documentés et variés tels que, pour illustration, un entretien avec Louis Schweitzer sur la lutte contre les discriminations, des pages d'entretiens culturels et des rencontres avec des musiciens, des rubriques société où la mixité et le logement sont débattus, des approches républicaines de l'école à l'image du lycée Henri IV à Paris qui accueille des bacheliers issus de Zep. Vendu en kiosque et tiré à 35 000 exemplaires, cette revue mérite d'être plus largement connue.

*Respect, le mag qui secoue les ghettos.*
*www.respectmag.fr*

# Conclusion

Logiquement, une conclusion est inutile sur des mouvements qui n'en finissent pas de mûrir et de se multiplier. Conclure, c'est boucler une boucle et considérer que nous avons achevé notre travail. Tout reste à faire au contraire et, à l'image de ces petits acteurs du quotidien des régions, si l'envie vous prend de les suivre sur vos territoires, ne vous gênez surtout pas. La profusion des initiatives, même si elle n'a été présentée que partiellement dans cet ouvrage, ne doit pas vous interdire d'en faire autant. Tous ces gens, hommes ou femmes de bien, sont des détonateurs d'une réalité de vie que nous pouvons façonner et améliorer si nous le souhaitons. La majorité des actions et des réalisations ont échappé à une médiatisation ou à une surenchère qui aurait fait de ces acteurs des exceptions. Ils sont exceptionnels souvent, mais jamais des exceptions. Le pire serait d'en faire des modèles de la compétition à entreprendre pour redresser la barre de l'économie. Les terrains d'expériences que nous avons mentionnés ne sont en rien des scènes d'une Star'Ac de l'initiative. La compétition est hors de propos dans ce contexte. Elle serait même insolente. Il reste l'invention. Toutefois, ce maillage d'idées et de réalisations ne doit pas rassurer le législateur et le décideur sur des responsabilités qu'ils ne devraient plus assumer. La première est de financer les moyens lorsque cela s'impose et non de réduire des aides et subventions pour des raisons d'utilité secondaire ou dérisoire. La crise économique et les aléas de l'industrie trouvent une compensation dans ces pouvoirs de décision et d'intervention locaux. Ils ne sont pas suffisants pour réduire les fractures, mais ils sont indispensables. À ce titre, la culture si souvent appréhendée comme une cerise sur le gâteau du temps social est un levier de réaction et de structuration économique des pays. Rendons grâce aux responsables des collectivités qui, ici et là, ont compris les enjeux qui se tramaient sous ce petit sport national du loisir et de la culture. De la même façon, je dis souvent qu'il faut rester vigilant et que le développement durable indispensable à l'amélioration de nos conditions de vie et facteur de création alléchante d'emplois, ne doit pas être associé à la seule référence économique. Je n'ai pas donné le ton des voix qui s'élèvent pour dire également que l'écologie ne doit pas devenir une niche à bénéfices. Lorsque des collectifs s'engagent dans la Meuse pour que le département ne fasse pas fortune en accueillant des centres d'enfouissement de déchets nucléaires, il est important de les entendre car ils ont des aspirations bien plus élevées que celle de vivre grâce au seul rôle de poubelle qui leur est offert sur un plateau d'argent. Développer l'écologie au nom de la rentabilité serait la dernière erreur à commettre. Il n'en demeure pas moins que l'ensemble du paysage français des régions, départements, pays et communautés de communes laisse espérer le mieux sinon le meilleur. Cette réalité-là valait le coup de faire ce tour d'horizon qui sent bon l'optimisme et qui appelle à ne pas baisser les bras devant la conjoncture.

Remerciements à : Frédéric Schlesinger et Jean Beghin qui m'ont insufflé cette belle idée des « Carnets de campagne » sur France Inter ; Maryse Friboulet et Nadia Chougui qui ont tricoté les émissions ; Aline et Lionel Hoëbeke qui ont permis que cet objet soit, je l'espère, très lisible.

# Table

Cet ouvrage a été composé par les Ateliers du Dragon
et achevé d'imprimer en France
par CPI Bussière
à Saint-Amand-Montrond (Cher)
pour le compte des Éditions Hoëbeke
en avril 2009

ISBN : 978-2-84230-341-9
Dépôt légal : avril 2009.
N° d'impression : 091209/1.